Contraste insuffisant
NF Z 43-120-14

LE ROI
DES
PLACÈRES D'OR

Paris. — Imprimerie PAUL DUPONT, 4, rue du Bouloi (Cl.) 11.88

LE ROI

DES

PLACÈRES D'OR

PAR

GUSTAVE AIMARD

PARIS

E. DENTU, ÉDITEUR

LIBRAIRE DE LA SOCIÉTÉ DES GENS DE LETTRES

3, PLACE DE VALOIS, 3, PALAIS-ROYAL

—

1889

Droits de traduction et de reproduction réservés.

I.

L'HOSPITALITÉ AU DÉSERT.

Le 14 août 1855, entre sept et huit heures du soir, deux cavaliers, bien montés sur des mustangs des prairies, émergèrent d'un épais *chapparal*, et apparurent presque subitement à une portée de fusil environ de la rive gauche du *Humboldt-River*, ou rivière de Humboldt.

D'après la route qu'ils suivaient, ces deux cavaliers semblaient avoir traversé *Carson Valley*, et se diriger vers l'Utah.

Ils portaient, à peu de chose près, le costume européen de ces parages, c'est-à-dire la blouse de chasse, serrée aux hanches par une large ceinture en cuir fauve, dans laquelle étaient passés deux revolvers à six coups, une hache, une cartouchière et l'un de ces longs couteaux nommés *langue de bœuf*, importation et souvenir du moyen âge dans le nouveau monde américain.

Des culottes collantes en peau de daim dessinaient leurs formes vigoureuses, et des bottes molles, garnies de formidables éperons, leur montaient jusqu'au genou.

Un sombrero mexicain, ceint d'une *golilla* tressée d'or, préservait leur tête des ardeurs du soleil ou de l'humidité de la nuit.

Un sabre de cavalerie à lame droite et évidée, dont le ceinturon était attaché au-dessous de leur large ceinture, battait leur flanc gauche de son fourreau d'acier.

Ils portaient tous deux en bandoulière un rifle du Kentucky.

Enfin, pour compléter ce redoutable arsenal, leurs arçons contenaient deux autres revolvers, et un lasso se trouvait lové à leur selle.

Ainsi armés, ces deux hommes, jeunes encore, d'une taille élevée, solidement charpentés, auraient pu, sans nul doute, le cas échéant, faire face hardiment et tenir tête sans trop de désavantage à une quinzaine de ces rôdeurs qui infestaient ces parages depuis quelque temps.

Le plus âgé des voyageurs paraissait avoir une trentaine d'années. Son compagnon n'accusait guère que deux ou trois hivers de moins.

Beaux tous les deux, de cette beauté mâle que donne la force unie à une intelligence exceptionnelle, ils avaient d'étranges points de ressemblance. Leurs traits accentués, aux lignes pures et bien arrêtées, brillaient par une expression énergique et bienveillante à la fois.

Ils attiraient et charmaient.

Leurs yeux noirs, largement ouverts, regardaient droit devant eux.

Quoique leur teint fût bruni par le hâle et qu'ils portassent

GASTON DU FALGA.

toute leur barbe, il était difficile de ne pas les confondre avec les hôtes habituels de ces contrées, chasseurs, trappeurs ou émigrants de toutes sortes, traversant et parcourant incessamment le désert.

Il était facile de reconnaître que les deux compagnons de route et d'aventures appartenaient à ce qu'on est convenu en Europe de nommer la bonne société, dans un certain monde.

Bonne société qui cependant est bien souvent la mauvaise.

Nos personnages étaient Français l'un et l'autre.

Le premier, le plus âgé, se nommait, ou, pour être vrai, se faisait nommer Francis de Verdières.

En Amérique, plus que partout ailleurs, et cela se comprend, grâce au nombre considérable de populations flottantes, bien des gens, honnêtes et malhonnêtes, portent des noms, voire même des titres de convention.

Le second se nommait Gaston du Falga.

Mais, en voyage, Verdières était le plus souvent appelé *le Docteur*, et du Falga, *le Capitaine*.

Simples connaissances et serviteurs leur donnaient toujours ces qualités, qui n'avaient pas grande raison d'être, mais que l'insouciance américaine et un assez long usage avaient consacrées.

Qui étaient-ils ?

Les renseignements qu'on avait pris sur eux n'étaient rien moins que très précis.

Arrivés presque ensemble à San-Francisco, où ils venaient de faire un séjour assez prolongé, le hasard les avait réunis, un soir, dans une maison tierce.

Ils s'étaient immédiatement reconnus Français, mieux que cela, Parisiens.

Leurs deux mains se rencontrèrent et tout fut dit.

Ils se lièrent.

Leur liaison devint bientôt une intimité si grande que, le jour où M. du Falga vint à témoigner le désir de faire un voyage dans l'Utah, de visiter le lac Salé et la capitale des Mormons, M. de Verdières s'empressa de s'offrir pour l'accompagner.

Le capitaine accepta avec enthousiasme l'offre de son nouvel ami le docteur.

Leurs préparatifs ne furent pas longs.

Quinze jours après, ils se mettaient en route, à cheval, armés, comme on a pu le voir, jusqu'aux dents, et accompagnés par un chasseur canadien engagé par eux pour leur servir de guide.

Ce chasseur était, en outre, chargé de surveiller une mule, sur le dos de laquelle se trouvaient les provisions de bouche et de guerre, les vêtements de rechange et les effets de campement.

Le soir où nous rencontrons nos voyageurs côtoyant ainsi la rivière de Humboldt, une heure environ après le coucher du soleil, ils avaient quitté San-Francisco depuis déjà dix-sept jours.

Leur guide ne se trouvait pas avec eux.

Mais ils marchaient avec une certitude prouvant qu'il leur avait indiqué leur route, et qu'il ne les avait point abandonnés pour longtemps à leurs propres forces, à leur propre direction.

Cependant du Falga venait de s'arrêter.

S'étant haussé sur ses étriers, il jeta un regard anxieux autour de lui.

Ne voyant rien, il se tourna vers son compagnon, qui s'avançait lentement, à quelques pas derrière lui, et savourait d'un air béat, avec une parfaite quiétude, un excellent regalia.

— Eh bien ! docteur ? dit-il à de Verdières.

— Eh bien ? répondit l'autre, lâchant coup sur coup plusieurs bouffées de tabac qui l'entourèrent en même temps d'une atmosphère embaumée et d'un voile épais, masquant l'expression de sa physionomie.

— Mon cher Francis, je ne vois rien venir.

— Tant pis et tant mieux, mon bon Gaston.

— Hein? que me répondez-vous là?

— Je vous réponds, fit son compagnon en détachant avec l'ongle du petit doigt la cendre de son cigare, je vous réponds que s'il s'agit d'un ami, vous ne voyez rien venir, et c'est tant pis; s'il s'agit d'un ennemi ou de plusieurs ennemis, c'est tant mieux.

— Docteur, vous parlez comme un oracle, après boire.

— Que nenni, capitaine, je sais ce que j'avance.

— Alors vous concluez?

— Alors je conclus que si vous ne voyez rien, c'est qu'il n'y a... plus rien à voir.

— Comment, plus rien? Il y avait donc quelque chose tout à l'heure?

— Nous sommes arrivés trop tard. La toile est baissée. Attendons qu'on la relève.

— Encore une énigme.

— Oh! n'appelez pas Œdipe à votre secours, mon cher Gaston, il vous rirait un peu bien au nez.

— Je voudrais bien savoir pourquoi, par exemple!

— Parce que vous êtes un étourdi.

— Une preuve?

— Vous ne vous fâcherez pas contre moi si je vous la donne irréfutable ?

— Allez ! fit du Falga en souriant... Au désert, je mets toute espèce d'amour-propre de côté.

— Bien sûr ?

— Je me contenterai de prendre ma revanche quand nous aurons remis le pied dans un milieu civilisé.

— Voilà qui chasse mes derniers scrupules.

— Allez ! Allez !

— Mon cher, si vous réfléchissiez une minute, si vous vous donniez la peine de réfléchir, vous ne m'adresseriez point une pareille question, voilà tout.

— Alors vous réfléchissez, vous, Francis ?

— Quelquefois, dans mes moments perdus, mon cher Gaston.

— Voyons le résultat de vos réflexions, docteur.

— Voici, capitaine. Depuis deux jours, une piste indienne a croisé la nôtre ; cette piste s'est allongée à droite et à gauche de la sente que nous suivions.

— Très bien, continuez.

— Je continue ; après avoir quitté le chapparal, la double piste a continué environ pendant deux cents mètres ; puis tout à coup elle a brusquement disparu ; n'est-ce pas cela ?

— C'est l'exacte vérité ; que concluez-vous ?

— Ceci : les Peaux-Rouges se sont embusqués sur nos flancs et devant nous afin de nous faire un mauvais parti à un moment donné.

— Embusqués, je le veux bien, mais où? voilà la question; la plaine est nue comme main: ni arbres, ni ravins, ni monticules. Ils seraient fous de se risquer ainsi. Ce n'est pas leur habitude.

— Ah! vous connaissez bien peu ces gaillards-là, cher ami; lorsqu'ils n'ont ni arbres, ni ravins, ni monticules pour s'embusquer, ils en inventent.

— Ici, cela me paraît fort!

— Et à moi aussi; cependant, croyez-moi, cela est.

— Je l'admets, pour vous être agréable.

— Merci mille fois; voulez-vous un cigare?

— Avec plaisir.

Le docteur prit un charmant porte-cigare en paille de Goyaquil, l'ouvrit et le tendit à son ami.

— Prenez, dit-il.

Le capitaine choisit un cigare, le lissa avec ses lèvres, et après l'avoir allumé:

— Concluons, reprit-il; que faisons-nous?

— Ma foi, je suis d'avis de nous arrêter là où nous sommes; la place est découverte; la nuit est claire; notre vue s'étend au loin, dans toutes les directions; nous sommes on ne peut mieux placés pour voir nos ennemis, si la fantaisie leur prend de nous attaquer.

— C'est vrai; mais nos bagages nous font faute pour camper; la nuit est fraîche; nous serons gelés; sans compter que je meurs de faim.

— Moi aussi; mais à l'impossible nul n'est tenu; arrêtons-nous toujours: nos chevaux sont fatigués.

— Et puis, cela donnera à l'Oiseau-Jaune le temps de nous rejoindre; il se guidera sur notre feu.

— Oui, dit en riant le docteur, si pourtant il n'a pas jugé plus convenable de rebrousser chemin du côté de San-Francisco.

— Holà? le croyez-vous capable d'une telle vilenie?

— Pourquoi non? la spéculation serait magnifique pour lui, convenez-en.

— C'est possible, mais l'Oiseau-Jaune est un Canadien.

— Bon ; vous croyez aux Canadiens, vous?

— Je crois à tout ce qui est honnête.

— Vous êtes rempli de préjugés, cher ami. Heureuses vos illusions !

Tout en causant ainsi, les deux voyageurs avaient mis pied à terre ; ils avaient dessellé leurs chevaux. Puis, après que les pauvres bêtes eurent été bouchonnées soigneusement, ils les attachèrent à un piquet et leur donnèrent une large ration de maïs, sur des couvertures étendues à terre, devant eux.

Les chevaux se mirent à manger à pleine bouche.

Pendant que le capitaine s'occupait à ramasser du bois mort, de la bouse sèche de bison et des feuilles pour faire le feu, le docteur avait placé les armes de façon à pouvoir, le cas échéant, s'en servir sans retard.

Bientôt le feu flamba ; les deux amis s'assirent face à face, et n'ayant rien à se mettre sous la dent, ils allumèrent chacun un cigare, qu'ils commencèrent à fumer philosophiquement.

— Maigre pitance! fit observer le capitaine, entre deux bouffées de fumée.

— Tout n'est qu'heur et malheur en ce monde, cher ami, répondit en riant le docteur; nous en sommes la preuve palpable. Après tout, le tabac est un trompe-faim acceptable.

— Où peut être passé l'Oiseau-Jaune?

— Je vous l'ai dit : il a repris son vol du côté de San-Francisco.

— Je ne puis admettre cela.

— Vous avez tort.

— Peut-être ; l'Oiseau-Jaune est un brave cœur ; je suis sûr qu'il ne commettrait pas, pour tout l'or du Nouveau-Monde, une action semblable.

— Mon cher ami, les compatriotes de Sancho Pança sont farcis de proverbes; entre autres, ils affectionnent celui-ci, dont je vous engage à faire votre profit.

— Voyons le proverbe :

— De toutes les choses sûres, la plus sûre est de douter ! Comment le trouvez-vous?

— Absurde dans l'espèce : l'Oiseau-Jaune ne peut pas...

En ce moment, une détonation assez rapprochée lui coupa la parole ; un formidable cri poussé par une vingtaine d'individus répondit au coup de feu, et une foule de silhouettes noires se dessinèrent d'une façon sinistre au clair assez obscur de la lune, cachée entre deux nuages.

Les deux amis avaient bondi sur leurs pieds, saisi leurs armes, et s'appuyant dos à dos, le doigt sur la détente du rifle, ils se préparèrent à vendre chèrement leur vie.

Une seconde détonation retentit.

— C'est l'Oiseau-Jaune, dit le capitaine, je reconnais le son de son rifle.

— Moi aussi. Comme c'est heureux que nous n'ayons pas mis le couvert, ajouta le docteur en riant, nous n'aurions pas eu le temps de dîner.

— Vous voyez qu'il n'est pas retourné à San-Francisco? reprit l'autre.

— Il se sera perdu en route, dit gaiement le docteur; mais attention! ces drôles approchent...

En effet, on voyait des Indiens s'avancer en rampant et en se faisant un abri de chaque accident de terrain et de chaque touffe d'herbe.

C'était une attaque de serpents.

— Tenez-vous votre homme? demanda le capitaine.

— Oui, et vous?

— Moi aussi.

— Alors feu, et tirons bas!

Les deux coups éclatèrent à la fois, se confondant en une seule détonation. Deux cris de douleur leur répondirent.

Les Indiens poussèrent des rugissements de rage et se ruèrent en avant pour venger leurs deux compagnons.

Les Français les reçurent, les revolvers au poing.

La mêlée fut courte, mais terrible.

Les armes déchargées, les voyageurs avaient saisi leurs rifles par le canon et s'en servaient en guise de massue.

Soudain, les Indiens semblèrent osciller sur eux-mêmes.

Leur masse se rompit. Un homme, ou plutôt un démon, monté sur un cheval lancé à toute bride, se précipita au milieu de la foule des assaillants, en faisant feu des deux mains de ses longs revolvers, et vint bravement se ranger auprès des Français.

— Nous sommes en force, chargeons! s'écria le capitaine avec enthousiasme.

— Charger quoi? demanda paisiblement le docteur.

En effet, les Indiens avaient disparu; ils semblaient s'être évanouis dans les ténèbres.

— Pardieu, vous arrivez à temps, l'Oiseau-Jaune, s'écria le capitaine en serrant cordialement la main du chasseur.

— Je l'ai pensé, répondit simplement le Canadien, à la rapidité avec laquelle je vous ai entendu décharger vos armes sur cette engeance.

— Nous ne comptions plus vous revoir, ajouta le capitaine, sans réfléchir à la portée de ses paroles.

— Pourquoi donc cela?

— Dame, je ne sais pas, reprit-il avec embarras; je vous croyais perdu, égaré, que sais-je? nous voyageons sans boussole!

— Perdu, moi! égaré, s'écria le chasseur en riant, vous plaisantez agréablement. Capitaine, il n'est pas possible que cette pensée soit venue au docteur.

— Oui, il veut rire; ah ça! vous ramenez aussi la mule?

— C'est elle qui m'a retardé, la maudite bête; elle avait jeté sa charge à terre et s'était sauvée pendant que j'examinais la piste des rôdeurs.

— Des Indiens, rectifia le docteur.

— Des rôdeurs, monsieur, reprit le chasseur; supposez-vous donc que vous ayez été attaqué par des Peaux-Rouges seulement?

— Dame, leur costume est assez reconnaissable, il me semble.

— Il vous semble mal, monsieur, répondit-il en hochant la

L'OISEAU-JAUNE.

tête; le costume ne signifie rien; vous en aurez bientôt la preuve; mais laissons cela quant à présent, et établissons le campement; il est tard, et vous devez avoir faim.

— C'est-à-dire que nous sommes affamés tout simplement,

dit en riant le capitaine. Puis, cette pistolettade nous a creusés davantage.

— Alors, nous n'avons pas un instant à perdre.

La mule fut aussitôt déchargée, les tentes dressées, les vivres placés sur le feu, et une demi-heure plus tard les trois voyageurs faisaient honneur au festin improvisé, grâce à un appétit aiguisé d'une façon formidable par une diète de douze heures.

A peine achevaient-ils leur repas, qu'un léger bruit se fit entendre du côté du fleuve. Ils étaient tous trois sur leurs gardes, l'oreille au guet.

Instinctivement, machinalement, les Français avancèrent leurs bras vers leurs armes, posées à terre auprès d'eux.

L'Oiseau-Jaune les arrêta d'un geste :

— Ne faites rien, leur dit-il rapidement à voix basse, quel que soit l'homme qui arrive, il est seul ; laissons-le venir, et ne témoignons à sa vue ni surprise ni crainte.

— Mais si cet homme était un espion ? objecta le docteur.

— Il est probable que cet homme est un espion, répondit nettement le chasseur.

— Espion de qui ? demanda le capitaine avec étonnement. Dans ce désert, je ne comprends pas l'utilité de...

Le Canadien se mit à rire.

— C'est cependant bien simple, dit-il, le désert fourmille d'espions, invisibles la plupart du temps, visibles quelquefois.

— Ah ! par exemple, quand vous me prouverez cela... je reconnaîtrai la justesse d'appréciation de notre ami le docteur... à... à l'égard des Indiens.

L'Oiseau-Jaune sourit.

— C'est comme cela, pourtant. Suivez-moi bien : vous avez quitté San-Francisco dans le but avoué de vous rendre dans l'Utah ?...

— Eh bien ?

— Eh bien ! reprit-il paisiblement, on a supposé que ce but avoué en cachait un autre dont vous faisiez mystère. Ce qui, après tout, ne serait pas impossible.

Les deux hommes détournèrent la tête sans répondre.

— Alors, continua le chasseur, chacun a pris ses mesures. Les Américains vous surveillent pour vous empêcher de vous joindre aux Mormons ; les Mormons vous épient dans la crainte que vous ne soyez des agents secrets des États-Unis ; les mineurs voient en vous des hommes qui peut-être les veulent dépouiller, en exploitant un riche placer, connu de vous seuls ; les Indiens, eux, vous guettent, au contraire, pour vous dépouiller, si cela leur est possible. Me comprenez-vous maintenant, et voyez-vous à combien de paires d'yeux et d'oreilles vous allez avoir affaire ?

— Oui, murmura le capitaine.

— Nous sommes ici un territoire neutre, qui, en réalité, n'appartient à personne, et dont chacun prétend être propriétaire ; ainsi où la force seule fait loi, vous vous trouvez être l'objectif de toutes ces avarices et de toutes ces craintes. Vous avez été attaqués déjà ; préparez-vous à l'être encore. On lutte contre vous par la force et par la ruse ; répondez par la ruse et par la force, sinon vous êtes perdus.

— Je crois que vous nous faites la situation beaucoup plus sombre qu'elle ne l'est en réalité, dit en souriant le docteur.

— Vous croyez? fit le chasseur avec une expression singulière.

— C'est mon avis; vous envisagez la question à votre point de vue; moi, je l'envisage au mien. Qui sait? Peut-être nous trompons-nous tous les deux. Attendons et nous verrons.

— C'est possible, reprit froidement le chasseur; quoi qu'il en soit, voici votre visiteur : faites-lui l'accueil qu'il vous plaira; quant à moi, je vous souhaite le bonsoir.

Sans plus de cérémonie, l'Oiseau-Jaune s'enveloppa dans sa couverture, s'étendit sur le sol et ferma les yeux, bien résolu, en apparence, à ne se mêler en aucune façon à ce qui allait se passer. M. de Verdières l'avait attaqué dans son amour-propre, il ne répondait que par son silence.

Le docteur haussa dédaigneusement les épaules et fixa un clair regard sur un individu qui, après avoir tourné une rampe assez escarpée, se trouvait arrêté à dix pas au plus du campement. Cet homme, placé ainsi en pleine lumière, avait un aspect étrange et saisissant à la fois. Sa taille était haute, ses traits durs et énergiques; sa physionomie sombre, illuminée par deux yeux noirs, qui semblaient lancer des éclairs, avait une expression d'astuce et de bonhomie railleuse, difficile à rendre; il portait un costume singulier, qui tenait le milieu entre celui des Peaux-Rouges et celui des chasseurs du désert. Il appuyait nonchalamment ses deux mains croisées sur l'extrémité du canon d'un rifle dont la crosse reposait à terre ; ses cheveux, d'un noir bleu, tombaient sur ses épaules, noués près de la tête par une peau de serpent à sonnettes ; sa barbe, touffue et rude, descendait fort bas sur sa poitrine.

Il salua les voyageurs en s'inclinant à deux reprises et en étendant la main droite après l'avoir appuyée sur sa poitrine.

— J'ai entendu des coups de feu, dit-il ; j'ai vu briller la flamme d'un campement ; les étrangers ont-ils besoin d'un bras fort et d'un cœur résolu ? J'accours à leur aide.

— Merci, répondit sèchement le capitaine, nous ne réclamons le secours de personne. Nos bras nous ont suffi, comme vous pouvez le voir.

— Mais, ajouta le docteur, notre hospitalité est offerte à tous ; avancez et prenez place auprès de nous. Si vous avez faim, mangez ; si vous avez soif, buvez ; si vous avez froid, chauffez-vous.

L'inconnu fit quelques pas en avant :

— Ceux qui savent remplir les devoirs de l'hospitalité marchent dans les voies de Dieu, dit-il sentencieusement ; un hôte est sacré, tant qu'il est assis au foyer qui l'a accueilli, le savez-vous ?

— Nous le savons ; bannissez toute crainte, et avancez-vous sans plus de retard, qui que vous soyez, ami ou ennemi.

— Soit, j'accepte le feu ; je n'ai ni faim ni soif.

Il s'approcha alors ; il s'assit en face des deux voyageurs, posa son fusil auprès de lui sur l'herbe, retira une pipe indienne de sa ceinture, la bourra, et après l'avoir allumée il commença à fumer silencieusement.

Cette courte conversation avait eu lieu en anglais, langue que l'inconnu parlait avec une rare perfection, bien qu'avec un léger accent étranger.

— Vous avez été attaqués? dit-il au bout d'un instant.

— Oui, répondit le capitaine, les Peaux-Rouges ont tenté une surprise contre notre camp.

— Ce ne sont pas les Peaux-Rouges seuls qui vous ont attaqués.

— Comment le savez-vous? demanda le capitaine avec étonnement.

— Qu'importe comment je le sais, si cela est.

— Je ne vous comprends pas? Qui êtes-vous donc?

— Qui je suis? Vous le voyez, un homme comme vous.

— Êtes-vous un ami ou un ennemi?

— En ce moment, je ne suis ni l'un ni l'autre. Je suis votre hôte.

— Ce qui veut dire?

— Que plus tard, problablement, je serai l'un ou l'autre, fit-il d'une voix sourde.

— Pardieu! dit en riant le capitaine, qui que vous soyez, vous êtes franc, camarade; cela me plaît; le mystère dont vous vous enveloppez me charme; continuez, j'éprouve un plaisir véritable à causer avec vous.

— Vous raillez et vous avez tort, car moi je parle sérieusement.

— A Dieu ne plaise que je raille, mon maître; j'adore tout ce qui sent le mystère, je vous l'ai dit; de plus, vous semblez me connaître, ce qui m'intrigue fort; me connaîtriez-vous en effet?

— Je vous connais, ainsi que votre compagnon le docteur.

— Merci pour moi et pour mon ami. Nous ne nous croyions pas si remarqués.

— Je vous ferai observer que je n'ai pas dit *votre ami*, mais seulement *votre compagnon;* ce qui n'est pas du tout la même chose, ajouta le nouveau venu avec une pointe d'ironie.

Le docteur fronça le sourcil.

— Trêve de sottises, dit-il; usez mais n'abusez pas de l'hospitalité qui vous est accordée; vous avons-nous mal reçu? De quoi vous plaignez-vous?

— J'en abuserai si peu, de votre hospitalité, que je me retire, répondit-il en se levant. Je me suis réchauffé, je pars.

— A votre aise! répondit le docteur d'une voix rude.

— Mais nous nous reverrons sans doute, ajouta le capitaine avec ironie. Vous ne nous dites pas adieu. Nous reverrons-nous?

— Bientôt, je l'espère, fit-il d'une voix railleuse.

— Bon voyage, alors!

— Et vous, bonne nuit! reprit avec intention l'étranger, qui s'inclina légèrement et s'éloigna d'un pas lent et majestueux, sans s'inquiéter de savoir si on le suivait ou non.

— Pardieu! j'en aurai le cœur net, s'écria le capitaine en se tournant vers la place occupée par le chasseur canadien.

— Que prétendez-vous faire? demanda le docteur avec un accent inquiet, que son ami ne comprit pas bien.

— Savoir quel est ce drôle, qui pendant une demi-heure s'est moqué de nous; et il tira fortement la couverture dans laquelle l'Oiseau-Jaune s'était soigneusement enveloppé. Mais il poussa un cri de surprise.

Le chasseur avait disparu.

Presque au même instant, un éclair sillonna les ténèbres, et un coup de feu retentit, suivi d'un cri de douleur.

— Qu'est cela ? s'écrièrent les deux hommes en sautant sur leurs armes.

— Rien, répondit à quelques pas la voix railleuse de l'Oiseau-Jaune, une bête puante que j'ai tirée au juger.

II

UN CHARMANT SPÉCIMEN DE VILLE AMÉRICAINE.

Le Humboldt-River, descendu de la Sierra Nevada, traverse le territoire de l'Utah.

Après un cours de plus de cent lieues, il forme un lac, et disparaît quelques milles plus loin, engloutissant ses eaux dans un océan de sables.

Cette disparition subite est due à la configuration du vaste bassin dans lequel cette rivière coule et serpente, et à la nature du sol qu'elle arrose.

Entourée, encaissée de tous les côtés par des éminences qui ne lui permettent pas de se frayer une issue, elle laisse ses eaux se perdre dans les plaines, s'infiltrer dans le sable ou s'évaporer dans les airs.

Peu de rivières ont un cours aussi capricieux, aussi accidenté, aussi pittoresque que le Humboldt-River.

Tantôt ses eaux coulent limoneuses, blanchies, comme de l'eau de savon, par la soude qui s'incruste dans les *Patamogeton* flottants ; tantôt elles s'étendent à perte de vue, claires et limpides.

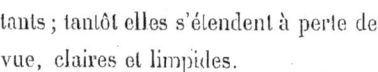

Ici, ses bords sont arides et sablonneux.

Là, ils deviennent verdoyants et couverts de saules qui se mirent dans le clair miroir coulant à leurs pieds noueux.

D'immenses volées de gros oiseaux pêcheurs planent sur eux, battant l'air de leurs ailes sonores.

Des bandes de rats musqués, tenant le milieu entre le castor et le lièvre, sillonnent le lit de la rivière, se servant de leur queue déprimée comme d'un gouvernail.

Dans une plaine peu étendue, à une portée de fusil de la rive gauche du Humboldt, à dix lieues environ du campement de nuit que nous venons de décrire, se trouve un village qui, vu sa position centrale, deviendra un jour une ville florissante.

Tous les émigrants qui se rendent au lac Salé ou en Californie y passent.

En 1855, il ne contenait qu'une vingtaine d'habitants appartenant à toutes les nations européennes ; Français, Anglais, Allemands, Espagnols, Américains du Nord, Polonais — il y en a partout — vivaient là, tant bien que mal, près les uns des autres, se déchirant à belles dents, bien que feignant l'union la plus cordiale.

D'ailleurs, disons-le tout de suite, ces dignes citoyens ne représentaient pas positivement l'élite des nationalités auxquelles ils appartenaient; il s'en fallait du tout au tout : c'étaient d'affreux bandits tacitement associés pour vivre aux dépens des voyageurs et les détrousser au besoin, quitte ensuite à se battre pour le partage de leurs dépouilles.

L'édifice le plus important du village était une longue cabane en bois surmontée de deux cheminées et percée de nombreuses fenêtres au rez-de-chaussée et au premier. — Cette cabane avait un premier étage; — deux portes hautes et larges, à double battants, donnaient accès dans cette étrange demeure, derrière laquelle se trouvait un jardin entouré d'une palissade et fort bien tenu.

A une distance respectueuse de ce remarquable édifice, au sommet duquel flottait fièrement le drapeau étoilé des États-Unis, une quinzaine de huttes, plus ou moins confortablement établies, étaient groupées dans le plus pittoresque désordre, la plupart faites avec des piquets plantés en terre et recouverts d'une toile goudronnée en guise de murailles. Sur le bord même de la rivière, on voyait une centaine de tentes en cuir, demeure d'une tribu d'Indiens *Chochonès* ou *Serpents*, les plus insignes pillards de ces parages; une alliance étroite existait entre la tribu indienne et les habitants du village.

Les voleurs blancs et rouges s'étaient associés pour piller les caravanes et assassiner les voyageurs.

Il était environ huit heures du soir; la grande salle de l'édifice que nous avons décrit offrait un coup d'œil digne du crayon de Callot.

Cette salle, qui servait tour à tour d'église, de temple, de salle de concert, etc., ce jour-là, avait été métamorphosée en cabaret, au moyen de tables et de bancs placés çà et là, sans ordre. Du reste, ces tables sur lesquelles brûlaient, dans les chandeliers de fer, de longues chandelles de suif jaune, étaient garnies de buveurs et de joueurs revêtus des plus fantastiques et des plus indescriptibles guenilles, qui s'abreuvaient à qui mieux mieux des plus exécrables boissons. Ils jouaient un jeu d'enfer, en criant, hurlant, chantant et se disputant comme des possédés.

Les garçons, chargés de brocs, circulaient autour des tables pour servir les consommateurs, sous la surveillance d'un gros homme à la mine réjouie, au regard louche et au sourire narquois, correctement vêtu de noir de la tête aux pieds, qui n'était autre que le maître de la maison.

Tous les habitants de ce village et une partie de leurs associés indiens étaient, ce soir-là, réunis dans cette salle, éclairée pour la circonstance.

Près de la porte, dans un angle un peu obscur, un particulier, vêtu d'un costume mexicain, se tenait seul, assis, le dos au mur et les bras croisés sur la poitrine, auprès d'une table. Il n'avait devant lui qu'une petite mesure d'aguardiente à laquelle il n'avait pas encore touché, bien qu'il fût là depuis plus d'une heure, et il fumait une mince cigarette de papier, en laissant errer autour de lui un regard ennuyé, chargé de dédain et de mépris pour les consommateurs habituels de la maison.

Ce solitaire, âgé de vingt-sept ou vingt-huit ans, avait les traits fins et distingués, le front haut, les pommettes saillantes, les yeux grands, noirs et vifs, le nez recourbé, la bouche franche, garnie de dents magnifiques, la lèvre supérieure ombragée d'une épaisse moustache noire aux crocs relevés. Son costume était riche et de bon goût; ses gestes élégants; autant qu'il était possible d'en juger, en dépit de la pose qu'il affectait, sa taille ne devait pas dépasser la moyenne; mais elle paraissait admirablement proportionnée; un sombrero en poil de vigogne gisait, posé sur la table, auprès d'un rifle américain.

Tel qu'il était, cet homme, malgré la pâleur mate de son visage et le nuage sombre répandu sur ses traits, avait une de ces physionomies peu communes qui éveillent l'attention et qu'on n'oublie pas quand on les a vues une fois...

L'hôte, le gros homme dont nous avons parlé plus haut, passait et repassait à chaque instant devant lui d'un air de mauvaise humeur, mais cependant sans oser se hasarder à lui adresser la parole.

Évidemment, le digne homme était désolé, dans son for intérieur, de voir une table si déplorablement occupée par un seul consommateur qui ne consommait pas; mais, pour certaines raisons fort graves sans doute, il ne formulait aucune plainte. Du reste, excepté le maître de la maison, personne ne s'occupait du solitaire rêveur, et sa présence était probablement ignorée. Quant à lui, il fumait cigarette sur cigarette et ne bougeait ni plus ni moins qu'un terme.

Le galop précipité d'un cheval se fit entendre au dehors.

L'inconnu tressaillit imperceptiblement, pencha légèrement la tête et prêta l'oreille. Les autres jouaient et criaient toujours. Cependant, le bruit se rapprochait de plus en plus et cessa tout à coup.

Un cheval s'était arrêté devant la porte de la maison. Presque aussitôt le cavalier entra; jetant un regard autour de lui, il vint résolument s'asseoir en face du Mexicain, ou, pour mieux dire, de l'individu qui se donnait pour tel.

Le cabaretier accourut avec un empressement digne d'éloge.

— Que faut-il vous servir? demanda-t-il obséquieusement.

Avant que le nouveau venu eut eu le temps de répondre, le Mexicain jeta sa cigarette, et regardant l'hôtelier :

— Rien, répondit-il.

Le gros homme rougit, salua et s'éloigna sans oser répliquer, tout en se promettant d'avoir sa revanche au plus tôt.

Les deux Mexicains demeurèrent isolés dans leur coin.

Celui qui venait d'arriver était un peu plus âgé que l'autre.

Il avait une physionomie aussi résolue, et portait comme lui un costume du pays, riche, mais froissé, sali, tout en désordre par suite sans doute d'une longue route faite à franc étrier.

— Méfions-nous des longues oreilles de notre hôte, dit le premier en tordant une cigarette.

— S'il s'approche trop, ce digne master Stroog, on pourra les lui couper, dit l'autre en riant, avec un regard de côté à l'adresse de l'hôtelier, ou tout au moins les lui raccourcir de quelques pouces.

Ce dernier, qui passait et repassait, s'arrêta comme par enchantement près d'un groupe de joueurs.

Pour se donner une contenance, il jeta machinalement une pièce sur la table.

Le sort ne lui fut pas favorable, car, pour la première fois, il osa jeter un regard de colère sur les deux compagnons qui venaient de lui faire perdre une mince partie de ses vols, ou, si l'on veut, de ses bénéfices journaliers.

Ceux-ci ne firent que rire de cette menace, de cette malédiction tacite.

— Parlons basque, dit l'un. De la sorte nous serons sûrs de ne pas être entendus, ou tout au moins compris.

— Comme tu voudras, répliqua le nouveau venu.

— Tu viens de là-bas ? demanda le premier Mexicain, dans le plus pur patois des Pyrénées.

— En droite ligne, lui répondit l'autre dans le même idiome.

— Tu as bien tardé.

— J'ai presque fourbu mon cheval.

— Je t'attends depuis longtemps.

— Ce n'est point la faute de la pauvre bête. J'ai fait plus de dix lieues en deux heures à peine.

— Eh bien ! quelles nouvelles ?

— Rien encore.

— Rien ?

— Non.

— Toujours ensemble, alors ?

— Plus que jamais.

— Ainsi, il n'y a pas eu d'explication ?

— Pas la moindre. Ils sont le mieux du monde.

— L'Oiseau-Jaune n'a donc pas encore parlé ?

— Il faut le croire.

— Me trahirait-il ? fit le premier Mexicain, dont l'œil étincela de colère.

— Non. Il nous est dévoué... et d'ailleurs, tu le connais aussi bien que moi, de fait et de renommée : l'Oiseau-Jaune n'a jamais trahi personne.

— C'est vrai. Mais pourquoi ne parle-t-il pas ? Pourquoi cette inaction incompréhensible ?

— L'occasion ne se sera pas présentée.

— On la fait naître, quand on a son habileté, son courage et son expérience.

— C'est ce que je lui ai dit.

— Tu lui as donc parlé ?

— Oui.

— Et ?...

— Quoi qu'il arrive, il parlera demain.

— Enfin !...

— Mais ce n'est pas tout ?

— Qu'y a-t-il donc encore ?

— La mèche est éventée.

— Hum ! tu crois, Pierre ? dit vivement le premier des deux Mexicains.

— J'ai vu !

— Explique-toi, mon ami, explique-toi.

— Les Mormons sont en chasse ; ils ont tenté une surprise sur eux, au coucher du soleil.

— Mille démons ! s'écria-t-il en frappant avec colère la table du poing.

— Calme-toi, Louis ; grâce à moi, l'Oiseau-Jaune avait l'éveil. Ils ont été repoussés.

— Demain, ils recommenceront.

— C'est probable.

— Que faire ?

— Jouer le tout pour le tout.

— Nous avons affaire à forte partie. Réussirons-nous ?

— Si nous attendons qu'ils soient ici, tout sera perdu.

— C'est vrai.

— Veux-tu me croire ?

— Pardieu. Oui, va, je t'écoute. Et si ton conseil est bon, quelque dangereux qu'il soit, je le suivrai.

— Nous ne devons pas hésiter plus longtemps ; ce démon de Francis est fin comme un opossum ; s'il se doute de quelque chose, tout est perdu ; il faut, à tout prix, en finir avec lui.

— Mort-Dieu ! une affaire si bien menée jusqu'à présent ; pauvre Gaston ! moi qui lui ai juré de lui rendre sa fiancée !

— Nous la lui rendrons.

— Comment ? puisque nous ne savons pas seulement où elle est. C'est à se damner !

Pierre baissa la voix et se pencha à l'oreille de son ami:
— Je le sais, moi.

LES DEUX AMIS.

— Tu le sais! s'écria Louis avec un tressaillement nerveux.
— Oui.
— Écoute, Pierre; je t'ai sauvé la vie, tu m'aimes, j'en suis

sûr, tu ne voudrais pas me tromper; j'ai en toi la plus entière confiance ; la partie que nous jouons est terrible; de son succès dépend le bonheur de ma vie entière, Gaston est plus qu'un frère pour moi; sa famille a rendu d'immenses services à la mienne. En mourant, son père l'a confié au mien; lorsque, la veille de son mariage, la fiancée de Gaston disparut, il voulut se tuer. Deux fois, je l'ai retenu, en lui jurant que je lui rendrais sa Jeanne bien-aimée; ce serment, je le tiendrai, ou je me ferai sauter la cervelle. Je lui ai demandé six mois pour réussir, les six mois seront accomplis dans un mois ; ce que j'ai fait pour découvrir la vérité, les moyens que j'ai employés pour voir clair dans l'affreuse machination dont les deux pauvres jeunes gens sont les victimes innocentes, comment je suis arrivé sans me tromper jamais à suivre de Paris ici une piste cent fois perdue et cent fois retrouvée, si je te le racontais, jamais tu ne pourrais le croire; eh bien! en ce moment, je suis à bout de force et de courage; je n'ai d'espoir qu'en toi, en toi qui m'aimes et que j'aimerai, Pierre, comme jamais homme n'en a aimé un autre, si ce que tu viens de me dire est la vérité.

Les deux hommes échangèrent une chaleureuse étreinte.

— Avant de t'apprendre ce que tu désires tant savoir, un mot encore, Louis.

— Que veux-tu? parle.

— Comment ce gredin de Francis est-il parvenu à enlever ainsi cette malheureuse jeune fille? Dans quel but a-t-il agi ainsi? l'aime-t-il?

— Lui, Francis! s'écria Louis avec mépris; non il ne l'aime pas; il ne l'a jamais aimée! Francis n'a qu'une passion: l'or.

Jeanne est immensément riche; de Verdières convoite sa fortune, voilà tout; la pauvre enfant serait cent fois plus belle, cela ne pèserait pas d'un grain de sable dans la balance. Laide, il l'épouserait. S'il pouvait avoir la fortune sans la femme, il ne se serait pas donné la peine de la faire enlever.

— C'est un rude gars!

— Son plan a été dressé avec une simplicité et une adresse infernales.

— Voyons ça, c'est intéressant au point de vue de l'art! fit le second Mexicain, mettant les deux coudes sur la table et se plantant le menton sur ses deux poings réunis.

— Se faire aimer de Jeanne, l'épouser en France, en Europe même, c'était impossible, il n'y fallait pas songer.

— Oui, dans ces pays soi-disant civilisés on a la faiblesse de demander le consentement des deux parties contractantes. Continue.

— Un seul pays au monde pouvait offrir à ce misérable les garanties suffisantes pour l'accomplissement de son crime.

— L'Utah?

— Oui. Francis se fit Mormon. Aussitôt entré dans la secte des *saints du dernier jour*, il s'engagea à payer un million à ses nouveaux frères le jour de son mariage avec la pauvre jeune fille.

— Naturellement les *saints*, de leur côté, s'engageaient à lui prêter aide et concours.

— Ce qu'ils ont fait.

— En France? demanda Pierre, ne pouvant dissimuler son étonnement profond.

— En France. Les mormons y sont plus nombreux que tu ne

le supposes. Ils ont la fureur du prosélytisme. Un million est une belle somme. Ils se sont mis en campagne.

— Ainsi, c'est à Paris que la jeune fille a été enlevée?

— A Paris même. De là conduite au Havre; comment, sans qu'elle ait pu appeler au secours? quels moyens infâmes, criminels, ont-ils employés, je l'ignore; — mais toujours est-il qu'embarquée sur un de leurs navires elle a été amenée en Amérique.

— Et nul n'a su?...

— Le secret est demeuré si bien gardé que sa famille n'a jamais pu découvrir ses traces.

— Et Verdières?

— Pour écarter tout soupçon, il n'a pas quitté Paris immédiatement.

— Le gueux!

— Du reste, il ne risquait rien.

— Pourquoi?

— Ni Gaston ni la famille de Jeanne ne le connaissaient.

— Donc, il se croyait à l'abri?...

— Oui ; pour plus de sûreté, il annonça un beau jour son départ pour le Chili.

— Bien joué!

— Du Chili, où il s'était rendu effectivement, il se rendit à San-Francisco.

— Et c'est là qu'il a eu l'audace de se lier avec Gaston?

— Tu y es.

— Mais cette liaison doit commencer à le gêner dans ses entournures de Joconde?

— Aussi compte-t-il s'en dépêtrer à la première occasion.

— C'est qu'il ne reculera devant rien !

— Certes.

— Mais, mon bon Louis, à ce compte-là, ton ami Gaston s'est jeté dans la gueule du loup.

— C'est moi qui le lui ai conseillé.

— Mais un mauvais coup, ou, pour parler plus clair, un bon coup de couteau est bientôt donné !

— On surveille notre homme de près.

— Ah ! très bien ! Je comprends... L'Oiseau-Jaune... c'est de lui qu'il s'agit.

Sur un geste affirmatif de son ami, le second Mexicain continua :

— Pourtant... au point de vue de la fortune... le plan de ce rusé coquin me semble pécher par la base.

— En quoi ?

— J'admets la réussite complète de ses projets.

— Tu admets l'accomplissement du mariage ?

— Oui.

— Eh bien ! ensuite ?

— Il reste la famille de Jeanne, qui ne consentira peut-être pas à se laisser voler ses richesses aussi facilement qu'elle s'est laissé enlever la jeune fille.

— Francis à tout prévu.

— Tout ? cependant...

— Jeanne de Mercœur est orpheline, mon ami.

— Elle n'a pas de parents ?

— Des parents éloignés qui la connaissaient à peine et se soucient d'elle comme toi de la prochaine éclipse de lune.

— Un tuteur! il y a un tuteur, que diable! fit Pierre, croyant embarrasser son interlocuteur.

— Oui, il y a un tuteur.

— Ah! tu vois.

— Mais ce tuteur, dont Jeanne dépend jusqu'à un certain point, consentira à tout.

— Impossible! s'écria le Mexicain avec stupéfaction.

— Moyennant un pot-de-vin de cent mille écus... continua l'autre, ne songeant point à triompher de la consternation de son camarade. Comprends-tu, maintenant?

— Dame! il le faut bien. Le scélérat a tout prévu! Ce Verdières est un profond politique.

— Rien ne lui échappe.

— Trop de duplicité pour un seul homme, si le nom d'homme on peut donner à un monstre de ce calibre-là.

— Hélas! Pierre. C'est un bien brave homme! et malheureusement il n'est pas le seul de son espèce. Ruiné, désespérant de reconquérir honnêtement une fortune et une position, il joue un jeu de bandit, et il gagnera peut-être. Qui sait? Francis est si dépravé qu'il croit son moyen de bonne guerre; et, d'ailleurs, qui veut la fin veut les moyens; c'est à nous maintenant d'établir une contre-mine, avant qu'il ne mette les pieds ici, où la plupart de ses complices sont réunis.

— Oh! oh! Voici qui est grave et qui complique étrangement la situation.

— Oui, et je te le répète, comment faire?

— Laisse-moi réfléchir un instant; je me suis dévoué à ton œuvre; mieux que toi, je connais l'Amérique, que j'habite depuis dix ans ; en ce pays, cher ami, on ne doit compter que sur une chose, l'imprévu ; et, vive Dieu ! c'est l'imprévu que j'appelle à notre aide, car seul il peut nous faire réussir.

— Dieu t'entende, mon ami ! Ah ! s'il s'agissait d'une mine d'or ou d'argent à découvrir, je serais certain du succès ; avec toi,

le plus renommé des *gambucinos*, toi qui obliges pour ainsi dire l'or à monter à la surface du sol et à se révéler aux regards éblouis des hommes... Mais il s'agit bien d'or, aujourd'hui !

— Patience, Louis, répondit le gambucino, déguisant un sourire, peut-être cette puissance que l'on m'attribue nous servira-t-elle cette fois encore... En tout cas, elle ne peut nous être nuisible.

Il se fit un silence entre les deux hommes ; tous deux réfléchissaient profondément.

Autour d'eux, les cris, les rires et les éclats de voix allaient toujours crescendo.

Tout le monde parlait, bavardait, hurlait en même temps.

On jouait jusqu'à ses bottes.

On buvait à même des bouteilles.

On se disputait, on se querellait, et de temps à autre on se fourrait amicalement un pouce d'acier dans la joue droite ou dans la joue gauche.

C'était bien la réunion la plus joyeuse de ce séjour enchanteur.

Maître Stroog se frottait gaiement les mains et supputait dans son étroit cerveau les gains malhonnêtes que cette petite orgie lui rapporterait.

Tout à coup Pierre se frappa le front, se redressa et donna un violent coup sur la table.

— Maître Strogg ! cria-t-il.

— A vos ordres, seigneurie, répondit le gros homme, qui s'empressa d'accourir, la bouche en cœur.

III

LA CLEF D'OR.

Pierre sourit, et lui posant la main sur l'épaule, il lui dit de son air le plus aimable :

— Vous aimez l'argent, maître Strogg ?

— Aoh ! fit l'Américain, se fendant la bouche d'une oreille à l'autre.

— Mais vous préférez l'or ?

— De beaucoup.

— Vous me connaissez, n'est-ce pas ?

— J'ai cet honneur, seigneurie.

— Bon. Allons droit au but.

— Allons.

— Combien voulez-vous pour trahir votre meilleur ami ?

— Hein? fit le gros homme tout ébouriffé.

— Vous ne m'avez pas entendu?

— Si, j'ai fort bien entendu.

— Alors, répondez.

— C'est que, dit-il, en se grattant le front d'un air embarrassé, je ne sais pas trop quoi vous répondre.

— Pourquoi cela?

— Parce que je n'ai pas de meilleur ami.

— Allons, la réponse est heureuse! s'écria Pierre en riant; supposez que vous en ayez un, combien voudriez-vous pour le trahir?

— Je suppose, maître, dit-il d'un air convaincu, que l'amitié est une chose sainte, un lien sacré, et je calcule que ce serait cher, mais très cher.

— Bon; combien à peu près?

— Oh! je calcule que mille dollars ce ne serait pas trop, répliqua-t-il avec une insinuante tonalité.

— Ce serait pour rien, mon bon ami. Je vous croyais plus intéressé.

— Je suis honnête, quoique hôtelier, dit maître Strogg avec conviction.

— Pardieu! eh bien! si vous voulez, vous pouvez gagner en cinq minutes non pas mille, mais deux mille dollars.

— Deux mille dollars! by god! s'écria avec jubilation l'hôtelier, dont l'énorme face devint cramoisie, et que faut-il faire pour

MASTER STROGG.

cela, mon cher señor? Si la chose n'est pas impossible, elle est faite. Parlez; que faut-il faire?

— Je vous l'ai dit, mon maître, trahir, non pas votre ami le plus intime, il est convenu que vous n'en avez pas, mais tout simplement une personne qui s'est confiée à vous.

— Aoh! c'est plus difficile, cela.

— Bah! pourquoi donc?

— Parce que les affaires doivent être faites honnêtement, autant que possible, ajouta-t-il avec restriction.

— La fin de votre phrase en corrige heureusement le commencement; en somme, à quoi vous arrêtez-vous?

— Si je supposais...

— Supposez, calculez ce que bon vous semblera, maître Strogg; mais faites-moi le plaisir de me répondre oui ou non; les deux mille dollars sont là, dans ma ceinture, en bonnes onces mexicaines trébuchantes. Je paye comptant, servez-moi de même.

— Je le sais bien señor; aussi suis-je bien tranquille à cet égard.

— Qui vous arrête, alors? Ou quel peut être le scrupule qui vous taquine?

— Dame! reprit-il en se grattant la tête avec fureur, avec désespoir, sans doute pour en faire sortir une idée; je suppose que vous ne voudriez pas nuire à la réputation d'un marchand honnête, un père de famille qui a besoin de gagner sa vie et celle des siens?

— Pour qui me prenez-vous, maître Strogg? fit le Mexicain en se récriant, comme si l'hôtelier venait de l'accuser d'une monstruosité. Je vous donne ma parole que votre responsabilité sera parfaitement à couvert. Vous pouvez vous en fier à moi.

— De cette façon, señor, je calcule que je puis... que même je dois...

— Accepter, n'est-ce pas?

— Ma foi, oui, señor.

— Bon ; deux dames ont été amenées, il y a trois jours, chez vous, n'est-il pas vrai?

L'hôtelier pâlit et fit un pas en arrière. Il était terrifié.

— Eh bien? reprit Pierre, en lui jetant un regard froid et acéré.

— En... en effet, señor, répondit-il d'une voix tremblante, mais je suppose que ce n'est pas à ces dames que vous avez affaire?

— Vous supposez mal, maître Strogg; c'est à elles précisément, répliqua le Mexicain, ou du moins à l'une d'elles.

— Mais, vous ignorez, sans doute, par qui ces dames m'ont été confiées? reprit avec crainte l'infortuné hôtelier.

— Je le sais parfaitement, maître Strogg; mais cela ne m'intimide nullement; je veux les voir... Je le veux... vous m'entendez?

— Mon Dieu! si on découvrait...

— On ne découvrira rien, rapportez-vous-en à moi; seulement, je vous en avertis, pas de tergiversations, pas de trahisons surtout; sinon, vous me connaissez, n'est-ce pas? vous êtes un homme mort.

— Mais, cependant.

— Mort, répéta Pierre d'un ton péremptoire.

— Si je refusais le marché?

— Hein? comment dites-vous cela? Répétez donc un peu, s'il vous plaît, fit le terrible consommateur, se levant à demi, la main sur le superbe couteau qui pendait à sa ceinture.

— Señor, je plaisantais.

— Tant mieux pour vous, brave homme. Vous n'avez plus le droit de refuser mes propositions. Toute hésitation serait considérée par moi comme une trahison, et mettez-vous bien ceci dans la cervelle, master Strogg...

— Quoi donc, seigneurie?

— J'admets parfaitement qu'on trahisse les autres pour moi, mais, par tous les saints du paradis, je plains celui qui me trahira, fût-ce dans l'intérêt d'une femme jeune et jolie.

— Ce raisonnement n'est pas logique, murmura le gros homme, mais il ne manque pas de clarté.

— Je suis heureux que vous le compreniez depuis les prémisses jusqu'à la conclusion.

— L'autre ouvrait de grands yeux.

S'il avait compris la menace, il ne comprenait certes pas la dernière phrase de son hôte.

Pierre reprit.

— C'est donc bien entendu, deux mille dollars, ou bien la mort; la protection des hommes que vous savez ne pourrait vous soustraire à ma vengeance, quel que soit leur pouvoir. Un dernier mot: si vous me servez fidèlement, ce ne sont pas deux mille, mais dix mille dollars que je vous donnerai, c'est-à-dire une fortune. Vous m'avez compris?

— Aoh! parfaitement, señor, s'écria l'hôtelier, dont l'œil émerillonné brilla d'un éclat fulgurant à cette promesse inattendue.

— Bon; maintenant, entendons-nous bien, afin de ne pas commettre de malentendus; où sont ces dames, en ce moment? Vous le savez?

— Dans ma propre chambre.

— Seules?

— Ma femme, mistress Strogg, leur tient compagnie de son mieux.

— Personne autre ne les surveille? Ne cherchez pas vos réponses. Parlez vite.

— Personne.

— Bon! où est la fenêtre de votre chambre?

— C'est la troisième à droite, après la porte de la salle où nous sommes.

— De mieux en mieux, fit Pierre.

Il retira une longue bourse de sa ceinture, en sortit une poignée d'or qu'il étala sur la table.

— Tenez, dit-il, voici les arrhes de notre marché. Comptez, si vous en avez envie; mais, entre nous, vous feriez mieux d'empocher de confiance.

Maître Strogg ne se le fit pas dire deux fois.

Il rafla les onces, d'un seul coup, avec une habileté de râteau placé au bout du bras d'un croupier expérimenté.

— Maintenant, je compte sur vous comme sur une de mes mains, mon brave.

— Et vous faites bien, señor. Vous payez sans compter, je vous servirai sans arrière-pensée.

— A partir de ce moment, vous m'appartenez comme la lame appartient à la poignée qui la guide.

— Je suppose, señor, que vous n'exigerez jamais de moi quoi que ce soit qui doive porter atteinte à mon honorabilité de chef de maison, de père de famille?

— Cette fois-ci, vous supposez bien, digne citoyen d'une grande république, que vous êtes et que vous serez un jour.

— On ne le sait pas bien encore aujourd'hui, répondit master Strogg, qui n'aurait pas mieux demandé que de causer un peu politique, après avoir beaucoup parlé d'intérêt.

Pierre arrêta sa faconde en lui disant brièvement :

— Assez causé. Vos yeux et vos oreilles sont à moi. Souvenez-vous-en, et retournez à vos affaires.

Le gros hôtelier salua jusqu'à terre, puis il se retira à reculons.

Les deux compagnons se trouvèrent isolés dans leur coin.

Après quelques moments de silence, Louis, qui avait impassiblement assisté à toute cette scène, dit à son ami :

— Je l'avoue, Pierre, que je ne comprends rien à ce que tu veux faire. A quoi cet homme peut-il nous être utile? Qu'est-ce que ces deux femmes, installées dans une maison comme celle-ci?

— Curieux, fit l'autre, raillant doucement le jeune homme, dont les questions ne respiraient ni la patience ni l'aménité.

— Curieux, moi! tu te trompes... Je ne suis qu'impatient... de continuer, de reprendre mes recherches. Tant que je n'aurai pas retrouvé la fiancée de Gaston, je ne m'occuperai ni d'affaires ni de plaisirs pouvant me la faire sortir un instant de la mémoire.

— Des reproches?

— Je ne te reproche rien, cher Pierre; mais je désire te rappeler la promesse que tu viens de me faire, promesse que tu m'as tout l'air d'oublier.

— O jeunesse! jeunesse! tu seras toujours la même, présomptueuse et prompte à juger, ce qui, les trois quarts du temps, te force à juger à tort et à travers, grommela philosophiquement le dernier venu.

— Enfin, où allons-nous? Vers quel but mystérieux tendons-nous? Pourquoi nous détourner de notre route?

— Que de questions! Ne t'inquiète pas, ami. Sois plus confiant, voilà tout ce que je te demande; suis-moi sans crainte. Je te montrerai le chemin. Et si, une fois arrivés, tu ne perds pas cette rudesse d'accentuation qui ferait deux ennemis acharnés de deux camarades d'enfance, je te permets de me traiter comme le dernier et le plus méprisable des *nouveaux saints;* ce qui n'est pas peu dire.

— Allons, je te suis.

— Les yeux fermés?

— Il le faut bien.

— Je retrouve mon Louis d'autrefois. Viens.

Ils se levèrent.

Sans bruit, sans éclat, ils quittèrent la salle où les honorables clients de master Strogg continuaient à se livrer à leurs agréables ébats.

Il va sans dire que la sortie des deux Mexicains ne fut remarquée par aucun d'entre eux.

IV

ENTRE FEMMES.

Nous avons oublié de le constater, et nous en faisons humblement notre *mea culpa !*

La longue cabane dans laquelle trônait si majestueusement le digne et gros master Stroog, et que, suivant les exigences de son intérêt, il affectait à toute sorte d'usages, avait été décorée par lui du nom pompeux et sonore d'*Hôtel Washington*.

Le titre, l'enseigne, pour mieux dire, ne manquait pas d'un certain éclat, en même temps que d'une certaine ambition.

Les lettres, d'un jaune brillant, figuraient l'or à s'y tromper de deux milles à la ronde.

Elles ressortaient vigoureusement sur le fond noir d'une planche clouée au-dessus de la porte principale.

Tout le premier étage de la susdite cabane avait été, au moyen de cloisons volantes, distribué en chambres plus ou moins garnies. Le père Stroog les louait le plus cher possible aux émigrants et aux voyageurs que le hasard et leur mauvaise étoile amenaient dans ces parages.

Le propriétaire ne s'était réservé, pour son usage particulier, que deux pièces ; mais tout naturellement ces deux pièces étaient les plus belles et les plus confortablement établies de la maison.

Une courte description en fera juge le lecteur :

La première pièce, de moyenne grandeur et tapissée d'un affreux papier jaune, semé de grosses fleurettes, servait de *parlour* et de bureau, selon les cas ; une table ronde à volets, en acajou ; quatre chaises en merisier et un fauteuil à bascule formaient tout l'ameublement. Depuis l'arrivée des deux étrangères, un lit avait été dressé pour master Stroog et sa digne moitié.

L'autre pièce était la chambre à coucher de l'hôtelier ; elle possédait une cheminée ; le papier et les meubles étaient à peu près les mêmes que ceux du parlour ; il y avait de plus une grande armoire, une table de nuit et une toilette ; aux murs, quelques mauvaises images enluminées, représentant les portraits de Joseph Smitt, de Hyrum Smitt, de Bygham Young, les trois coryphées du mormonisme ; une vue du temple aujourd'hui détruit de Nauvoo et une vue du désert.

Près de la cheminée se trouvaient accrochés les daguerréotypes de master Stroog, de sa femme et de son fils, enragé chercheur d'or, présentement à San-Francisco.

Pénétrons dans cette pièce.

Trois personnes y sont enfermées.

Toutes trois appartenant à ce qu'on est convenu d'appeler le sexe faible, mais y appartenant à des degrés différents.

Ainsi, de prime abord, la première d'entre ces trois personnes, que nous présenterons à nos lecteurs, n'avait dû être autorisée à porter la jupe féminine que sous bénéfice d'inventaire.

C'est de mistress Lowe Stroog que nous entendons parler.

Mistress Stroog, espèce de virago, âgée d'au moins quarante affreuses années, étalait bien les traits les plus désagréables qu'une créature, n'aspirant pas à passer pour la femelle d'un gorille, puisse produire au grand jour.

Sa face enluminée, sa taille épaisse, ses mains larges et rouges, ses pieds plats et taillés en battoirs de blanchisseuses, en faisaient un objet digne de l'antipathie de tout homme de goût.

Mistress Lowe, tout habillée de noir, les longues boucles de ses cheveux, jaunes comme les lettres de son enseigne et le papier de ses deux chambres, tombant éplorées sur son énorme poitrine, se tenait assise sur une chaise basse, près de la cheminée, dans laquelle brûlait un assez bon feu, que l'humidité rendait nécessaire.

Auprès d'elle, sur une petite table, se trouvait un chandelier en fer, contenant une chandelle de suif jaune, toujours jaune !

Pauvre master Stroog !

Pourquoi lui et sa digne moitié affectionnaient-ils cette nuance fatigante !

Elle était bien laide et bien peu tentante, la superbe mistress Lowe Stroog !

Mais, au désert...

Honni soit qui mal y cherche !

Une théière, une tasse, un sucrier et une bouteille de rhum complétaient l'équipement et la garniture de cette petite table, si précieusement soignée par la maîtresse de céans.

Qu'une brave et digne femme, comme celle dont nous cherchons à donner une légère esquisse, prenne du thé au lait ou du thé au rhum, voire même du rhum sans thé, rien de bien extraordinaire, nous en convenons.

Mais qu'elle fume !

Et qu'elle fume dans une courte pipe dont le tuyau et le foyer étaient en bois jaune, avec un bout d'ambre jaune !

Voilà ce que nous ne lui passerons pas avec une aussi grande indulgence.

Master Strogg était plus indulgent, plus facile que nous.

Il lui fournissait son tabac.

Sa repoussante moitié ne retirait sa pipe de ses lèvres, par un mouvement machinal, que pour boire une gorgée de thé fortement saturé de rhum, et cela toutes les cinq minutes régulièrement ; puis elle crachait dans le feu, poussait un *hem !* sonore, et elle aspirait d'énormes bouffées de fumée semblant sortir de la cheminée d'une locomotive et formant une auréole grisâtre autour de sa tête.

De l'autre côté de la cheminée, faisant face à cette estimable et majestueuse hôtesse, deux jeunes filles de dix-neuf à vingt ans étaient assises sur des chaises basses et causaient entre elles.

Ces deux jeunes filles étaient d'une beauté ravissante, que le contraste formé avec la laideur honorifique de mistress Strogg rendait plus éclatante encore. La première, Jeanne de Mercœur, était blonde, avec des yeux noirs, doux et pensifs : ses traits portaient ce cachet indélébile qui distingue les grandes races ; une expresssion de tristesse et de résignation répandue sur son visage y ajoutait un charme de plus.

Sa compagne était brune comme une Hispano-Américaine : sa beauté avait quelque chose d'étrange. On sentait, en la voyant, qu'un cœur énergique battait sous cette enveloppe charmante, contenant toute la gracieuse morbidesse des créoles.

Ces deux jeunes filles, modestement vêtues, ne portant aucun bijou, étaient soigneusement enveloppées dans des mantes de soie agrafées au cou et étroitement serrées autour de leur corps.

Elles gazouillaient comme deux oiseaux chanteurs, à l'oreille l'une de l'autre, au grand désespoir de mistress Strogg, qui ne pouvait distinguer aucune de leurs paroles, ce qui, du reste, si le contraire avait eu lieu, ne l'aurait que médiocrement avancée, les jeunes filles parlant français, langue dont la digne femme ne comprenait pas une syllabe.

Mistress Lowe était bavarde, mais, par compensation, elle était méchante. Le silence auquel elle se voyait condamnée depuis plus d'une heure l'horripilait ; tout en fumant sa pipe et en *sirotant* son thé au rhum, elle ruminait une de ces bonnes petites vengeances de femme, d'autant plus cruelles qu'il est impossible de s'en défier. Elle crut enfin l'avoir trouvée : un sourire béat éclaira soudain son visage; elle ôta sa pipe de sa bouche, releva la tête, et regardant les jeunes filles, de cet air sournoisement bénin d'un chat qui se prépare à happer une souris :

— Miss Jeanne, mon chérubin bien-aimé, dit-elle d'une voix éraillée, vous ne voulez donc pas, sans façon, accepter une tasse de thé? Il est excellent, je vous assure : c'est un véritable péko qui arrive directement de Pékin.

— Je n'en doute pas, mistress, répondit doucement la jeune fille, mais, je vous le répète, je n'aime pas le thé : il me fait mal

— Et vous, ma mignonne, miss Lisbeth, continua la vieille de son air le plus câlin, en s'adressant à la seconde jeune fille, vous ne voulez point non plus en accepter une tasse?

— Pour tout l'or du monde je n'en prendrais pas la valeur d'un dé à coudre, répliqua résolument la jeune fille; cette boisson nauséabonde me soulève le cœur. J'aime mieux le tilleul.

— Vous avez tort, mes mignonnes chéries, reprit la vieille en adoucissant son sourire et sa voix.

— Pourquoi donc cela, s'il vous plaît, mistress? dit Lisbeth. Je ne pense pas que le thé soit indispensable à la nature ou à la santé. On peut vivre tranquillement sans en prendre.

— Dans certains pays, ma belle demoiselle; dans le vôtre, par exemple, où, à ce qu'il paraît, on n'en boit pas, ou du moins très peu. Mais, ici, c'est différent. Le thé forme pour ainsi dire la base de la nourriture de toutes les classes de la société, des pauvres comme des riches : bien à plaindre qui s'en passe ! Bien à plaindre !...

JEANNE ET LISBETH.

— Eh ! que nous fait cela, à nous, mistress ? reprit la fière jeune fille. Nous ne sommes pas Américaines, grâce à Dieu, et nous n'avons nulle envie de le devenir.

La vieille secoua lentement la tête, tout en bourrant sa pipe, qu'elle venait de reprendre.

— Qui sait si vous ne serez pas Américaines bientôt? fit-elle, il ne s'agit pour cela que d'épouser un Américain.

— Oui, mais nous n'épouserons pas d'Américains, mistress. Nous sommes Françaises, et Françaises nous resterons tant que nous vivrons, en dépit de tous les Yankees du Nouveau-Monde.

— Vous êtes un charmant petit démon, miss Lisbeth ; votre air résolu me plait infiniment, dit la vieille, en allumant sa pipe à la chandelle: malheureusement, on ne prendra pas votre avis pour cela. Vous verrez, vous verrez, ajouta-t-elle, avec un ricanement sinistre, qui fit courir un frisson de terreur dans les veines des deux jeunes filles.

— Ne réponds donc pas à cette femme, Lisbeth ; tu vois bien qu'elle se fait un plaisir de nous tourmenter, dit Jeanne à sa compagne, qui allait répliquer, poussée par son caractère bouillant.

— Que dites-vous, miss Jeanne ? demanda la vieille, qui n'avait pas compris les paroles prononcées en français par la jeune fille.

— Je dis, mistress, reprit-elle, que nous ne croyons pas un mot de ce que vous racontez là. Je vous prie de nous faire grâce de vos méchancetés gratuites. Et, puisque nous sommes contraintes de subir votre odieuse présence, épargnez-nous au moins vos calomnies.

— Avez-vous entendu, mistress Lowe Strogg? ajouta Lisbeth, en lui riant au nez, ou bien faut-il que je vous répète ce que mon amie vous a si bien dit en son nom et au mien ?

— Bon, bon ! il est inutile de répéter, je ne suis pas sourde encore, reprit-elle, en disparaissant presque dans un nuage de fumée. Mais je ne me fâche pas, mes mignonnes, parce que vous n'avez pas conscience de vos paroles. Savez-vous seulement où vous êtes ici ?

— En Amérique ! cela n'est pas difficile à reconnaître, dit Lisbeth, en promenant un regard de dégoût autour d'elle.

— Hum ! en Amérique ? oui, en effet, mais l'Amérique est vaste, très vaste même, plusieurs fois plus étendue que l'Europe, à ce qu'on dit, car moi je l'ignore, et je ne tiens pas à y aller voir.

— Eh bien ! où voulez-vous en venir ?

— A vous demander, tout simplement, dans quelle partie de l'Amérique vous supposez être ?

— Où serions-nous, sinon dans les États-Unis ?

La vieille femme éclata d'un rire si soudain, qu'elle faillit laisser échapper sa pipe de son reste de dents desserré.

— Voilà justement où est l'erreur, mes mignonnes, dit-elle ; vous n'êtes pas dans les États-Unis.

— Vous vous moquez de nous, dit Jeanne, en haussant les épaules dédaigneusement.

— La méchanceté la fait radoter, ajouta Lisbeth, avec un rire railleur lancé droit au cœur de la virago, qui, pourtant, se contint

— Je ne me moque pas de vous, mes colombes immaculées, fit-elle ; la méchanceté ne me fait pas radoter. Méchante ! moi ! Oh ! non ! malheureusement pour vous, pauvres chères enfants, je ne dis que trop vrai ! D'ailleurs, pourquoi mentir à présent ? Le temps de vous tromper est passé ; vous n'aurez plus de secours à attendre de personne. Ceux qui vous ont enlevées en France, conduites à New-York, gardées si rigoureusement pendant votre maladie si longue, ceux-là n'ont plus rien à craindre à présent. Vous pouvez appeler, crier, demander justice, aucune voix ne répondra à la vôtre ; vous êtes bien au pouvoir de vos ravisseurs, allez, et nul secours humain, si fort qu'il fût, ne pourrait vous soustraire au sort qui vous attend. J'en suis désolée pour vous, chères petites, mais c'est comme ça !

— Je ne vous comprends pas, mistress ; je ne veux pas vous comprendre, repartit Jeanne avec dignité, lorsque ce flot de paroles s'arrêta enfin.

Nous ne vous avons adressé qu'une seule question, vous avez refusé d'y répondre.

— Moi ! pas du tout, marmotta la mégère.

— Libre à vous, continua la blonde jeune fille sans l'écouter ; mais restons-en là. Cette conversation nous fatigue.

— Ah ! bah ! pauvre mignonne ! ricana mistress Lowe, en lançant deux vigoureuses bouffées de fumée au nez de Jeanne, qui ne put s'empêcher de tousser.

— Vieille sorcière ! murmura Lisbeth tout en se rapprochant à petits pas, et sans en avoir l'air, de mistress Strogg et de sa pipe, pendant que son amie continuait à lui parler sur un ton exaspérant pour leur geôlière.

Jeanne disait :

— Victimes d'un odieux guet-apens, tombées aux mains d'affreux bandits, nous nous sommes, jusqu'à présent, toujours vues traiter avec le plus grand respect par ces hommes sans foi ni loi.

— On ne veut pas gâter la marchandise, grommela mistress Lowe Strogg.

Jeanne n'entendit pas, mais Lisbeth entendit et s'arrêta interdite.

Elle commençait à entrevoir la redoutable vérité.

Jeanne, emportée par son indignation, continua de plus belle :

— Personne n'a jamais songé à nous adresser la plus légère insulte. A part la contrainte horrible que nos ravisseurs nous ont imposée depuis que nous sommes entre leurs mains, nous n'avons eu qu'à nous louer de leurs procédés.

— Eh bien! après?

— Prenez exemple sur ces bandits, mistress Lowe Strogg, et veuillez bien nous épargner des sottises et des injures qui vous ravalent aux yeux de mon amie et aux miens.

Un gros mot, une violente insulte échappa à l'horrible créature.

Jeanne n'eut même pas un sourire de mépris. Elle détourna la tête et ce fut tout.

Mais Lisbeth vengea son amie en moins de temps qu'il nous en faudra pour raconter sa cruelle vengeance.

Au moment où mistress Lowe injuriait la jeune fille blonde, la brune se trouvait derrière son fauteuil.

Passer le bras par-dessus le dossier du fauteuil de mistress

Lowe, lui arracher sa pipe des lèvres, la jeter par la fenêtre, fut l'affaire d'un instant pour la malicieuse Lisbeth.

On ne s'imagine pas la rage de la femme du propriétaire de l'hôtel Washington!

V

UNE MÉGÈRE.

La foudroyante sortie de Jeanne, que, depuis son arrivée dans le repaire Strogg, elle avait toujours vue si douce et si timide, l'acte irrespectueux, la bravade de Lisbeth à laquelle elle ne croyait pas encore, mirent mistress Lowe hors d'elle-même.

Elle demeura un instant, les bras baissés sur ses genoux, les yeux grands ouverts, dans un état de fureur touchant à l'atonie, à l'insensibilité.

Les deux jeunes filles s'étaient rapprochées l'une de l'autre, comme pour se prêter un mutuel appui contre cette colère blanche.

— Tu as eu tort, Lisbeth, dit doucement Jeanne à sa compagne de captivité.

— Peut-être ; mais regarde ça, répondit l'espiègle jeune fille, et tu n'auras pas le courage de me gronder.

L'éclat de rire cristallin de Lisbeth, qui retentit aux oreilles de la mégère, lui fit retrouver ses sens.

Elle ne dit rien, craignant d'en trop dire.

Elle descendit.

Quelques instants après, elle revenait avec sa pipe à la bouche.

Les jeunes filles ne s'occupaient pas d'elle.

Mistress Lowe Strogg lança sur les jeunes filles un regard vipérin et se mit à fumer avec furie, exhalant sa colère en tourbillons de fumée qui voltigeaient autour de leurs têtes gracieuses.

Jeanne était trop réservée, trop digne, trop fière pour laisser échapper une plainte.

Sa compagne ne possédait ni la même patience ni la même résignation.

Elle se mit à tousser.

La femme de master Strogg activa son opération.

Lisbeth de retousser de plus belle.

Sa geôlière triomphait.

Une méchante joie animait ses yeux.

Elle se disait :

— Avant deux minutes, cette insolente jeune fille sera obligée de me supplier en grâce de cesser mes fumigations ; et que le tonnerre tombe sur l'hôtel Washington si je ne les enfume pas toutes les deux comme deux jambons de...

Mais sa joie ne fut pas de longue durée.

Lisbeth venait de tirer de sa poche une élégante petite poche en cuir de Russie ; elle l'ouvrit, en tira du papier à cigarette, du tabac turc, et se mit à rouler une cigarette entre ses doigts mignons, avec l'adresse et la rapidité d'un contrebandier de l'Andalousie.

Ce fut le dernier coup pour mistress Strogg.

La jeune fille avait cessé ses accès de toux, qui étaient une formidable moquerie à son endroit ; elle fumait comme un homme.

Et ce qui accablait le plus l'excellente mistress Lowe, c'est qu'elle ne daignait pas tourner un œil ironique de son côté.

Elle échouait donc dans toutes ses méchancetés, dans ses vengeances, dans ses coups d'épingle.

Ne se sentant pas la plus forte, elle fit semblant de prendre sa rancune en patience et d'oublier les mauvais traitements dont, à son compte, on venait de la rendre victime.

Elle se mit à chantonner.

Lisbeth fit chorus.

Elle reprenait le refrain, poussant du coude Jeanne, son amie, pour qu'elle la soutînt dans ses espiègleries.

Jeanne sourit tristement, mais sans rendre à la main.

Elle admirait et enviait l'inépuisable gaieté de Lisbeth, mais elle ne se sentait pas la force de l'imiter.

Un moment, Lisbeth resta court.

Mistress Strogg se tourna vers elle et lui demanda avec toute l'amabilité qu'elle pouvait avoir sur ses lèvres s'il lui plairait d'apprendre cette chanson du pays.

La jeune fille remercia, mais n'accepta pas.

— Vous m'en voulez toujours? fit la mégère; je serais pourtant bien en droit de me plaindre de vous, moi aussi, miss Lisbeth; et vous le voyez, je ne songe plus à ce qui vient de se passer.

Jeanne étonnée releva la tête.

Elle ne comprenait pas la dissimulation de la mégère, qui faisait patte de velours en attendant l'occasion de prendre sa revanche sur les deux jeunes filles, qu'à partir de cette heure elle regardait comme ses ennemies.

Lisbeth, tout en se méfiant un peu de ce ton doucereux, ne put empêcher un sentiment de remords de pénétrer au fond de son âme.

Si elles l'avaient mal jugée, cette brave femme, aux dehors si peu avantageux, si peu prévenants?

Si elles se trompaient?

Elles se regardèrent et d'un seul regard se comprirent.

Il valait mieux reconnaître franchement les torts légers qu'elles avaient eus, que de risquer de blesser une femme dont, après tout, on n'avait pas à se plaindre sérieusement jusque-là.

Voulant réparer l'impression disgracieuse que son refus et ses espiègleries passées pouvaient avoir produite sur la digne mistress Strogg, la brune et rieuse fille éteignit sa cigarette, remit son petit arsenal de fumeur dans la poche de sa robe, et s'avançant vers leur geôlière, elle lui dit d'un air câlin :

— Mistress Strogg, pardon.
— Pardon de quoi ?
— De mes... de mes vivacités.
— Je ne m'en suis pas aperçue.
— Oh! ne dites pas cela. Je croirai que vous me tenez rigueur, et que vous ne consentez pas à me pardonner.
— J'ai si mauvaise mémoire, répondit la virago en se faisant douce comme une ruche à miel, que j'oublie et mes sottises et les... et les vivacités des autres.

— Alors, embrassez-moi.

Lisbeth était si gentille dans son acte d'amende honorable qu'un attorney général lui aurait fait grâce en plein tribunal, si elle avait été coupable d'une vraie faute.

Mistress Strogg approcha ses grosses lèvres de cette ravissante tête de keepsake, et si elle ne lui mordit pas la joue, ce fut tout ce à quoi elle put se résoudre.

— Eh bien! ajouta Lisbeth en secouant les boucles noires de

sa chevelure, d'un air mutin qui lui allait à merveille : — Eh bien ! j'attends.

— Attends poupée du diable ! grommela la mégère, puis se ravisant, et pensant qu'il n'était pas encore temps de dévoiler ses batteries : Je n'osais pas ! fit-elle.

— Allons ! allons !

Il fallut bien que mistress Strogg s'exécutât.

— A Jeanne, maintenant.

Jeanne s'avança, quoique avec répugnance.

On fit la paix de ce côté aussi.

Tout allait donc marcher le mieux du monde entre l'Américaine et les deux Européennes.

— A présent, parlez, reprit mistress Lowe Strogg, en quoi puis-je vous être agréable ?

— Vous pouvez nous rendre le seul bien que nous désirons, dit Lisbeth, en regardant son amie à la dérobée.

— Quel bien ? interrogea la geôlière.

— La liberté.

— Pour cela, non.

— Je le sais bien. Autre chose de plus facile, alors.

— Parlez.

— Vous seriez bien gentille, bien aimable, cher mistress Strogg, si vous nous appreniez en quel lieu nous sommes, dans quel pays nous nous trouvons ; enfin, aux mains de qui nous avons eu le malheur ou le bonheur de tomber.

— Voilà bien des questions, chère miss Lisbeth, vous en conviendrez vous-même, quel que soit le désir de vous instruire.

— J'en conviens, mais que de reconnaissance nous vous devrons, si vous consentez à y répondre !

Jeanne unit ses prières à celles de son amie.

Après quelques semblants de résistance, mistress Strogg céda à leur double attaque.

— Au fait, mes chères brebis du bon Dieu, pourquoi ne ferais-je pas ce que vous me demandez ?

— Oh ! faites-le !

— Un peu plus tôt, un peu plus tard, il faudra bien que le voile qui recouvre vos yeux se déchire et vous laisse apercevoir, reconnaître la vérité nette et simple.

— Allez ! allez ! répliqua Lisbeth pleine d'impatience et se laissant entraîner à l'espoir que, si la vieille se rangeait de leur bord, c'était cause gagnée pour elle et sa chère Jeanne.

— Les personnes qui vous ont mises sous ma garde, continua mistress Strogg, n'ont pas la prétention de vous tenir toujours en charte privée.

— Je vous réponds que cela ne durera pas longtemps ! s'écria Lisbeth résolument.

Jeanne secoua mélancoliquement la tête.

Elle sentait tout le danger de leur position.

Que faire ?

Elles étaient isolées, sans protecteurs, dans un pays inconnu.

Quelles douleurs l'avenir leur réserverait-il encore ?

Elle n'osait pas se donner elle-même des réponses favorables à toutes ces questions inexorablement raisonnables et logiques.

Lisbeth était plus confiante.

Ce fut donc elle qui poussa mistress Strogg à leur donner ces explications tant désirées.

— Soyez sûre de notre discrétion.

— Oh! chère petite, votre intérêt m'en répond, repartit son interlocutrice; préparez-vous à soutenir la mauvaise nouvelle que je me vois forcée de vous donner. Croyez que je voudrais vous la donner meilleure. Mais la vérité est la vérité, n'est-ce pas? Je n'y puis rien... si grand que soit l'intérêt que je vous porte...

Elle s'arrêta dans ses phrases un peu embrouillées, et bien lui en prit.

Un soupçon se glissait dans le cœur des deux Européennes.

A tout bien réfléchir, la femme de l'hôtelier n'avait aucune raison de leur témoigner cette bouillante affection.

Mistress Strogg continua :

— Je ne veux pas vous voir languir plus longtemps.

— Ah! enfin!

— Vous êtes sur un territoire appartenant nominalement aux États-Unis, mais qui, en réalité, se trouve être la propriété des Indiens Chochonès ou Serpents.

— Cependant, fit Jeanne, il y a des Américains sur ce territoire. J'en ai vu, Lisbeth aussi.

— Certes, ma mignonne, reprit mistress Lowe, il s'en trouve, et beaucoup. Le défrichement que notre village occupe se rencontre, voyez le hasard, être le lieu de passage obligé des émigrants qui se rendent soit en Californie...

— Nous conduirait-on donc en Californie? interrompit vivement Jeanne.

— Soit en Utah! continua la vieille, sans répondre directement.

— L'Utah! quel est ce pays? demanda Lisbeth.

— Celui où l'on vous conduit, ma chérie, vous et votre amie.

— Nous, et pourquoi faire? grand Dieu! s'écrièrent les deux jeunes filles avec une surprise mêlée d'épouvante.

— N'avez-vous jamais entendu parler de l'Utah et du Lac Salé?

— Jamais.

La mégère eut un ricanement de mauvais augure.

— Au moins vous aurez entendu parler des *Mormons,* dit-elle avec un accent de méchanceté auquel il était impossible de se tromper; son hypocrisie ne pouvait aller plus loin.

— Souvent! mais comme de fous, d'illuminés. Que sais-je? Quel rapport existe-t-il?...

— Un énorme, mes chères belles jeunes filles; les Mormons sont établis en Utah, au Lac Salé : leur puissance, qui est immense, s'étend jusqu'à l'endroit où nous sommes; mon mari, master John Strogg, est un *saint du dernier jour;* et moi-même, mes yeux se sont ouverts à la lumière. J'ai l'honneur d'être une Mormone indigne, ajouta-t-elle avec une componction digne de la gouvernante de Tartuffe.

Les deux jeunes filles ne purent retenir un geste de dégoût à cette étrange révélation qui blessait toutes leurs délicatesses et leurs croyances.

— Il est possible que ce soit un honneur, et tant mieux pour vous si cette hideuse apostasie vous agrée, dit résolument Lisbeth, mais cela ne nous dit pas ce que...

— Cela vous dit tout, au contraire, mes colombes sans taches. Vous avez été vendues par vos ravisseurs, vendues aux Mormons; dans un jour ou deux, vos nouveaux maîtres viendront vous prendre, et ils vous conduiront à *Deseret*, une ville charmante, vous verrez, ajouta méchamment la vieille, qui prenait et savourait sa revanche avec délices.

— Ah! mon Dieu! s'écrièrent les deux jeunes filles en éclatant en sanglots et en cachant leurs visages dans leurs mains.

— Vous avez tort de vous lamenter ainsi, dit mistress Lowe, avec une joie d'autant plus grande qu'elle avait atteint le but qu'elle se proposait; ce qui vous arrive aujourd'hui est tout simple, et c'est arrivé à bien d'autres avant vous, mes mignonnes; combien, depuis que j'habite cette maison, en ai-je vu, de jeunes filles dans la même situation que la vôtre; elles pleuraient, se désolaient, se tordaient les bras, s'arrachaient les cheveux et juraient de mourir plutôt que d'épouser des Mormons. Mon Dieu, tout cela n'était qu'une pluie de printemps, aussitôt séchée que tombée; à peine se trouvaient-elles depuis dix jours à Deseret qu'elles étaient heureuses, consolées et joyeuses. Les Mormons possèdent de merveilleux moyens pour se faire aimer de leurs femmes, allez! vous verrez...

— Jamais! Plutôt mille fois la mort! plutôt les plus affreux supplices!

— Oui, je le sais bien; elles disent toutes cela, et puis, huit jours après, elles n'y pensent plus... grommela la vieille comme en aparté.

MISTRESS STROGG ET LES DEUX AMIES.

— Taisez-vous ! au nom du ciel, mistress. Vous nous faites rougir de douleur et de honte.

— Si cela ne fait pas pitié ! dit la vieille mégère en se versant un énorme verre de rhum qu'elle but d'un trait. Heureusement que j'attends un révérend *Elder*, un bien saint homme ; il vous fera entendre raison, je l'espère; il est de l'ordre sacré de *Melchi-sedech*; c'est un de nos saints les plus révérés; il a huit femmes charnelles et dix-sept épouses spirituelles; toutes l'adorent, et elles sont parfaitement heureuses !

— Mistress, dit Lisbeth, la nuit s'avance, nous sommes fatiguées et nous éprouvons le besoin de prendre du repos; vous plairait-il de nous laisser seules ?

C'était un congé formel; la vieille rougit de colère.

— Déjà dormir ! dit-elle; il est à peine neuf heures !

— Peu importe l'heure ! je vous répète que nous sommes fatiguées; que nous désirons demeurer seules; en un mot, que votre présence nous gêne. Comprenez-vous ?

— Allons ! allons ! ne vous fâchez pas, dit mistress Lowe en se levant et en se chargeant de la bouteille de rhum ainsi que de la théière : je m'en vais ; ne vous fâchez pas, mes douces colombes ; que Dieu vous donne une bonne nuit !

Elle alla jusqu'à la porte, qu'elle ouvrit, et se retournant sur le seuil :

— Ne vous désolez pas ainsi, dit-elle, vous verrez que les Mormons ne sont pas aussi noirs qu'on les fait, et que vous vous trouverez très heureuses avec eux.

Et satisfaite, sans doute, d'avoir décoché ce dernier trait, la vieille mégère sortit en ricanant selon son habitude.

A peine fut-elle hors de la chambre que Lisbeth s'élança d'un bond sur la porte, la ferma à double tour et en poussa le verrou intérieur.

— Tu ne rentreras plus, peste maudite ! lui cria-t-elle.

Un rire grossier lui répondit de l'autre côté de la porte.

Aussitôt que les deux jeunes filles reconnurent qu'elles étaient bien seules et qu'on ne les espionnait plus, elles se jetèrent en sanglotant dans les bras l'une de l'autre.

Elles se sentaient perdues !

VI

OÙ IL EST PROUVÉ QUE LA TIMIDITÉ N'EST PAS LE PLUS BEL APANAGE DE LA FEMME.

Pendant un instant, Jeanne et Lisbeth demeurèrent anéanties, brisées.

Elles cherchaient mutuellement à entrevoir une lueur d'espérance dans les yeux l'une de l'autre.

Mais elles étaient aussi désespérées l'une que l'autre.

Elles ne s'étaient point encore rendu compte de leur affreuse position. Lisbeth partageait volontairement, par affection, le sort de son amie.

Quant à celle-ci, enlevée durant son sommeil, n'ayant encore eu de communications directes qu'avec des hommes plus muets que les muets d'Orient, tout en se sachant entre des mains intéressées à la garder en otage, elle avait pensé jusqu'alors que leur liberté, à toutes deux, ne serait qu'une question de rançon plus ou moins forte.

Mais la révélation que venait de leur faire l'aimable hôtesse de l'hôtel Washington les forçait à descendre au plus bas de l'échelle de leurs illusions.

Il ne s'agissait plus d'une simple rançon.

On les vendait.

C'était un hideux marché.

Et le plus triste, c'est que Lisbeth, la brune et vaillante fille, qui tout d'abord ne se trouvait pas en jeu, se voyait, en ce moment, aussi compromise que son amie.

On ne les séparait pas.

On les livrait toutes deux aux Mormons.

Quand les deux compagnes d'infortune eurent donné un libre cours à leurs larmes, la faiblesse inhérente à deux natures aussi nerveuses passée, Lisbeth fut la première qui retrouva son sang-froid.

A tout prendre, elle était moins intéressée que sa blonde amie dans cette affaire.

Il ne lui venait point à l'idée qu'un homme, Mormon ou Peau-Rouge, fût assez osé pour prendre possession de sa personne et de son cœur sans lui en avoir préalablement demandé l'autorisation.

Et la brave fille se réservait de ne l'accorder qu'à bon escient.

Elle fit donc un effort, prit sur elle-même d'arrêter ses larmes, et se mit à essuyer celles de Jeanne, qui, moins résolue, ne voyait aucun moyen de se tirer de ce pas dangereux.

— Du courage! ma chérie! lui murmurait Lisbeth... Rien n'est désespéré. Crois-moi, et ne pleure plus.

— Mon Dieu! mon Dieu! sanglotait toujours la pauvre enfant, nous sommes perdues! perdues sans espoir de secours possible!

— Qui dit cela? mistress Strogg. Ses discours ne sont pas des articles de foi.

— Hélas! nous n'échapperons pas au sort horrible qui nous menace; je le sens à mon désespoir; cette misérable femme a dit vrai. Il ne nous reste aucune chance de salut.

— Si.

— Laquelle? parle vite.

— Ingrate amie!

— Ingrate? Pourquoi?

— Il te reste mon amitié, mon dévouement.

— Chère Lisbeth! que peux-tu de plus que moi?

— Il te reste ta confiance en Dieu, ma Jeanne! s'écria la brune jeune fille en se redressant vivement, et d'une voix si ferme qu'elle fit rentrer un peu de confiance dans le cœur découragé de sa compagne, en Dieu que tu implores.

— Entendra-t-il ma voix?

— Il ne nous abandonnera pas dans un péril, dans un malheur que nous n'avons mérité ni toi ni moi! Non, il ne nous abandonnera pas, si nous ne nous abandonnons pas nous-mêmes!

— Je voudrais bien te croire, fit Jeanne en se laissant tomber accablée sur un des sièges qui avaient l'air de meubler ce misérable appartement; mais que peuvent deux enfants faibles, seules, dans un désert comme celui-ci, entourées d'ennemis acharnés à leur perte? Rien.

— Tout, répondit énergiquement Lisbeth, tout, si elles redoutent la mort moins que le déshonneur.

— Ah! s'il ne s'agit que de mourir!

— La mort est le refuge suprême, ma chérie.

— Jetons-nous dans ses bras.

— Et ceux qui t'aiment, tu les oublies?

— Ceux qui m'aiment, dis-tu! fit tristement Jeanne. Hélas! un seul homme m'aimait! Il doit me croire inconstante, perfide! Il doit me mépriser, me haïr.

— On ne méprise pas ceux qu'on aime. Gaston ne te maudit pas, j'en suis sûre. Il ne peut te maudire! Qui sait si un jour...

Ici Lisbeth s'arrêta, ne voulant pas donner une fausse espérance à son amie.

Celle-ci s'aperçut de cette réticence involontaire.

— Sais-tu quelque chose de lui, sur lui? s'écria-t-elle avec vivacité. En as-tu entendu parler.

— Non.

— J'en étais sûre. Il est loin, bien loin! ne se doutant pas que je gémis, que je pleure en songeant à lui.

Lisbeth reprit:

— Nous sommes jeunes; nous sommes fortes; nous sommes riches.

— Riches? demanda Jeanne étonnée.

— Oui.

— Comment cela? Je n'ai rien emporté avec moi. On ne m'a laissé ni la faculté ni le temps de prendre avec moi le moindre objet précieux. Je n'ai pas un bijou.

— J'ai de l'or, moi. Qu'il te suffise de le savoir, chère Jeanne; ce que je possède t'appartient.

— Chère sœur!

Oui, donne-moi ce doux nom de sœur, ma chérie... car, je le jure, ou je périrai avec toi, ou je te sauverai.

— Hélas! je ne serai jamais en mesure de reconnaître un dévouement aussi touchant.

— Ne nous attendrissons pas, continua la courageuse fille, nous n'avons que trop pleuré déjà. Ce que nous n'avons pas encore osé faire jusqu'à présent pour sauver notre vie, pour reconquérir notre liberté, osons l'accomplir pour sauvegarder notre honneur.

— Oui.

— Tu es décidée à tout?

— A tout.

— Bien; le pis qui nous puisse arriver, c'est de mourir dans l'exécution de notre entreprise aventureuse.

— Qu'importe! mourons, s'il le faut, mais mourons pures de toute souillure et dans l'exercice de notre sainte religion.

— Ainsi soit-il! fit Lisbeth en riant. Mais l'espoir me revient avec l'audace. Nous nous en tirerons à notre honneur, crois-moi. Cette terre maudite ne produit pas que des tigres et des bandits!

— Non, mais quel est l'honnête homme qui pensera à s'intéresser à deux malheureuses filles, étrangères, inconnues?

— Il s'en présentera peut-être. Nous ne risquons rien de l'espérer. Ne nous abandonnons pas nous-mêmes lâchement. Cherchons d'abord du secours en nos propres forces.

— Mais nos forces ne sont qu'une grande faiblesse.

— Je ne vois pas cela, moi. Quoi que tu en penses, quoi que tu en dises, nous rencontrerons peut-être avant peu des cœurs dévoués qui braveront pour nous les dangers les plus redoutables.

— Mais tout nous manque.

— Non pas. Nous avons du courage et de l'argent... Je te l'ai déjà dit.

— Eh bien! après?

— Après?... répliqua gaiement la vaillante jeune fille, mais il me semble que ces deux forces-là suffisent, en ce pays de barbarie, pour venir à bout des projets les plus difficiles, les plus insensés. Si tu m'écoutes, avant une heure j'aurai trouvé le moyen d'être loin de cet infâme repaire.

— Parle, s'écria Jeanne en se levant avec vivacité... Oui!... quels que soient les risques à courir, fallût-il marcher sur des charbons ardents, où que tu ailles, je te suivrai.

— Tu y es résolue, Jeanne?

— Résolue, oui. Ce que tu feras, je le ferai.

— Bien! tu doubles mon courage!

— Tu peux compter sur moi, Lisbeth, en tout et pour tout. Je ne reculerai devant aucun obstacle. Je suis issue d'une race où les femmes ont vaillamment fait leurs preuves; compte sur moi.

— C'est dit, ma sœur.

— C'est dit.

Les deux jeunes filles s'embrassèrent avec effusion; leurs yeux brillaient d'un feu étrange; leur visage, un instant auparavant si pâle, avait pris des teintes rosées; elles semblaient transfigurées, tant leur résolution donnait d'énergie et d'expression à leurs douces et charmantes physionomies.

— Maintenant, dit Lisbeth, voyons de quels moyens nous disposons: les armes, d'abord.

— Les armes! j'ai un poignard, s'écria Jeanne.

— Moi, un revolver à six coups, dont j'ai réussi à m'emparer sans éveiller les soupçons de nos gardiens; de plus, j'ai de la poudre et des balles. Tu vois que nous sommes plus fortes et plus redoutables que tu ne le supposais, puisque, si les moyens de nous échapper viennent à nous manquer, grâce à nos armes, nous sommes maîtresses de notre vie et de celle de nos ravisseurs.

— Tu as raison, Lisbeth; nous pouvons aller en avant quand même... si nous parvenons à nous échapper de ce bouge.

— Quant à l'argent, j'ai vingt onces... c'est plus qu'il ne nous en faut pour nos premiers besoins.

— Oui.

— Maintenant, il faudrait nous procurer des habits d'homme. Avec nos robes et nos jupons, il nous serait complètement impossible de faire un pas sans être rejointes ou tout au moins découvertes.

— C'est juste.

— En outre, nous avons besoin de vivres et de chevaux.

— Où nous procurer tout cela? fit Jeanne avec découragement.
La pauvre enfant voyait à chaque instant les difficultés s'amonceler devant elle.

Elle forçait sa nature timide à suivre la nature énergique de sa compagne.

Mais les défaillances primitives revenaient à chaque obstacle.

Lisbeth la consolait, la réconfortait, lui parlait presque maternellement.

Mais, tout en lui parlant et en lui disant ses plus douces paroles, la courageuse créature cherchait, fouillait partout. Tous les tiroirs des meubles démantibulés de mistress Lowe Strogg furent ouverts.

Il ne s'y trouvait rien.

Les armoires furent à moitié enfoncées.

Rien encore.

Jeanne se désolait intérieurement à chaque recherche reconnue vaine par sa compagne.

— Nous ne trouverons jamais tout cela, murmurait-elle.

— Si fait, répondait Lisbeth. Il le faudra bien.

— Où? comment?

— Je l'ignore. Seulement comme toutes ces choses, vêtements, vivres et chevaux sont indispensables à l'accomplissement de nos projets, nous les trouverons ou nous les achèterons.

— Puisses-tu dire vrai!

— Je suis convaincue que nous réussirons à nous les procurer avant peu.

Elle ajouta même en souriant malicieusement :

— Entre nous, ma Jeanne, je suis étonnée que nous n'en ayons pas encore trouvé une partie.

— Que veux-tu dire?

— Rien... écoute et regarde. Voici l'heure.

— L'heure de quoi?

— Du salut et de la liberté. Je ne t'avais encore parlé de rien, parce que je craignais ton émotion. J'avais peur que tu ne laissasses lire ton espérance dans tes yeux par la vieille sorcière, chargée de nous garder.

— Grand Dieu! qu'est-ce cela? dit Jeanne à l'oreille de Lisbeth.

— Ne crains rien et laisse-moi faire.

En ce moment un des volets de la fenêtre se mit à craquer.

Puis un léger grincement se fit entendre.

C'était comme le bruit d'une foule de grêlons frappant contre les vitres.

Jeanne regardait.

Depuis quelques instants quelqu'un jetait du dehors des poignées de sable contre la fenêtre fermée de leur chambre.

Lisbeth regarda.

Il y eut un silence plein d'émotion, durant lequel on eût pu entendre battre le cœur des deux jeunes filles.

Jeanne serrait convulsivement la main de son amie.

Le signal se répéta encore une fois.

Lisbeth ouvrit la fenêtre.

Jeanne chancelait.

— Courage, lui dit son amie; courage, ma chérie. Tu le vois, le secours que j'attendais nous arrive.

Elle se pencha en dehors de la fenêtre.

Deux ombres, éclairées par un rayon de lune, enveloppées d'épais manteaux, couleur grisâtre, se tenaient immobiles, au bas de cette fenêtre.

— Qui est là? demanda-t-elle à voix basse.

— Louis ! répondit sur le même ton une des deux ombres qui s'avança.

— Schiller ?

— Oui.

— C'est l'heure ?

— Oui, répéta l'ombre.

La jeune fille poussa un cri de joie, que la prudence la força de couper par la moitié.

— Nous sommes sauvées, Jeanne ! dit-elle à son amie.

Jeanne murmurait une prière.

Lisbeth, se penchant sur l'appui de la fenêtre, ajouta sur une intonation qui se fondait dans le souffle de la brise du soir :

— Lisbeth Tuillier attend son fiancé.

— Espoir ! lui répondit-on.

VII

OU L'OISEAU-JAUNE COURT DEUX LIÈVRES A LA FOIS.

Revenons au docteur et au capitaine, autrement dit à Francis de Verdières et à Gaston du Falga.

Nous les avons laissés, fort inquiets du coup de feu tiré par l'Oiseau-Jaune, qu'ils croyaient couché et endormi à leurs côtés.

Or, pendant leur conversation avec l'inconnu, le chasseur canadien avait jugé de quelque utilité d'aller, sans en prévenir âme qui vive, pousser une reconnaissance dans la plaine et dans les environs.

L'Oiseau-Jaune ne tarda pas à reparaître.

Il marchait de son pas habituel; tout en marchant, il rechargeait son rifle, dont il venait de faire un récent usage.

— Que s'est-il donc passé? lui demanda vivement le docteur, allant à sa rencontre.

— Rien du tout, répondit le Canadien avec un léger haussement d'épaules; un rôdeur de nuit que j'ai dépisté, et auquel j'ai envoyé du plomb dans l'aile.

— Vous ne l'avez pas tué? reprit le docteur avec une pointe d'inquiétude.

— Je ne l'assurerais pas, vu qu'il fait beaucoup trop sombre pour être sûr de son coup; mais, peu ou beaucoup, il en tient, et ce n'est pas celui-là qui nous gênera de longtemps.

— Tant mieux, et qu'il aille au diable, dit le capitaine; tout est-il tranquille aux environs?

— Parfaitement; les espions, s'il y en a, se tiennent pour avertis; ils ne bougeront pas, j'en réponds; donc, nous pourrons dormir, et, pour ma part je ne serais pas fâché de fermer un peu les yeux; seulement, pour plus de sûreté, il ne serait pas mal qu'un de nous veillât, à tour de rôle; au désert, on ne sait jamais ce qui peut survenir pendant la nuit, et il est toujours prudent de se tenir sur ses gardes. Du moins c'est mon avis. Il n'en sera que ce que vous voudrez.

— Bien parlé, dit le docteur. Je trouve que nous ne saurions être trop prudents; si vous y consentez, je ferai la première veille; à minuit, je réveillerai l'un de vous, qui me remplacera jusqu'à quatre heures; le dernier veillera, à son tour, jusqu'au jour.

— Je ferai la seconde faction, si cela vous convient, dit le chasseur. Le capitaine prendra, lui, la dernière; est-ce convenu?

— Parfaitement; cela peut s'arranger ainsi.

— Allons, c'est convenu; bonsoir, messieurs.

L'Oiseau-Jaune se roula de nouveau dans sa couverture; et bientôt ses ronflements sonores annoncèrent à ses compagnons qu'il voyageait dans le pays des rêves. Il dormait à poings fermés.

Les deux Français demeurèrent encore quelque temps éveillés, assis côte à côte, causant, et fumant un cigare; enfin, le capitaine, qui depuis quelques minutes déjà étouffait des bâillements de plus en plus fréquents, jeta son cigare, souhaita le bonsoir à son compagnon, et, après s'être roulé dans son manteau, il s'endormit. Presque aussitôt, le silence le plus profond régna dans le campement.

Le docteur resta seul éveillé; pendant près d'une heure il demeura immobile devant le feu, le coude appuyé sur le genou et la tête dans la main, les regards fixés dans l'espace, semblable à la statue de l'Attente ou de la Réflexion.

Puis il se leva, et commença à se promener de long en large, à pas lents, devant le feu, jetant par intervalles des regards inquisiteurs sur les deux dormeurs étendus à ses pieds. Il se convainquit de leur profond sommeil.

Alors, il se passa un fait singulier; le chasseur, sans discontinuer de ronfler, ouvrit doucement les yeux et suivit tous les mouvements de la sentinelle.

A chaque tour qu'il faisait, le docteur, tout en surveillant ses compagnons, allongeait sa promenade et l'ovale dans lequel il se promenait.

Tout à coup le sifflement du *cascabel* se fit entendre à une légère distance.

Le docteur tressaillit. Il interrompit sa promenade; à deux reprises différentes le même sifflement retentit de nouveau, mais léger, doux, presque imperceptible.

Le docteur, après s'être assuré que ses compagnons dormaient toujours, s'élança d'un bond dans un buisson, au milieu duquel il disparut.

Aussitôt, le chasseur se dressa sur son séant; un rire silencieux éclaira son visage, et, se levant doucement, il se lança sur les traces du docteur.

Celui-ci marchait d'un pas gymnastique, sans tourner la tête, comme un homme pressé d'arriver à un rendez-vous.

Se croyant certain de ne pas être suivi, bien qu'il eût sur ses talons et marchant sur ses pas un des plus adroits éclaireurs du désert, il ne prenait que les précautions strictement nécessaires pour ne pas faire trop de bruit.

Le docteur atteignit ainsi le bord du Humboldt; la rivière, en cet endroit, était fortement encaissée; elle coulait noire et fangeuse entre deux rives escarpées et couverte d'épais fourrés d'arbres nains ou de broussailles; la place était des mieux choisies pour un rendez-vous.

Sur le bord de la rivière, un homme attendait assis, le dos appuyé contre un tronc d'arbre; cet homme était celui qui, deux heures auparavant, s'était présenté au campement et avait demandé l'hospitalité.

— Je ne vous espérais plus, dit-il en apercevant le docteur. Vous venez tard.

— Vous êtes injuste, mon cher Houston, répondit celui-ci; la route est longue, d'ici au camp; vous auriez dû vous approcher davantage.

— Oui, reprit Houston, en montrant son épaule enveloppée de linges sanglants, pour être tué par votre maudit Canadien; ce misérable est rusé comme un rat musqué, rien ne lui échappe.

— C'est donc sur vous qu'il a tiré?

— Parfaitement; mais, ajouta-t-il avec ressentiment, il me le payera : quelques lignes plus bas, il me tuait raide. Il m'a tiré au jugé, pourtant!

— Je regrette ce qui est arrivé, croyez-le bien, Houston.

— Ce qui est fait est fait; la blessure est légère, grâce à Dieu! n'en parlons plus. Laissez-moi vous donner un conseil.

— Parlez, mon ami.

— Méfiez-vous de l'Oiseau-Jaune; le drôle vous trahit.

— Avez-vous appris quelque chose à son sujet?

— Rien, il est trop adroit pour donner prise sur lui; mais mes pressentiments ne m'ont jamais trompé, et j'ai la conviction qu'il vous trompe. Il est contre vous.

— Je le surveillerai, soyez tranquille; et, si vous dites vrai, je le tue comme un chien.

— Vous ferez bien; maintenant, causons de vos affaires.

— Oui, et faisons vite; je ne puis demeurer longtemps absent du camp. Ils dorment, mais leur sommeil durera peu.

— C'est juste; écoutez-moi donc. Brigham Young est très bien disposé pour vous; ainsi que cela a été convenu, il vous aidera autant qu'il le pourra, sans cependant se compromettre ni agir ostensiblement. Les États-Unis nous menacent de nouveau de la guerre, et le révérend chef a trop à faire pour se mettre de nouveaux ennuis sur les bras; il faut surtout éviter les moyens violents! une fois les deux femmes entrées à Deseret, il répond de

tout; mais, tant qu'elles ne seront pas au milieu de nous, il ne se soucie pas d'intervenir.

— Hum! fit le docteur d'un ton de mauvaise humeur, cette protection tant vantée, et dont il a fait si grand bruit avec moi, me semble assez mince jusqu'à présent.

— Vous vous trompez, mon ami; pour être cachée, elle n'en est peut-être que plus efficace; vous allez en juger.

— Je ne demande pas mieux.

— Dix Danites choisis, dont je fais partie, sont mis à vos ordres; ils vous obéiront en tout ce que vous leur commanderez, pourvu que vos ordres concernent l'affaire en question.

— Ceci est déjà quelque chose.

— Ce n'est pas tout.

— Voyons.

— Les Elders de tous les défrichements sont avertis, afin de vous protéger au besoin; de plus, un courrier de confiance a été expédié aux gardiens de vos prisonnières afin de hâter leur marche et de les faire entrer le plus tôt possible sur notre territoire; depuis deux jours déjà, elles sont arrivées au défrichement de John Strogg, auquel on les a consignées, et qui les surveille attentivement; aussitôt que vous en donnerez l'ordre, on les dirigera sur Filmore.

— Comment elles sont chez John Strogg, déjà? Êtes-vous sûr de cela?

— Je les ai vues aujourd'hui même, répondit le Danite, blessé par le doute du chasseur.

— Tout va bien, alors.

— Vous êtes satisfait?

— Certes.

— Tant mieux; maintenant, que comptez-vous faire?

— Je ne le sais pas encore : seulement il est important qu'elles ne soient plus chez John Strogg lorsque nous arriverons, mes compagnons et moi.

— Bon; on les fera partir; est-ce tout?

— A peu près.

— Et l'homme? n'avez-vous rien arrêté à son égard?

— J'hésite à m'en défaire; le pauvre diable n'a pas de soupçons, il me croit son ami; je répugne à le tuer.

— Vous avez tort; dans une affaire aussi importante, hésiter, c'est perdre la partie. Il ne vous épargnerait pas, lui.

— Je voudrais m'en débarrasser sans verser son sang.

— Qu'à cela ne tienne, je m'en charge.

— Comment ferez-vous?

— Nous l'enlèverons, tout simplement.

— Me promettez-vous de ne pas faire tomber un cheveu de sa tête?

— Parfaitement! d'ailleurs, que vous importe? Et pourquoi vous intéressez-vous tant à lui?

— Pauvre jeune homme, si doux, si confiant! N'est-ce pas assez déjà de lui enlever sa fiancée? Il y a des moments où j'ai des remords.

— Cependant, s'il y a lutte, s'il résiste?

— Vous serez alors dans le cas de légitime défense.

— Très bien, dit en riant le Danite; j'ai compris. Vous vous en lavez les mains. Laissez-moi faire.

— Mais n'oubliez pas mes recommandations.

— Je n'aurai garde. Brigham Young m'a chargé de vous rappeler votre promesse; l'argent lui manque en ce moment. Vous lui rendriez service en...

— Voici une lettre que j'ai préparée à ce sujet: vous la lui remettrez, interrompit Francis de Verdières. Tenez, prenez.

Il tira un pli cacheté de son vêtement et le présenta à Houston, qui s'en saisit avec vivacité, et qui reprit:

— Bon! alors tout va bien.

— Quand vous reverrai-je, et où?

— Chez Jonh Strogg, le plus tôt possible. *Times is money*.

— C'est entendu. Où sont les autres Danites?

— A trois lieues d'ici, campés sur une accore de la rivière.

— Faites qu'ils soient avec vous là-bas. Nous en aurons peut-être besoin.

— Ils y seront.

— Vous n'avez pas été heureux dans votre reconnaissance de ce soir, mon pauvre ami.

— Grâce à votre démon de chasseur... Mais il me payera ce

coup de fusil... Nous nous retrouverons. Qu'il ne tombe pas entre les mains des Danites.

— Pourquoi?

— Ils le détestent tous à qui mieux mieux... Vous avez eu tort de le prendre pour guide; c'est lui qui a attiré sur votre piste la nuée de Chochonès qui vous a attaqué dans la soirée. Ils n'en voulaient qu'à sa personne.

— Ah! cela leur a bien réussi, fit en riant le docteur. Le capitaine et moi, nous en avons bien calmé deux ou trois. Mais, sans l'arrivée de l'Oiseau-Jaune, nous aurions peut-être passé un mauvai quart d'heure. Il a fait son devoir en rude et vaillant compagnon.

— Oh! ce n'est pas le cœur qui lui manque. On ne peut lui refuser le courage et l'adresse. Mais il est dur comme un roc. Il ne demande de grâce ni n'en accorde à aucun ennemi. Il subit et il exécute inexorablement la loi du désert. Aussi, qu'il me tombe sous la main, et ce ne sera pas long.

— Libre à vous; une fois qu'il nous aura conduits à destination, pourtant, n'est-ce pas? ajouta le docteur avec un sourire.

— D'accord. Oh! il ne l'échappera pas. Les Peaux-Rouges sont exaspérés, furieux contre lui.

— Pour quelle raison?

— Dans la bagarre, ils ont beaucoup souffert.

— A qui la faute? les avons-nous attaqués?

— Non, mais ils ne s'arrêtent pas à ces détails, ils ne considèrent que les tristes résultats de leur expédition.

— Et ces résultats sont?...

— Cinq hommes tués et huit blessés.

— Malepeste! l'Oiseau-Jaune a fait, à lui seul, les trois quarts de cette besogne-là.

— Les Chochonès brûlent de se venger.

— Les voyez-vous?

— Oui.

— Entretenez-les dans ces sentiments bénins contre le chasseur; plus tard cette haine pourra nous servir.

— Je n'y manquerai pas.

— Vous n'avez plus rien à me dire?

— Rien, docteur.

— Alors, je vous quitte. Il est tard. Avec ce damné guide, il faut toujours être sur le qui-vive. S'il allait se réveiller en mon absence, je serais obligé d'inventer prétexte sur prétexte, et je n'aime pas mentir, inutilement du moins.

— Croyez-moi, surveillez-le. C'est une bête venimeuse.

— J'aurai l'œil sur lui. Au revoir.

— Au revoir, à bientôt.

Les deux hommes se serrèrent la main une dernière fois.

Puis le docteur reprit le chemin du campement dont il voyait briller le feu devant lui.

— J'ai le temps, dit le Danite dès qu'il fut seul. Je vais, avant de rejoindre les autres, dormir un peu, cela me rendra des forces.

Au même instant il fut vigoureusement tiré en arrière, et, avant qu'il songeât même à se défendre, un genou pesant s'appuyait sur sa poitrine.

Il se trouvait réduit à une complète immobilité.

— Tu dormiras plus longtemps que tu ne le supposais, misérable, lui dit la voix railleuse de l'Oiseau-Jaune.

Le Danite tressaillit; il se sentit perdu. Mais c'était un homme d'un courage féroce: son parti fut pris en un instant. Il n'aurait pas agi autrement que le chasseur n'agissait.

— Bien joué, dit-il.

— Tu t'y connais, reprit le chasseur en ricanant.

— M'as-tu condamné?

— Oui.

— Puis-je racheter ma vie?

— Non.

— Alors frappe; mais je serai vengé.

— Peut-être. Es-tu prêt? demanda le chasseur avec un sang-froid terrible.

— Oui, fit le Danite.

— Alors, meurs!... dit-il en lui enfonçant son couteau jusqu'au manche dans la poitrine.

— Sois maudit!... répondit le Danite en tombant.

Ce fut tout. Il était mort.

— Un de moins. Ils ne sont plus que neuf, murmura l'implacable chasseur. Ah ! vous avez juré ma perte ! Nous verrons.

Il dépouilla consciencieusement le Danite des papiers qu'il avait sur lui; puis il l'enveloppa dans son manteau, alourdi par quatre ou cinq grosses pierres; il attacha le tout solidement et fit glisser le cadavre dans l'eau, au fond de laquelle la dépouille de sa victime disparut sans produire le moindre bruit.

— Va au diable! dit-il gaiement, et restes-y, chien d'enfer!

Lorsque le docteur rentra au campement, il retrouva ses deux compagnons dans l'état où il les avait laissés; le chasseur surtout soufflait avec un laisser-aller véritablement charmant.

— Tout est bien, dit le docteur en s'asseyant devant le feu et allumant un cigare.

Au bout d'un instant, il jeta un regard sur le Canadien.

— Je crois que Houston se trompe, dit-il avec ironie. Cet homme n'est pas aussi rusé qu'il le suppose; c'est égal il est bon d'être prudent. Je le surveillerai.

A minuit, ainsi que cela avait été convenu, le docteur éveilla le Canadien.

— Déjà? dit celui-ci en bâillant à se démettre la mâchoire.

— Il paraît que vous avez bien dormi.

— Ma foi, oui! Je vous avoue que j'étais fatigué.

— Je le crois sans peine; la journée a été rude pour tout le monde.

— Pour moi, surtout.

— C'est vrai. Eh! mais, cette réflexion que vous faites-là me donne une idée.

— Laquelle?

— Rien ne nous presse.

— Moi surtout. J'arriverai toujours assez tôt où vous me conduisez.

— Vous vous plaisez donc en notre compagnie?

— Pourquoi non? Je suis bien traité, bien payé; que puis-je désirer, sinon que cela dure le plus longtemps possible?

— En effet, dit en riant le docteur, vous seriez difficile.

— Est-ce que nous irons jusqu'au lac Salé?

— Je le crois, mais nous n'y séjournerons qu'une huitaine de jours tout au plus. Les Mormons n'aiment pas les étrangers, à ce que l'on dit; ils ne les voient pas avec plaisir.

— En ce moment, surtout, où ils sont sur le point d'avoir la guerre avec les États-Unis, ils se figurent que tous les voyageurs qui viennent chez eux sont des espions de la grande République.

— Diable! je n'avais pas songé à cela; voilà qui pourra modifier notre itinéraire; les Mormons ne plaisantent pas. Au premier soupçon, ils vous lynchent bel et bien.

— Ils ne passent point pour être extraordinairement plaisants, c'est vrai. Pourtant, ce sont de braves gens.

— Hum! il faudra que je parle de cela à M. du Falga.

— Vous avez raison. Vous aviez, disiez-vous tout à l'heure, une idée? Quelle idée? demanda le Canadien d'un air naïf.

— En effet, je n'y songeais plus; l'endroit où nous sommes est charmant, accidenté; il paraît giboyeux, la chasse doit y être facile et abondante?

— Je le crois.

— Je serais assez d'avis de demeurer ici demain, pour laisser reposer nos chevaux; qu'en pensez-vous?

— Je n'ai pas d'opinion à émettre à ce sujet; cependant, puisque vous m'interrogez, je vous dirai franchement que vous aurez tort, répondit l'Oiseau-Jaune, voulant pousser le docteur dans ses derniers retranchements.

— Pourquoi cela?

— Parce que nous sommes campés dans une plaine nue, et qu'en cas d'attaque sérieuse nous aurons grand'peine à nous défendre.

— Bah! on n'est pas attaqué tous les jours.

— Quelquefois; nous sommes sur le territoire de tribus belliqueuses et qui haïssent les blancs.

— Nous sommes bien armés, et parfaitement en état de leur tenir tête si elles osaient nous menacer; nous en avons eu la preuve tantôt.

— Quant à moi, cela m'est égal; je ferai ce que vous voudrez.

— Eh bien! c'est entendu; nous resterons ici demain.

— A votre aise, monsieur le docteur; je suis à votre service, je dois vous obéir; j'ai fait mon devoir en vous avertissant, vous agirez comme il vous plaira.

— On ne vous adressera pas de reproches, mon brave; allons, bonne veille!

— Et vous, bonne nuit, monsieur le docteur!

M. de Verdières s'étendit sur le sol, où il ne tarda pas s'endormir, mais d'un vrai sommeil, lui. Au lever du soleil, le capitaine ouvrit les yeux.

— Comment! déjà le jour! dit-il en se levant; pourquoi ne m'avez-vous pas réveillé, garçon? demanda-t-il à l'Oiseau-Jaune.

— Ma foi, monsieur, répondit en riant le chasseur, vous dormiez si bien que je ne m'en suis pas senti le courage.

— Je vous remercie, mon brave; mais, avec tout cela, vous n'avez pas dormi, vous.

— Bah! je me rattraperai dans la journée, puisque nous restons ici.

— Comment, nous restons ici?

— A ce qu'il paraît; le docteur dit que nous ne sommes pas pressés, que nos bêtes sont fatiguées, et que, comme le pays est giboyeux, vous pourrez chasser à votre aise.

— Tiens, tiens, tiens; mais c'est une charmante idée, cela.

— Vous trouvez?

— Oui, elle me sourit tout à fait.

— Bon, alors, puisque vous êtes de bonne humeur!...

— Ma foi oui, je ne sais pourquoi, mais je me sens tout guilleret ce matin.

— Alors, vous ne refuserez pas de me faire un plaisir?

— A vous?

— Oui.

— Pardieu, je suis tout à votre service; parlez, mon ami.

— Pas maintenant, avec votre permission.

— Pourquoi donc cela?

— Parce que le docteur, s'il s'éveillait, pourrait nous entendre, et que ce que j'ai à vous dire, seul, vous le devez connaître.

— Ah! fit-il en jetant un regard interrogateur au Canadien.

— C'est comme cela, capitaine, répondit-il en baissant la tête et clignant l'œil droit, d'un air d'intelligence.

— Soit, quand vous voudrez, alors.

— Si cela vous est égal, nous causerons lorsque le docteur sera à la chasse.

— Très bien.

— Surtout, tâchez qu'il ne se doute de rien.

— C'est donc un mystère, dit-il en souriant, et un mystère grave?

— Oui, capitaine, un mystère fort important pour vous surtout, répliqua-t-il d'un ton qui donna à réfléchir au jeune homme. Il savait que l'Oiseau-Jaune n'était pas homme à le tromper.

— Je ferai ce que vous désirez, mon ami.

— Maintenant, séparons-nous; n'oubliez pas que nous ne nous sommes rien dit, et que je vous ai réveillé à quatre heures.

— Pourquoi toutes ces précautions?

— Vous le saurez. Patience!

Le chasseur s'éloigna alors; il réunit les chevaux et la mule, puis il les conduisit à la rivière.

M. du Falga, assez intrigué, s'assit auprès du feu.

Tout en se chauffant, il se demandait ce que signifiaient les manières singulières du chasseur, et quel secret si grave il pouvait avoir à lui confier.

Mais c'était en vain qu'il se creusait la tête.

Le docteur s'éveilla au bruit des chevaux, revenant de l'abreuvoir.

Il souhaita cordialement le bonjour à son compagnon et lui demanda si sa veille avait été bonne.

— Excellente, répondit Gaston. Ah çà, partons-nous!

— Est-ce que vous tenez beaucoup à partir ? fit le docteur en s'étirant paresseusement.

— Moi ? pourquoi m'adressez-vous cette question ?

— Tout simplement, parce que si vous n'êtes pas plus pressé que moi, je serais d'avis de passer la journée ici.

— A votre aise, mon cher Francis, je ne vois aucun inconvénient à ce qu'il en soit ainsi. Campons plus longtemps sur le théâtre de notre victoire.

— Ainsi, cela ne vous contrarie pas ?

— Moi ? pas le moins du monde, mon cher Francis ; et pour vous le prouver, je vais, avec votre permission, faire un tour dans la plaine, et tuer une pièce de gibier ou deux pour notre déjeuner.

— Vous êtes un charmant compagnon ; allez, tantôt ce sera mon tour ; je me charge du dîner. Revenez-nous vite.

— C'est cela ; l'Oiseau-Jaune, nous restons ici, aujourd'hui ; donnez à manger aux chevaux, et préparez le déjeuner ; moi, je vais en quête de gibier.

— Bonne chasse, dit M. de Verdières !...

— Je tâcherai de ne pas faire buisson creux, mon cher docteur.

Le jeune homme prit son fusil et s'éloigna à grands pas.

Le docteur se recoucha, et fit mine de se rendormir ; il ne tenait évidemment pas à lier de nouveau conversation avec le chasseur.

L'Oiseau-Jaune s'occupa activement des soins du ménage en plein vent.

Le capitaine ne revint que vers neuf heures du matin.

Il apportait deux grouses et un lièvre fauve, à longues oreilles.

C'était plus qu'il n'en fallait pour le repas du matin.

Le docteur était en train de mettre en ordre ses notes de voyage.

Quant au guide, il attendait patiemment le gibier promis.

Plumes et poils furent les biens venus.

Une demi-heure plus tard, les trois voyageurs déjeunaient gaiement.

Ils avaient un véritable appétit de chasseurs, habitués à vivre au grand air.

Ils s'en donnaient à cœur joie, à pleines dents.

On eût dit les trois meilleurs amis du monde.

Et pourtant de ces trois hommes l'un se demandait :

— Comment parviendrai-je à me débarrasser de ces deux personnages qui me gênent ?

Celui-là, on le devine facilement n'était autre que le docteur Francis de Verdières.

Et des deux autres :

Le premier, Gaston du Falga, inquiet, tourmenté par la demi-confidence du chasseur canadien, ne savait plus sur quel pied se tenir avec son compagnon de voyage.

Il faisait contre mystère bon cœur.

Le second, l'Oiseau-Jaune, faisait la mine la plus gracieuse du monde, prenait les airs les plus rassurés et les plus rassurants, tout en pensant à part lui :

— Bandit ! Quand donc pourrai-je te mettre la face en pleine infamie !

Au désert comme dans les cités, les passions vivent et s'agitent.

Dès qu'il y a des hommes, il y a des traîtres.

Le docteur, traître, dans un but honteux, vil, criminel.

Le chasseur, traître, dans un but honnête et loyal.

VIII

OU L'AMOUR PREND LE PAS SUR LA VENGEANCE.

Ainsi que cela avait été convenu entre les deux voyageurs, à la tombée de la chaleur, c'est-à-dire vers les trois heures de l'après-dînée, le docteur Francis de Verdières prit ses armes et sortit du campement.

Le capitaine faisait sa sieste.

Quant à l'Oiseau-Jaune, après avoir écouté avec la plus grande attention les paroles du docteur qui venait de le prévenir qu'il ne rentrerait pas avant cinq heures du soir ; quant à l'Oiseau-Jaune, il avait l'air fort occupé.

Il allait, il venait. Il se donnait grand mal, en apparence, pour réparer les harnais endommagés des chevaux et les sangles de la mule chargée du transport des bagages; mais à peine le docteur s'était-il éloigné et avait-il disparu dans les broussailles dans la direction de la rivière, que le chasseur laissa là sangles et harnais, et se mit à la poursuite, afin de bien s'assurer que M. de Verdières s'éloignait réellement, et ne jouait pas au plus fin avec lui.

Dix minutes plus tard, l'Oiseau-Jaune était de retour. Il avait acquis la certitude que le docteur n'avait conçu aucun soupçon et s'était véritablement mis en chasse.

Le Canadien s'approcha alors de la tente-abri sous laquelle le capitaine s'était retiré, aussitôt après le déjeuner.

— Eh bien! lui demanda Gaston, en se mettant sur son séant, dès qu'il l'aperçut, sommes-nous seuls?

— Tout ce qu'il y a de plus seul, capitaine, répondit le guide avec ce sourire narquois qui lui était particulier. Le docteur est en chasse, et tenez, ajouta-t-il, il vient déjà probablement de mettre bas une pièce de gibier quelconque.

En effet, une détonation lointaine, répercutée par les échos, avait faiblement résonné aux oreilles des deux hommes.

— Nous sommes libres, continua le Canadien, au moins pour deux heures. Il ne reviendra que vers les cinq heures.

— Allons je suis tout à votre disposition, mon ami; parlez, et si je puis vous être utile, comptez sur moi.

Le chasseur hocha négativement la tête.

— Je vous remercie, capitaine, dit-il; mais, dans tout ce que j'ai à vous dire, je ne suis en jeu d'aucune façon, c'est vous seul que cela regarde, vous seul! Votre serviteur n'y est pour rien.

— Moi? fit le jeune homme avec surprise.

— Oui, capitaine, vous-même.

— Je ne vous comprends pas.

— Je le sais bien ; aussi, avec votre permission, je vais m'expliquer de façon à ce que vous soyez au courant de la chose.

Puis, retirant de la poche de côté de sa blouse les papiers que, la nuit précédente, il avait enlevés au Danite, après l'avoir poignardé, et présentant ces papiers au capitaine :

— D'abord veuillez prendre connaissance de ces paperasses ; je vous dirai ensuite de quelle manière elles sont tombées entre mes mains.

— Qu'est-ce que cela ? demanda le capitaine en avançant machinalement le bras pour recevoir les papiers.

— Lisez, dit laconiquement le chasseur.

Il y eut un assez long silence.

Le capitaine parcourait les papiers que lui avait remis le chasseur. Le Canadien, les deux mains croisées sur l'extrémité de son rifle, dont la crosse reposait à terre, attendait l'œil pensif et la lèvre railleuse.

Enfin, le capitaine releva la tête, et fixant un regard interrogateur sur le Canadien :

— Cet homme est donc un traître ? murmura-t-il en frémissant.

— En doutez-vous encore ? répondit l'autre avec un imperceptible mouvement d'épaules.

— Oui, dit nettement le jeune homme, oui, j'en doute, parce

que toute action, bonne ou mauvaise, a toujours une cause ou un but, et que, dans cette circonstance, les deux m'échappent; je nie le motif, je cherche le but, je ne les vois pas.

— C'est-à-dire que vous ne les voyez pas encore; attendez, vous les verrez.

— C'est vrai; j'ai fait connaissance du docteur à San-Francisco, le hasard nous a mis en présence. Nous nous sommes liés comme deux compatriotes, qui se rencontrent en pays étrangers, qui ont à peu près les mêmes goûts et appartiennent à la même classe de la société, le font ordinairement; nos intérêts n'ont ou du moins ne doivent avoir rien de commun; il ne sait rien de mes affaires, comme, de mon côté, j'ignore tout des siennes; je cherche vainement quels motifs il pourrait avoir pour me nuire. Il n'en existe pas.

— Il en devrait être ainsi, capitaine, si le docteur ne vous connaissait pas, lui, depuis plus longtemps que vous ne le supposez.

— Vous vous trompez, mon ami; je n'avais jamais entendu parler de lui avant notre rencontre fortuite à San-Francisco.

Le Canadien eut un sourire ironique.

— Écoutez-moi, monsieur, dit-il; aussi bien, j'ai l'ordre de vous instruire, et cet ordre, je l'aurais exécuté depuis longtemps déjà, si votre ami, ajouta-t-il, en appuyant avec intention sur ces deux derniers mots, n'avait pas exercé sur moi une surveillance aussi active.

— Pardieu, mon ami, ce que vous me dites me surprend de plus en plus, et prend pour moi les proportions d'une charade que je ne serais pas fâché de deviner. Parlez! parlez!

— Je ne sais pas ce que vous entendez par le mot charade, capitaine, mais voici les faits dans toute leur simplicité : je vous garantis leur complète exactitude.

— Je dois, tout d'abord, vous avertir que, malgré les insinuations plus ou moins malveillantes du docteur, j'ai en vous la plus entière confiance ; je vous crois un honnête homme.

— Je vous remercie, monsieur ; bientôt vous aurez la preuve que vous ne vous trompez pas. Lorsque vous avez résolu de faire une excursion dans le pays des Mormons, et que vous avez cherché un guide, ce n'est pas le hasard qui m'a placé sur votre route ; un homme, auquel j'ai de grandes obligations, et qui a tout pouvoir sur moi, m'a donné l'ordre de me faire agréer par vous, et d'entrer à tout prix à votre service ; aussi, vous vous souvenez que je n'ai pas été exigeant, et que j'ai accepté, sans les discuter, les conditions que vous m'avez faites.

— Je me plais à vous rendre cette justice, mon ami ; mais quel est cet homme dont vous parlez ?

— Un de vos amis les plus intimes, capitaine, j'en suis certain, bien qu'il me soit défendu de vous révéler son nom.

— Hein ! Voilà un ami bien mystérieux, dans un pays où je ne suis que depuis quelques mois à peine, et où je ne connais personne.

— Vous le supposez ainsi, et pourtant bien des gens vous y connaissent; vous allez en avoir la preuve en deux mots, car nous n'avons pas de temps à perdre. Je vais vous mettre au courant : Vous étiez sur le point d'épouser une jeune femme que vous adoriez et qui vous adorait, lorsque tout à coup cette jeune femme fut enlevée; fou de douleur et désespérant de retrouver jamais votre fiancée, dont l'enlèvement s'était opéré dans des conditions tellement adroites que nulle trace n'en existait, vous fûtes sur le point de vous tuer, un ami vous arrêta; il vous jura de sauver la jeune fille, de vous la rendre, et de découvrir le ravisseur. Tout cela est-il vrai, capitaine?

Le jeune homme s'était levé; son visage avait pris une expression étrange; un tremblement fébrile agitait ses membres; pâle et les yeux hagards, il fixait sur le chasseur un regard qui ne voyait rien.

— Oui, c'est vrai, murmura-t-il comme dans un rêve, hélas! mon malheur n'est que trop certain. Moi aussi je me suis mis à la recherche de ma fiancée : j'ai visité la France entière sans résultat; le désespoir m'a poussssé en Amérique; je n'ai rien obtenu, rien découvert; aujourd'hui, je ne suis pas plus avancé que le premier jour. Continuer plus longtemps cette lutte insensée contre l'inconnu est une folie. Oh! pourquoi, vous, qui êtes si bien instruit de ces sinistres événements, m'avez-vous contraint à jeter le masque d'impassibilité que j'avais collé sur mon visage? Pourquoi m'obligez-vous à descendre dans mon cœur, et me mettez-vous ainsi brutalement face à face avec mon désespoir, en me révélant mon impuissance? Êtes-vous un ami ou un émissaire de ceux qui m'ont rendu si misérable? Eh bien! ajouta-t-il avec violence, qui que vous soyez, vous serez satisfait, je vais mourir ! Et cela avant peu !

— Vous ne le pouvez pas, capitaine; vous avez fait un serment, et ce serment vous le tiendrez. Si je vous ai parlé si brutalement,

HOUSTON.

c'est que j'ai besoin qu'à l'avenir tout malentendu soit impossible entre nous. Il faut que vous soyez bien convaincu de mon dévouement, et que vous ayez en moi la confiance la plus entière. Me supposez-vous donc assez vil pour raviver à plaisir une plaie toujours saignante? J'ai rouvert votre blessure, capitaine, eh bien! j'y verserai un baume souverain en vous rendant l'espoir.

— L'espoir! s'écria Gaston avec violence, mais qui donc êtes-vous, vous qui me parlez ainsi?

— Qui je suis, capitaine? un pauvre et ignorant chasseur canadien, pas autre chose; mais homme de cœur, honnête, loyal et, je vous le répète, dévoué à vos intérêts par-dessus tout.

— Oui, je vous crois; je dois vous croire, répondit-il en lui tendant la main avec abandon; votre langage n'est-il pas celui d'un ami? Mais mon esprit se perd dans ce labyrinthe où je cherche vainement à me retrouver; qui vous a si bien instruit de ce qui me touche?

— Laissez à l'homme qui m'a placé près de vous le plaisir de vous révéler lui-même ce qu'il a fait. Capitaine, moi aussi j'ai fait un serment, celui de ne point vous révéler son nom. Et mes serments, je les tiens, tous et toujours!

— Soit! je n'insiste pas, reprit le jeune homme avec abattement; mais vous avez parlé d'espoir. Eh bien! si je ne puis connaître le nom de cet ami qui veille sur moi avec une si grande sollicitude, mon ennemi, quel est-il? Révélez-moi son nom, et pour un si grand service, je vous aurai une éternelle reconnaissance.

— Ce que vous me demandez est facile à faire, capitaine.

— Cet ennemi?

— C'est M. Francis de Verdières.

— Francis de Verdières! lui! s'écria-t-il presque avec épouvante; lui! vous vous trompez, mon ami, c'est impossible!

— Oui, c'est lui qui a enlevé Mlle Jeanne de Mercœur. C'est lui qui est la cause de tous vos tourments!

— Oh! cela serait indigne! Et pourtant ajouta-t-il d'une voix basse et entrecoupée, cela doit être ainsi : malgré moi, cet homme m'a toujours inspiré une antipathie instinctive; c'est en vain que j'ai essayé de donner le change à mes sentiments; cet homme me hait, je le sens, maintenant. Des preuves de sa trahison, des preuves?...

— En avez-vous besoin d'autres que celles qui sont entre vos mains? Capitaine, ces papiers que je vous ai remis ont été enlevés par moi, cette nuit, sur le cadavre d'un des complices du docteur.

— Ah! je vois donc clair enfin dans ce tissu d'horreurs! s'écria Gaston avec une animation fébrile; je connais le misérable qui m'a si lâchement trompé! Oh! la vengeance! la vengeance! Que je meure, j'y consens! mais après m'être vengé!

Alors avec une vivacité extrême, le jeune homme saisit ses armes.

— Sellez les chevaux, dit-il.

L'Oiseau-Jaune obéit sans répondre.

Deux chevaux furent sellés en un instant; d'un bond, le capitaine se mit en selle.

Le chasseur l'imita.

— Où allons-nous? demanda-t-il.

— Où nous allons? répondit le capitaine avec égarement.

— Oui.

— Tuer ce misérable qui a lâchement détruit mon bonheur; l'égorger, partout où je le rencontrerai!

Le Canadien hocha lentement la tête et lui posant la main sur le bras :

— Cet homme, vous le retrouverez, capitaine, dit-il; son heure n'est pas venue encore; vous avez un devoir impérieux à remplir en ce moment.

— Je veux me venger... c'est tout ce que je veux!

— Vous vous vengerez; soyez tranquille, capitaine; c'est moi qui vous le promets; seulement vous vous vengerez en homme intelligent et non comme un fou. Qui vous dit que votre ennemi n'est pas sur ses gardes, en ce moment; et que dix espions ne surveillent pas derrière les buissons chacun de vos mouvements?

— Que m'importe cela, pourvu que je le tue! dit-il, en essayant de se débarrasser de l'étreinte du chasseur.

— Vous raisonnez comme un fou et non comme un homme sensé; il faut que votre ennemi vous soit livré, que vous puissiez lui infliger le châtiment digne de son crime, et le rendre aussi misérable qu'il a voulu vous rendre misérable vous-même.

— Oui, c'est vrai, vous avez raison; voici une vengeance comme il m'en faut une; mais comment l'atteindre?

— En vous laissant guider par mes conseils. Je vous réponds du succès.

Tout en parlant ainsi, voyant le jeune homme indécis et hésitant, le chasseur avait mis pied à terre et s'occupait à charger sur la mule ses bagages et ceux du capitaine.

— Que faites-vous? demanda celui-ci, dont les yeux erraient sans but autour de lui.

— Vous le voyez, répondit paisiblement le chasseur, je prépare tout pour notre départ.

— Non, reprit Gaston; je renonce, puisque vous l'exigez, à me mettre à la poursuite de cet homme, mais je l'attendrai, ici, et à son retour... Dieu du ciel, je le jure!... Il...

— A son retour, capitaine, nous serons loin, répondit le chasseur en riant; là, voilà qui est fait, ajouta-t-il en remontant à cheval, et conservant en main la longe de la mule.

— Je vous répète que je ne bougerai pas de cette place jusqu'au retour de cet homme; rien ne me la fera quitter.

— Vous y êtes bien résolu, demanda froidement l'Oiseau-Jaune.

— Oui.

— Alors c'est bien! Et pendant que vous perdez votre temps ici pour satisfaire votre vengeance, Mlle de Mercœur sera perdue pour vous; à votre aise, capitaine! si telle est votre pensée, je ne m'y oppose pas.

— Que voulez-vous dire? s'écria le jeune homme avec véhémence, que parlez-vous de Mlle de Mercœur? répondez! dites!

— Je dis, capitaine, que Mlle Jeanne de Mercœur est à dix lieues d'ici à peine, qu'elle vous appelle à son secours et que vous refusez...

— Moi! interrompit le jeune homme ne sachant pas s'il fallait s'abandonner à sa joie ou bien à sa colère; Jeanne si près de moi et ne pas voler à son aide! Partons! partons! Mon Dieu! pourvu qu'il ne soit pas trop tard!

— Non, si vous vous laissez guider docilement par moi.

— Je vous le jure! s'écria Gaston, presque fou de bonheur.

— Venez alors; nous n'avons que trop perdu de temps déjà à bavarder comme deux vieilles femmes.

— Allons! allons! s'écria-t-il, en enfonçant les éperons aux flancs de son cheval qui bondit de douleur.

— Enfin! murmura le chasseur, ce n'a pas été sans peine!

Les deux hommes s'élancèrent à toute bride et ils eurent bientôt disparu au milieu des hautes herbes.

Le campement demeura désert.

IX

A BAS LE MASQUE! ET GUERRE OUVERTE!

Cependant, ainsi que nos lecteurs l'ont vu, M. de Verdières s'était enfoncé dans la forêt.

Il chassait sans passion, lui, en s'occupant bien plus de ses pensées de fortune et d'ambition que du gibier qui lui partait entre les jambes ou sur la tête.

Pendant que la redoutable et juste conspiration ourdie par l'Oiseau-Jaune se tramait contre lui, le docteur Francis de Verdières ne se doutait pas du danger qui le menaçait.

Il se croyait dans la sûreté la plus entière.

Il n'avait aucun soupçon.

Ses mesures étaient si habilement prises, il se croyait tellement certain de la fidélité de ses complices, fidélité que du reste leur propre intérêt lui garantissait, qu'il ne pouvait douter une seconde du succès de ses machinations, plus compliquées que les ficelles d'un drame de la Gaîté ou de la Porte Saint-Martin.

Il avait d'autant plus confiance dans sa bonne étoile, que toujours auprès de son compagnon de route, le jour, la nuit, sans cesse aux côtés de Gaston du Falga, il surveillait ses moindres gestes, toutes ses paroles.

L'ignorance du jeune homme, au sujet du complot dont il était la victime, ne faisait pas l'ombre d'un doute pour le docteur.

Seul l'Oiseau-Jaune formait tache au tableau.

C'était le seul point noir qui s'élevât à son horizon.

Le chasseur canadien lui inspirait une méfiance instinctive, corroborée par les avis du Danite.

Pourtant l'Oiseau-Jaune accomplissait ses devoirs de guide avec tant d'insouciance, il semblait si complètement étranger pour tout ce qui n'avait point un rapport direct avec ses fonctions, que Francis de Verdières, malgré sa finesse, avait fini par être sa dupe.

Donc, malgré son antipathie primitive, malgré les conseils prudents de ce malheureux Houston, que le chasseur avait réduit à un silence sempiternel, le docteur n'accordait qu'une fort maigre dose de considération à l'Oiseau-Jaune. Il le surveillait de temps en temps par cette habitude de défiance innée dans toutes les natures mauvaises, disposées à toujours supposer le mal chez les autres, par cela seul qu'elles sont, elles, toujours prêtes à le commettre.

Il chassait donc paisiblement et sans arrière-pensée ; déjà il avait tiré deux ou trois pièces, qu'il avait jetées bas, lorsqu'il entendit tout à coup un galop furieux de chevaux qui s'approchaient avec un bruit semblable au roulement du tonnerre.

— Diable ! murmura le docteur, qui supposa aussitôt que les cavaliers encore invisibles étaient des Indiens pillards, en quête d'une proie, voilà des gaillards qui arrivent avec des intentions me semblant assez peu amicales ; tâchons de ne pas être découvert. De toutes façons, je ne gagnerai rien à me montrer.

Il se mit alors à courir dans la direction de la rivière, dont il n'était que peu éloigné ; se jetant au milieu des saules et des buissons qui en garnissaient les rives, il se blottit derrière un tronc énorme, à demi submergé. Après avoir changé les cartouches de son fusil contre des cartouches à balle, il attendit, prêt à tout événement.

Le bruit se rapprochait rapidement ; bientôt les cavaliers apparurent.

Le docteur retint un cri de surprise, en les apercevant ; ces hommes n'étaient pas des Indiens ; ils portaient des costumes américains et ils étaient armés de rifles.

Ces cavaliers étaient au nombre de neuf ou dix.

Le docteur les reconnut aussitôt pour des Mormons.

Arrivés à peu de distance de l'endroit où le chasseur se tenait en embuscade, ils s'arrêtèrent, se réunirent et parurent se consulter à voix basse, avec une certaine animation.

— Oh! oh! murmura le docteur, qui avait l'habitude d'émettre ses pensées à haute voix, lorsqu'il était ou se croyait seul; que signifie cela? Ce sont des hommes. Que diable cherchent-ils? et pourquoi Houston n'est-il pas avec eux? Hum! Il faut tirer ceci au clair.

Il siffla d'une certaine façon.

Les cavaliers interrompirent aussitôt leur conversation, et jetèrent des regards interrogateurs autour d'eux.

M. de Verdières quitta aussitôt son abri, et il s'avança à leur rencontre.

En l'apercevant, ils poussèrent un cri de joie.

— Eh! messieurs, dit-il en leur rendant le salut qu'ils lui adressaient, je suis charmé de vous voir; quel est le motif si sérieux qui vous a fait abandonner votre poste? et comment se fait-il que je vous rencontre dans ces parages?

— Nous vous cherchions, monsieur, répondit un des cavaliers.

— Vous me cherchiez, Jack Staunton? Eh bien vous m'avez trouvé, mon ami; que me voulez-vous? Et d'abord, pourquoi Houston n'est-il pas avec vous?

— Houston n'est pas avec nous, docteur, parce qu'il est mort.

— Mort, Houston! vous êtes fou, Jack?

— Je ne suis pas fou, docteur; Houston est mort, je le répète.

Nous avons trouvé son cadavre à demi enfoui dans la vase, de l'autre côté de la pointe que vous apercevez d'ici.

— Voilà qui est singulier! Comment a-t-il pu se noyer?

— Il ne s'est pas noyé, docteur, il a été assassiné.

— Assassiné, oh!

— Ce matin son cheval est revenu au camp, les harnais brisés et en désordre; nous avons immédiatement soupçonné un malheur, et nous nous sommes mis en quête. Nous avons, ainsi que je vous l'ai dit, retrouvé le corps de notre pauvre camarade; il avait un effroyable coup de poignard entre les deux épaules; il a dû être tué raide par son assassin, placé en embuscade derrière lui.

— Oh! oh! murmura le docteur, dont le visage était livide.

— De plus, continua Jack Staunton, tous les papiers que portait notre malheureux frère ont disparu; ils lui ont probablement été volés.

— Plus de doute s'écria M. de Verdières en se frappant le front, je comprends tout! Nous sommes trahis! Un cheval! un cheval!

Un des cavaliers lui amena le cheval de Houston.

Le docteur se mit en selle, sans se donner la peine de mettre le pied à l'étrier.

— Suivez-moi, s'écria-t-il, en partant au galop.

Les cavaliers s'élancèrent derrière lui.

Un quart d'heure plus tard ils arrivèrent au campement.

Le docteur reconnut aussitôt la vérité.

— Partis s'écria-t-il avec rage. Eh bien, soit! ajouta-t-il avec un affreux blasphème, que son sort s'accomplisse! Il mourra. A bas le masque et guerre ouverte!

Les Danites se tenaient derrière lui, immobiles, silencieux et atterrés. Ils étaient venus pour tuer, pas pour combattre.

— Pied à terre, tous, reprit-il, et tenons conseil; la guerre est déclarée, vive Dieu! Que ce jeune homme prenne garde, car cette fois, je serai sans pitié! Chacun pour sa peau! Le diable pour tous!

X

OU LE ROI DES PLACÈRES RAPPELLE SES SUJETS A LA RAISON.

Au moment où Louis et Pierre quittèrent la grande salle de l'hôtel Washington, dans laquelle ils venaient de conclure un marché si formidablement avantageux pour le volumineux master Strogg, leur sortie ne fut remarquée par aucun joueur.

Au dehors, la nuit était froide et sombre.

Pas une étoile au ciel.

De temps à autre la lune se donnait la peine de sortir de derrière un nuage blanc pour aller se placer derrière un nuage noir.

Le vent soufflait par rafales et faisait craquer les branches des arbres.

— Où est votre cheval, Louis? demanda Pierre.

— Ici, à dix pas, attaché à un barreau d'une fenêtre.

— Est-il bon et reposé?

— Excellent; il peut fournir une longue course. J'en réponds.

— Bien, venez.

Ils firent quelques pas au dehors, Pierre conduisant son propre cheval par la bride. Ils arrivèrent à l'endroit où se trouvait l'autre.

— Voici mon cheval, dit Louis.

— Bien, la place est bonne et bien choisie. Attendez. Je vais en profiter.

Et il attacha le sien auprès de celui de son ami.

— Ah! autre chose, reprit-il. Vos armes sont en état?

— Oui, toujours.

— Vous êtes prêt à tout?

— A tout. Mais que voulez-vous faire?

— Vous allez voir. Quoi qu'il arrive, imitez-moi; surtout demeurez toujours à mon côté.

— Soyez tranquille, j'obéirai ponctuellement à vos ordres.

— Maintenant rentrons, seulement si l'on ne s'est pas aperçu de notre départ, je vous jure, dit-il en riant avec ironie, qu'on s'apercevra de notre retour.

— Nous allons faire quelque folie ! dit Louis en riant malgré lui.

— Pardieu ! ne savez-vous pas que nous sommes dans un pays où, seules, les folies réussissent ? Allons, venez.

Ils se dirigèrent vers la porte de l'hôtel Washington. Les consommateurs menaient toujours grand bruit dans la salle, de plus en plus pleine de vapeurs putrides et de nuages de fumée.

Arrivé sur le seuil de la porte, Pierre s'arrêta; il demeura un instant immobile, et portant à ses lèvres un sifflet d'argent, il en tira un son aigu et strident.

Ce coup de sifflet produisit sur les clients de master Strogg un effet impossible à rendre.

Les parties s'arrêtèrent, les verres et les gobelets furent reposés intacts sur la table; les conversations s'interrompirent, et, comme par un accord tacite, tous les regards se dirigèrent à la fois du côté de la porte où restaient toujours immobiles et sombres Pierre et son ami Louis.

Puis tout à coup il y eut une explosion :

— Le roi des placères d'or !

Ce cri fut poussé avec enthousiasme par les uns, avec stupeur par les autres.

Mais il y eut une nuance; les enthousiastes furent les plus nombreux. Oubliant tout, ils se ruèrent en désordre au-devant de l'homme qu'ils venaient de si chaleureusement acclamer. Ils ne demandaient qu'un mot pour le porter en triomphe.

Celui-ci les cloua, d'un geste, à leurs tables et à leurs bancs.

Le gambucino fit alors un pas en avant, et les bras croisés sur la poitrine, la tête haute, un sourire de mépris sur les lèvres :

— Comment se fait-il, mes maîtres, dit-il, que je vous aie vainement attendus à *Palo Verde*, où, d'après nos conventions, vous deviez vous trouver, hier, à l'oracion ?

La plupart des assistants baissèrent la tête sans répondre.

Il continua :

— Vous me trahissez donc, misérables ! vous me trahissez afin de me voler !...

Il y eut un murmure dans la foule, qui sembla prête à s'élancer contre cet homme qui osait la braver si froidement en face, lui deuxième, contre cent qu'ils étaient.

Le gambucino sourit avec dédain.

— Vous êtes des chiens lâches et voleurs ! reprit-il. Non contents de me piller, vous avez essayé de vous débarrasser de moi par un assassinat, n'osant m'attaquer en face. Osez le nier ! deux coups de feu ont été aujourd'hui même tirés sur moi, par derrière un buisson. Vive Dieu ! Vous serez punis ! Je veux en finir avec vous, misérables ! Justice va être faite.

Il sortit froidement un revolver de sa ceinture et l'arma.

Louis, calme, immobile auprès de lui, imita son mouvement.

Cependant les bandits, remis de la stupeur que leur avait causée son arrivée imprévue et honteux d'être ainsi tenus en échec par deux hommes, s'armèrent de leurs longs couteaux langues de bœuf ou *bowie-kniff*, et ils s'écrièrent, tout d'une voix :

— A mort le gambucino ! à mort son compagnon !

Et, par un mouvement spontané, ils s'élancèrent.

Deux coups de feu retentirent ; deux hommes tombèrent.

Les bandits hésitèrent. L'avertissement avait porté son fruit.

Le gambucino fronça les sourcils, enjamba par-dessus les cadavres, et marcha froidement au-devant des bandits qui reculèrent pas à pas jusqu'au fond de la salle, en maugréant tout bas.

Néanmoins, ils n'osèrent pas se précipiter de nouveau, tous à la fois, sur cet homme qui les tenait tremblants et effarés sous la puissance magnétique et irrésistible de son regard.

Louis, ses revolvers au poing, était demeuré près de la porte, sur un signe de son ami.

Il suivait, avec un véritable intérêt d'artiste, les péripéties de cette scène originale.

On eût dit que sa propre existence ne se trouvait nullement en jeu. Il n'avait point l'air de se rendre bien compte du danger immense que Pierre, le roi des placères, et lui couraient en ce moment.

Ou, s'il s'en rendait compte, il ne s'en souciait guère, et tenait la vie en profond mépris.

Les bandits, les misérables, les va-nu-pieds, à demi domptés par son ami, n'avaient qu'à échapper un instant à la puissance du fluide magnétique pesant sur eux, et c'en était fait des deux audacieux aventuriers

— Quels sont les hommes qui ont tiré sur moi ce matin? demanda le gambucino, de son ton le plus calme.

Personne ne répondit.

Il répéta sa question.

Un homme sortit des rangs :

— Ces hommes sont morts, dit-il; les voici gisant à vos pieds, maître; vous venez de faire justice sans le savoir. Que voulez-vous de plus? Nous reconnaissons nos torts, et nous vous en demandons pardon. N'est-ce pas, camarades?

Tout en parlant, il se tournait vers ses camarades qui, saisissant au vol le moyen de défense trouvé par leur complice, hurlèrent à qui mieux mieux :

— Oui! oui! justice est faite.

— Pas trop maladroit pour un imbécile! fit le roi des placères, en souriant à demi. A tout prendre, cela peut être vrai. Mais ce n'est pas tout.

— Parlez, don Pedro; nous sommes prêts à vous répondre, répliqua l'orateur de la bande.

Le gambucino semblait se consulter.

Un silence de mort régnait maintenant dans cette salle, si bruyante quelques instants auparavant, silence interrompu seulement par les râles d'agonie des deux malheureux, gisant sur le plancher.

Ils se tordaient dans les affres de la mort; et telle était la frayeur et le respect que leur imposait le gambucino, que pas un d'entre eux ne daigna faire attention aux deux moribonds, tant que ce dernier se renferma dans ses méditations.

Enfin, relevant la tête :

— Je veux savoir, reprit-il lentement, quels sont les lâches qui vous ont poussés à me trahir.

Il y eut un mouvement de consternation dans l'auditoire.

Le roi des placères tira sa montre de sa poche, et y regardant l'heure, avec un sang-froid inaltérable, il ajouta :

— Je vous donne le temps de la réflexion ; vous avez cinq minutes pour me les livrer pieds et poings liés.

— Si nous faisons ce que vous demandez, don Pedro, repartit celui des hôtes de l'hôtel Washington qui avait déjà pris la parole au nom de tous ses camarades, consentirez-vous à ne plus nous en vouloir ?

— Peut-être.

— Vous ne nous abandonnerez pas ?

— Cela dépendra de votre obéissance et de la rapidité que vous mettrez à remplir ma juste demande.

Sans ajouter un mot de plus, et pour bien leur donner à entendre qu'une plus longue conversation deviendrait complètement inutile, le gambucino leur tourna le dos, et revint à pas tranquilles se replacer auprès de Louis, toujours immobile et impassible devant la porte d'entrée.

Là, tout en tordant une cigarette entre ses doigts, il attendit le résultat de son ultimatum.

Son attente ne fut pas de longue durée.

Elle ne fut pas trompée.

Les aventuriers se groupèrent tumultueusement dans un angle de la salle.

Ils discutèrent entre eux, avec animation, trois ou quatre minutes durant.

Une lutte s'engagea, lutte qui n'eut que la durée d'un éclair, à la suite de laquelle cinq hommes furent renversés, garrottés et mis dans l'impossibilité de faire un mouvement; tout cela malgré la résistance la plus désespérée.

Puis, ces cinq hommes furent saisis et portés littéralement aux pieds du gambucino, toujours froid et impassible.

— Justice est faite, dit l'aventurier qui, jusque-là, avait parlé au nom de ses compagnons; nous vous livrons ceux qui nous ont poussés à vous trahir, maître. Les voici.

Pierre fixa sur eux un regard dédaigneux :

— Quels sont ces hommes? demanda-t-il sèchement.

— Des Mormons, répondirent les aventuriers d'une seule voix, formant un cercle autour du juge et des accusés.

— Des Mormons! s'écria-t-il avec colère, et vous êtes assez niais pour vous faire les instruments dociles de ces misérables, chassés de partout comme des bêtes féroces; de ces brigands hypocrites qui ne se sont réfugiés dans cette contrée, que pour vous dépouiller des richesses qui vous appartiennent légitimement, à vous les premiers occupants.

— Nous avons eu tort de les écouter, don Pedro ; nous le reconnaissons, dit un aventurier : nous nous sommes mal conduits avec vous, qui n'usez de la faculté extraordinaire que Dieu vous a octroyée pour découvrir les trésors cachés dans le sein de la terre, que pour nous les abandonner, en vous en réservant la part la plus minime.

— Pardonnez-nous, don Pedro, s'écrièrent tous les aventuriers, chacun d'eux reconnaissant l'exactitude de cet aveu.

Et les vingt-cinq ou trente hommes, aux traits énergiques et aux regards de feu, qui l'entouraient, se découvrirent et s'inclinèrent devant lui, repentants et contrits.

C'était un spectacle qui ne manquait pas d'une certaine grandeur.

Les gambucinos sont des hommes étranges, qui possèdent une faculté, inexplicable jusqu'à présent, pour découvrir les placères et les gisements d'or, et cela d'un coup d'œil, dans les endroits où nul ne soupçonnerait la présence d'une veine ou d'un filon aurifère.

Ces hommes extraordinaires, les voyageurs qui ont parcouru l'Amérique, les ont souvent rencontrés dans leurs pérégrinations lointaines, toujours en route, toujours errants; ils semblent avoir reçu de la puissance divine la mission de faire jaillir des entrailles de la terre les trésors immenses qu'elle recèle dans son sein; l'or les attire, pour ainsi dire magnétiquement.

Et ce n'est pas l'avarice qui les pousse; bien loin de là; ils aiment à voir rayonner en reflets fauves l'or, aux feux éclatants du soleil, mais ils méprisent la richesse qu'il procure : ils vivent et meurent pauvres pour la plupart, abandonnant sans regret comme sans souci les mines ou les placères qu'ils découvrent, à l'insatiable avarice des chercheurs d'or, ne se réservant le plus souvent que la part la plus minime dans les richesses qu'ils ont si généreusement données aux mineurs ou aux chercheurs d'or de tous pays.

Aussi, les gambucinos, comme on les nomme généralement,

sont-ils l'objet d'un respect craintif de la part des chercheurs d'or et de tous les aventuriers qui sillonnent le désert. Ces gens les considèrent comme des hommes d'une espèce différente de la leur, et en cela ils n'ont pas tort. Ils éprouvent une terreur secrète pour ces singuliers découvreurs de trésors, auxquels, dans leur superstitieuse crédulité, ils supposent la puissance de faire, s'ils le veulent, disparaître les mines aussi facilement qu'ils les découvrent.

Pierre, ou don Pedro ainsi que l'appelaient les aventuriers, étant un des gambucinos les plus renommés de la Californie, de l'Orégon et du bassin de l'Utah, à l'époque où se passe cette histoire, les récits les plus singuliers couraient sur son compte; les aventures les plus extraordinaires lui étaient attribuées; aussi jouissait-il d'une autorité sans borne sur ces natures abruptes qu'il dominait de toute la hauteur de son intelligence. Sa réputation était immense; les richesses qu'il avait découvertes passaient pour incalculables. Par reconnaissance, ou plutôt par admiration, les chercheurs d'or l'avaient nommé le *Roi des Placères d'Or*, et ils ne le désignaient jamais autrement entre eux.

Il était indispensable de donner ces rapides explications au lecteur, afin de lui faire bien comprendre la puissance que le gambucino exerçait sur ces natures rebelles, ainsi que la facilité avec laquelle il avait réussi à les dompter aussi rapidement, et à sortir vainqueur de la lutte insensée qu'il venait d'entamer, lui seul contre tous.

Il jouit un instant de son triomphe, sans que cependant aucun de ses sentiments intérieurs ne se reflétât sur son visage, toujours froid comme un bloc de marbre.

Les aventuriers attendaient avec anxiété la résolution qu'il lui plairait de prendre.

Enfin, il releva la tête.

Et promenant un regard tranquille autour de lui.

— Fous! murmura-t-il, fous que vous êtes de vous laisser ainsi tromper par de pareils drôles. En vérité, vous mériteriez toute ma colère.

— Faut-il les lyncher? demanda timidement un aventurier.

— Non, à quoi bon? ils ne valent même pas la corde qu'on userait pour les pendre. Relevez-les.

Les cinq Mormons, prisonniers, respirèrent; cette parole leur rendait la vie.

— Déliez-les; rendez-leur leurs armes et leurs montures, s'ils en ont.

On obéit.

— Partez, leur dit-il, mais prenez garde de vous retrouver jamais sur ma route ; allez et ne comptez plus sur ma clémence.

Les prisonniers, si miraculeusement sauvés, s'inclinèrent et quittèrent la salle, poursuivis par les huées des aventuriers, qui, de leurs complices s'étaient faits leurs ennemis acharnés.

Les cadavres des deux hommes tués par le gambucino et par Louis, furent traînés dehors et jetés au pied d'un arbre, sans qu'on s'en occupât davantage. Le reste était l'affaire des oiseaux de proie.

— Puis-je compter sur vous? Me serez-vous fidèles cette fois, demanda Pierre, à ce ramassis d'aventuriers sans foi ni loi.

— Oui, ordonnez, nous vous obéirons.

Le gambucino savait qu'à partir de cette heure ils lui seraient dévoués corps et âme!

— Je ne veux pas de surprise entre nous, reprit-il; j'ai besoin de votre concours pendant un mois; si dans un mois je suis satisfait, le *Palo Verde* vous appartiendra. Je vous l'abandonnerai en toute propriété sans rien prétendre, pour mon propre compte, de l'or qu'il produira; cela vous convient-il ?

— Oui, oui !

— Fort bien ! Joë Smitt choisissez cinq de vos camarades : ils se rendront au Palo Verde qu'ils exploiteront en notre absence, afin de bien constater notre propriété; si quelque mineur ou quelque chercheur d'or essayait de s'emparer de la mine, mon nom suffira pour les éloigner. Les hommes choisis par vous, Smitt, partiront à l'instant même; il est important qu'ils soient au Palo Verde avant le lever du soleil.

Joë Smitt, grand gaillard, aux traits anguleux, aux regards louches, doué d'une force colossale, s'occupa aussitôt d'exécuter les ordres qu'il venait de recevoir.

Dix minutes plus tard, les cinq aventuriers, choisis par lui, prenaient congé du gambucino et quittaient la salle commune de l'hôtel Washington.

XI

LA DERNIÈRE AMAZONE.

Louis ne pouvait s'empêcher de considérer avec une curieuse admiration son ami, le roi des placères.

Le sans-façon avec lequel il venait de jouer leurs deux existences, le peu d'étonnement qu'il témoignait en voyant toutes ces bêtes brutes et sanguinaires ramper devant lui, comme des tigres venant lécher les pieds de leur dompteur, tout cela lui rendait l'espérance et lui faisait bien augurer de la réussite de leur plan.

Dans l'établissement de master Strogg, il restait une vingtaine de compagnons, tous gens de sac et de corde, féroces, aussi sauvages que les Peaux-Rouges, dont ils menaient la vie, et prêts à tout : au mal toujours, au bien quelquefois.

— Eh bien! dit Pierre à voix basse à son ami, cela marche?..

— Oui, répondit celui-ci; mais je t'avoue que je ne comprends rien encore à tout cela... Je ne vois pas le rapport entre...

— Patience! murmura Pierre, avec un sourire d'une expression singulière, suis-je un homme ou un enfant, pour douter ainsi de moi?

Il se tourna alors vers les aventuriers, toujours groupés à quelques pas de lui.

— Vous, mes enfants, montez à cheval et allez m'attendre au bajio; dans un quart d'heure je vous rejoindrai. A propos, que vos armes soient en état; peut-être la poudre parlera-t-elle avant peu. Harry Colt, vous entrerez en passant dans le village des Chochonès, et vous tâcherez de savoir quelles sont leurs intentions à notre égard. Ceux qui se trouvaient ici avec vous ont profité du tumulte pour s'éclipser sans bruit. Je ne serais pas fâché de savoir s'ils sont décidés à rester neutres ou s'ils veulent prendre parti contre nous.

— Ce ne sera pas long à savoir, dit avec un gros sourire l'aventurier que Pierre avait nommé Harry Colt.

— Surtout de la prudence. Allez! Joë Smitt et Perrico resteront ici; je puis avoir besoin d'eux.

Les aventuriers saluèrent et sortirent sans en demander davantage.

Joë Smitt et Perrico demeurèrent seuls.

— Maintenant à nous deux, master Strogg, dit le gambucino.

— Tout à vos ordres, señor, répondit en s'inclinant le maître de l'hôtel, assez inquiet intérieurement de la tournure que prenaient les choses, mais forcé de tout subir, ayant reçu le prix de son obéissance.

— Écoutez-moi bien, reprit Pierre, et faites votre profit de ce que je vais vous dire; surtout ne me forcez point à répéter.

— Je suis tout oreilles, señor.

— D'abord et avant tout, cher monsieur, dit le gambucino d'une voix railleuse, soyez bien convaincu que je ne veux en aucune façon vous compromettre aux yeux de vos amis et coreligionnaires. On ne sait pas ce qui peut arriver plus tard; il est bon que vous soyez à l'abri de tout reproche. Vous me comprenez bien, n'est-ce pas?

— Parfaitement, señor.

— Vous allez donc vous laisser garrotter, ainsi que vos garçons.

— Garrotter! fit-il avec un bond en arrière, comme un vil scélérat!...

— Oui, à moins que vous ne préfériez passer pour notre complice, auquel cas je n'ai pas besoin de vous dire que votre affaire sera claire auprès de vos amis. Vous serez branché avec la dextérité qui les caractérise.

— C'est juste, señor; je me laisserai garrotter, selon votre bon plaisir.

— Allons, je vois que vous comprenez à demi-mot; à part les deux dames que vous savez, qui avez-vous encore dans votre hôtel? Ne tergiversez pas, master Strogg. Il vous en cuirait.

— Personne, señor, répondit l'hôtelier qui sentait son gros corps trembler dans sa peau.

— Personne? Vous en êtes bien sûr?

— Excepté, bien entendu, mistress Strogg, mon épouse, la moitié de moi-même.

— Bon, priez-la de descendre.

— Vous voulez que... c'est qu'elle ne descendra que si cela lui plaît.

— Oh! cela est indispensable.

L'hôtelier poussa un soupir étouffé; cependant, comme il comprit que toute résistance était non seulement inutile, mais encore dangereuse, il se résolut à obéir.

Quelques minutes plus tard, il rentra dans la salle. Mistress Strogg l'accompagnait.

La chaste épouse du digne hôtelier ne se soutenait qu'avec peine; peut-être à cause de l'émotion bien naturelle qu'elle éprouvait; peut-être, parce qu'elle avait trop absorbé de thé au rhum ou de rhum au thé; peut-être aussi pour ces deux causes réunies. En tout cas elle chancelait, mais pas de peur.

— Que prétendez-vous faire de moi? s'écria-t-elle d'un air tragique qui fit éclater de rire tous les assistants.

Elle continua, une fois entrée dans la salle, avec des larmes dans la voix et la rougeur de l'innocence et de la pudeur offensée au visage:

— Je suis une honnête femme, moi, et jusqu'à ce jour, nul, excepté master Strogg, mon digne époux, ne s'est permis...

— Rassurez-vous, madame Strogg, lui répliqua galamment le gambucino, nous n'avons pas l'intention de vous offenser.

— A la bonne heure!

— Personne, sans y être forcé, continua le roi des placères, au grand contentement des siens, que la tête effarée de master Strogg amusait beaucoup, personne ne se portera à une extrémité quelconque sur vous, chère mistress Lowe.

— Oh! quant à ça, je suis bien tranquille...

— Vraiment?

— Oui. Je saurai bien me faire respecter moi-même, si le chef de la famille ne sait pas défendre celle qui porte son nom, devant les hommes, et son honneur dans son giron.

La brave mistress Lowe Strogg était belle parleuse, une fois qu'elle s'était rempli l'imagination de fumées plus ou moins alcoolisées.

Et ce soir-là, grâce aux malices de la brune Lisbeth, grâce aux dédains de la blonde Jeanne, elle s'était senti un double besoin de consolation et de poésie.

Tout en parlant, elle s'aperçut que sa pipe venait de s'éteindre et qu'elle fumait à vide!

— Par le vrai Dieu! j'ai oublié ma blague là-haut; master Strogg, mon bijou, seriez-vous assez complaisant pour aller me la chercher? On ne sait pas ce que je pourrai faire pour vous récompenser de cette gentillesse.

Master Strogg regarda sa femme.

Il se mit en marche pour aller chercher la poche à tabac de sa femme.

Mais, en route, il rencontra l'œil du gambucino.

L'ordre qu'il y lut le cloua sur place.

— Voici du tabac, chère mistress ; ce n'est pas la peine de déranger ce digne master Strogg dont la présence nous est aussi nécessaire que la vôtre.

— Mille remerciements, señor, fit la mégère, qui, sans se préoccuper des regards railleurs jetés sur elle par les aventuriers, se mit à bourrer sa pipe consciencieusement si je puis vous être agréable en quoi que ce soit...

— Précisément !

— Disposez de moi, continua-t-elle, en dépit des signes de l'hôtelier qui se démanchait le cou, les bras et les mains, pour arriver à lui faire comprendre qu'elle ferait tout aussi bien de se taire.

Mais empêchez donc une femme de parler, pour peu qu'elle en ait l'envie, surtout quand cette femme marche dans les brisées du bonhomme Noé, le jour de sa première ivresse.

— Disposez de moi, répétait donc mistress Lowe Strogg, de ma maison et de mon noble époux.

— Vous allez au-devant de tous mes désirs, chère mistress Lowe.

— Parlez, que désirez-vous ?

— Oh ! une chose bien simple, bien facile.

— J'aimerais mieux que ce fût difficile, señor, nous n'y aurions que plus de mérite. Qu'est-ce ?

— Voulez-vous nous permettre, avec tous les égards dus au beau sexe...

— Que de phrases ! allez donc ! fit-elle, en lâchant quatre ou cinq bouffées de fumée au nez du roi des placères. Vous permettre... quoi ?

— De vous attacher.

— Hein ? cria-t-elle stupéfaite.

— De vous attacher les mains et les pieds le plus délicatement possible.

— M'attacher, moi !

— Vous-même, chère mistress Lowe.

— Vous entendez cela, Strogg, mon amour !

— Hélas ! oui, dit l'hôtelier avec un soupir ressemblant à un beuglement.

— Ces païens parlent de m'attacher !

— Et moi aussi, ma mignonne.

— Vous, vous aussi, hurla-t-elle exaspérée... Puis, se calmant, elle ajouta :

— Vous, après tout, cela vous regarde... Laissez-vous ficeler comme un saucisson... libre à vous... cela m'est égal... Mais moi... votre femme !... jamais !

— Mistress Lowe, ma chérie... laissez-vous faire... On ne nous veut pas de mal, lui cria l'hôtelier effrayé de la surexcitation de sa femme.

— Pas de mal ! m'attacher, moi ! qu'on y vienne !

Il fallait en finir.

Quelque risible, quelque grotesque que fût la colère ou l'indignation de la mégère, le temps pressait.

Le gambucino fit un geste impératif.

Les rires cessèrent.

— Joë Smitt, dit-il avec calme, attachez madame... Et vous Perrico, garrottez notre excellent hôte et ses garçons.

Master Strogg se laissa faire; avant cela il aida même Perrico dans l'opération à la suite de laquelle ses garçons se trouvèrent ficelés et couchés parallèlement, dans un des coins de la salle commune.

Puis il tendit bravement ses deux poings, qui furent entortillés en un clin d'œil.

Mais, pour la belle mistress Lowe, la chose n'alla pas aussi tranquillement.

Ce fut même une toute autre affaire.

En voyant Joë Smitt se diriger vers elle, les poucettes à la main, la virago poussa un hurlement de rage, un hurlement de tigresse aux abois.

Malgré son obésité, malgré la quantité d'eau-de-vie absorbée par elle, elle se tenait encore sur ses jambes.

C'était une robuste gaillarde.

D'un bond inattendu, elle s'élança jusqu'à la cheminée.

Près de cette cheminée se trouvait une longue lardoire, une broche de plus de trois pieds et demi.

Mistress Lowe s'en saisit, et la pipe aux dents, le bonnet de travers, ce glaive exterminateur d'une nouvelle espèce à la main, elle alla se camper à l'entrée du corridor conduisant à sa cuisine.

Là elle attendit, brandissant son arme et défiant tous ses ennemis à la fois.

Au premier abord, un éclat de rire homérique retentit dans le rez-de-chaussée de l'hôtel Washington, à la vue de cette amazone de nouvelle espèce.

Master Strogg et ses garçons eux-mêmes se tordaient de rire dans leurs liens.

Le roi des placères et ses acolytes ne purent s'empêcher d'applaudir cette Jeanne d'Arc tant soit peu faisandée.

Mais l'heure pressait.

On voulut passer outre.

Là les rires cessèrent.

Joë Smitt, qui s'avançait vers mistress Lowe, avec toute la galanterie dont il était capable, recula en poussant un cri de douleur.

La virago venait de lui fourrer six pouces de fer dans le bras gauche.

Elle s'apprêtait à redoubler.

Joë Smitt n'eut que le temps de faire un saut en arrière, sans cela il était embroché comme un dindon.

Perrico chercha à la prendre par surprise.

Il reçut un coup de taille dans la figure, qui lui laissa un long sillon sanguinolent sur la joue droite.

Perrico recula en poussant absolument le même cri que Joë Smitt.

Et le plus humiliant pour les deux aventuriers, c'est que l'héroïque guerrière surexcitée au suprême degré par ses libations de la soirée, par la scène avec les deux jeunes filles, par la rage de se voir attachée comme son mari et ses garçons, les invectivait de la belle manière, leur criant à chaque coup de sa pointe redoutable :

— Approchez donc, lâches!... Venez, vaillants détrousseurs de grande route... Je veux rôtir jusqu'au *dernier jour de l'éternité*, si je ne fais pas une brochette de vous tous... bandits... voleurs... assassins... ivrognes!

Cette dernière injure dénotait chez la sobre créature le comble de l'exaspération contre ses agresseurs.

— Maladroits! finissez-en avec cette folle! fit le gambucino, réprimandant ses hommes.

— Je voudrais bien vous y voir, señor... grommela Joë Smitt en montrant le sang qui coulait le long de sa manche.

— C'est une diablesse, ajouta Perrico.

— Viens donc! galantin! viens, ruffian! criait mistress Lowe, enorgueillie par sa double victoire et encouragée par les rires de master Strogg et de ses garçons qui poussaient de joyeux *hurrahs!*

Louis dit un mot à l'oreille du gambucino, et sortit.

— Arrive! arrive! beau fils! beau chercheur d'or! chérubin de ruelle! Ce n'est pas aimable de ne pas accourir quand une jolie femme vous appelle! cria-t-elle en goguenardant le roi des placères.

— Place! dit celui-ci.

Et d'un pas lent, assuré, il arriva jusqu'à portée de la formidable lardoire.

La mégère s'était mise en garde comme un maître expérimenté.

— Approche! approche!... Tout coup qui n'attrapera pas le nez ne comptera pas.

MISTRESS STROGG.

— Rendez-vous, mistress Strogg! dit Pierre, comme s'il eût parlé à une enfant de cinq ans... Soyez gentille!

Un éclat de rire narquois lui répondit.

En même temps on lui allongea un coup de pointe, un coup droit en plein visage.

Bien lui prit de faire une passe et de s'effacer.

Il arma un de ses pistolets.

Master Strogg eut peur pour sa femme et lui cria :

— Bas les armes! mignonne! L'honneur est sauf! mettez bas les armes.

— Non! hurla mistress Lowe. Je les brave... Je me moque d'eux tous comme de...

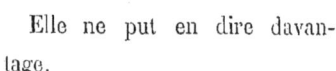

Elle ne put en dire davantage.

Le gambucino venait de tirer.

La broche était cassée à deux doigts de sa main.

Elle se trouvait désarmée.

En même temps, Louis, qui venait de pénétrer dans la cuisine de l'hôtel par une porte extérieure la prenait par derrière et la laçait en un tour de main.

Il lui fallut se rendre. On la bâillonna.

— Portez mistress Strogg dans sa chambre, dit Pierre, et déposez-la délicatement sur son lit; vous renverserez quelques meubles afin de simuler une lutte... qui ne sera pas un mensonge, ajouta en riant le gambucino.

Joë Smitt chargea la femme comme un paquet sur son épaule et l'emporta. Elle ne résista plus et elle fit bien.

L'hôtelier et ses garçons furent couchés sur une table, puis on brisa quelques bancs; on renversa des tables, et trois ou quatre bouteilles de liqueurs furent cassées.

Master Strogg assistait à ces dégâts de son mobilier en poussant des soupirs à fendre l'âme; malheureusement, il lui était impossible de s'y opposer; d'ailleurs, il comprenait l'importance de n'être pas soupçonné de complicité avec le gambucino, et il se consolait, à part lui, en sentant les onces qui dansaient dans sa poche.

— Voilà qui est fait, dit Joë Smitt, en rentrant. Elle est sage !

— Alors nous n'avons plus rien à faire ici, dit le gambucino en s'emparant d'un paquet de cordes, éteignez les lumières et sortons.

Ce qui fut fait; la porte de la salle fut fermée sur les prisonniers volontaires, et les quatre aventuriers se trouvèrent hors du théâtre de ce rude combat.

Le gambucino et Louis, laissant les autres dans la pénombre, s'avancèrent

En ce moment, une fenêtre s'ouvrit.

— C'est là, dit le gambucino en apercevant la silhouette d'une femme penchée curieusement en dehors de l'appui de la fenêtre.

— Espoir, ajouta-t-il tout haut.

On lui répondit:

— Lisbeth Tuillier attend son fiancé.

Alors, il jeta son paquet de cordes, qui tomba dans la chambre.

— Ne craignez rien, dit-il, nous sommes des libérateurs.

Il y eut un silence.

Puis, la femme, qui déjà avait paru à la fenêtre, se montra de nouveau.

— Qui que vous soyez, s'écria-t-elle en joignant les mains avec prière, ayez pitié de nous!

— Nous voulons vous sauver, reprit-il rapidement; attachez l'extrémité de la corde à la fenêtre, et rejetez le reste au dehors; hâtez-vous, si vous voulez être libres.

— Nous sommes trop malheureuses pour avoir des ménagements à garder; si vous nous trompez, Dieu vous punira, répondit-elle avec agitation.

Alors, sans hésiter, résolument, elle attacha la corde, puis elle rejeta le reste en dehors de la fenêtre.

— Dieu vous voit, s'écria-t-elle en montrant le ciel avec un geste plein d'une majesté suprême. Nous nous fions à vous.

— C'est lui qui nous envoie, s'écria le gambucino, et se tournant vers son ami :

— Montez, dit-il.

Le jeune homme ne se fit pas répéter l'invitation, il saisit la corde et s'élança; bientôt il se trouva au niveau de la fenêtre.

— Lisbeth! s'écria-t-il avec une surprise joyeuse, et il sauta dans la chambre.

— Louis! répondit la jeune fille, Louis! nous sommes sauvées! J'avais peur de m'être trompée! c'est bien lui!

Et elle se laissa aller, à demi évanouie, entre les bras du jeune homme.

— Hâtons-nous! hâtons-nous! dit vivement le gambucino en

sautant, lui aussi, dans la chambre. Nous avons encore fort à faire.

Jeanne de Mercœur priait agenouillée; remplie de terreur et d'espoir, elle se réfugiait en Dieu, son dernier et suprême soutien, en Dieu qu'elle avait tant invoqué et qui l'exauçait enfin !

XII

UN VOYAGE AÉRIEN ; OU ENCORE, CE QUE MAITRE PIERRE
APPELAIT : FAIRE UNE RECONNAISSANCE.

Deux jours venaient de s'écouler depuis les événements racontés dans le chapitre précédent.

C'était le soir.

Une troupe nombreuse d'aventuriers campait au sommet d'une accore escarpée, s'avançant jusqu'au milieu du lit fangeux du Humboldt-River.

Cette troupe se composait d'une trentaine d'individus.

Elle était commandée par notre vieille connaissance, Pierre, le roi des placères d'or.

Bien que les cavaliers parussent être accablés de fatigue, sur l'ordre de leur chef, à peine avaient-ils mis pied à terre, qu'ils commencèrent immédiatement à faire d'énormes abatis d'arbres, dans le but de fortifier encore une position déjà formidable par elle-même.

Les arbres, entassés les uns sur les autres, avaient été placés en travers du seul point par lequel on pouvait parvenir au sommet de l'accore, de façon à former une infranchissable barricade.

De l'endroit où ils étaient campés, les aventuriers dominaient la plaine tout entière, et leur vue s'étendait dans toutes les directions jusqu'aux limites de l'horizon.

Les fortifications établies, les sentinelles posées, les chevaux soigneusement bouchonnés, on avait allumé les feux et préparé le repas du soir.

Repas dont bêtes et gens avaient un besoin extrême! Depuis le lever du soleil, c'est-à-dire pendant plus de douze heures, les aventuriers avaient galopé à toute bride, piquant droit devant eux, sans prendre un instant de repos pour laisser souffler les chevaux.

Les pauvres bêtes n'en pouvaient plus!

C'est des chevaux que nous parlons.

Devant un feu clair, allumé à quelques pas seulement d'une

enramada, faite à la hâte, quatre personnes se trouvaient assises sur des manteaux étendus à terre, mangeant des tortillas de maïs, des patates cuites sous la cendre, et buvant le café froid coupé avec de l'eau.

Ces quatre personnes étaient Pierre le gambucino, Louis Keller, Mlle Jeanne de Mercœur et son amie Lisbeth Tuillier.

Les deux jeunes filles paraissaient pâles, défaites; la fatigue les accablait.

Les deux hommes, habitués à la rude vie du désert, ne se ressentaient que faiblement des travaux de la journée; tous quatre mangeaient sans échanger une parole.

Quelques minutes s'écoulèrent ainsi; enfin le gambucino fit un geste de mauvaise humeur, et frappant du poing avec colère sur le sol, il poussa une exclamation violente.

— Qu'avez-vous, monsieur? lui demanda doucement Jeanne.

— J'ai, madame, dit-il sans oser la regarder, que je suis un misérable! le dernier des hommes qui ont mis le pied dans le désert!

— Un misérable!... le dernier des hommes! répéta la jeune fille avec une pointe de gaieté... Pourquoi vous traiter vous-même aussi cruellement?

— Parce que je le mérite.

— Pour quel crime, Pierre? interrogea son ami, sans doute, pour votre dévouement... et votre fidélité?...

— Oui, parlons-en de mon dévouement... Avec cela qu'il est intelligent!

— Mais qui le niera?

— Moi-même, par le Christ!

— Et pourquoi?

— Comment! voilà deux jours que nous sommes en route et je ne puis parvenir à donner le change à ces démons qui nous poursuivent. Un vieux coureur des bois! Un habitué du désert comme moi! C'est à s'en arracher la barbe de rage. Et c'était si facile pourtant de leur échapper!

— Si vous n'avez pas réussi, maître Pierre, dit doucement Lisbeth, c'est que ce n'était pas si facile que vous voulez bien le dire.

— Puis, avec trente hommes sur les talons, il n'est pas commode de ne pas laisser de trace, continua Jeanne.

— Justement, voilà qui m'indigne contre moi-même. Avec ces trente hommes auxquels je commande, j'aurais dû accomplir des miracles, et...

— N'est-ce donc rien, dit la blonde jeune fille, n'est-ce rien que d'être parvenu à l'endroit où nous campons, à travers une nuée d'ennemis qui nous cernaient de toutes parts? Comptez-vous pour rien la défaite des Peaux-Rouges et le stratagème, grâce auquel les Mormons nous ont laissé passer?

— Certes... tout cela n'est rien, si je ne viens pas à leur faire perdre notre piste, reprit le gambucino d'un ton bourru, qui ne lui était pas ordinaire.

Louis, qui, pourtant, se trouvait presque toujours de l'avis de son compagnon, ne put s'empêcher de crier avec une grande vivacité :

— Au diable! De quoi te plains-tu, Pierre? Assez de modestie! tu la leur as fait perdre notre piste...

Le roi des placères secoua la tête négativement.

— Sur mon âme, il me rendra fou, ajouta Louis. Jugez si je dis vrai, mesdemoiselles...

— Moi, je vous crois de confiance, fit Lisbeth.

— C'est toujours cela de gagné. Mais écoutez et voyez si Pierre a en quoi que ce soit un seul motif d'inquiétude.

— Nous vous écoutons.

— Voyez si nos ennemis arriveront jamais à trouver notre piste.

— Louis, vous êtes un enfant! grommela le chasseur canadien.

— J'en appelle à vous, mesdemoiselles. Qu'avez-vous à craindre? tandis que nous courons vers la Californie, Joë Smitt et quelques-uns de nos compagnons entraînent les Mormons à leur poursuite.

— Bon, après?

— Périco, de son côté, les a laissés derrière lui, à peu près à la hauteur des frontières du Texas. Ils ne savent à qui s'en prendre.

— On nous poursuit donc toujours? demanda anxieusement Jeanne.

— Je le suppose, puisque Pierre l'affirme.

— Oui, ajouta le gambucino. On nous poursuit avec un acharnement sans égal.

— Soit; on nous poursuit. Mais, parmi ceux qui sont si acharnés contre nous, que peut-il y avoir? des Mormons? Non pas, puisque Joë Smitt nous en a débarrassés. Les Peaux-Rouges? Ils ont reçu de rudes leçons, tous ces temps derniers. Il ne nous reste donc à redouter que quelques enfants perdus de la bande principale.

— Oui-da! fit ironiquement Pierre.

— Et de ceux-là nous obtiendrons facilement raison.

— Espérons-le.

— Vas-tu aussi nous nier la possibilité de nous défendre avantageusement dans la position formidable que nous occupons?

— Non pas... mais soyons prudents, quand même.

— Prudents, ne le sommes-nous pas au suprême degré? De toutes façons je ne vois pas qu'il y ait, dans tout cela, si grande matière à se tourmenter.

Le roi des placères écouta cette diatribe amicale avec sang-froid:

— Ami, dit-il, je te remercie et je remercie ces dames de ne pas articuler leur grief le plus sérieux contre moi, je n'ai pas encore rejoint M. du Falga.

— Hélas! murmura Jeanne, notre sort est dans les mains de Dieu; lui seul peut nous sauver!

Et elle laissa tomber sa tête sur sa poitrine.

En ce moment, Pierre fit un geste brusque, pour réclamer le silence; il tressaillit, un éclair passa dans son regard, une vibration faible comme un frisson de la brise à travers les branches avait soudain traversé l'espace. — Une oreille exercée comme la sienne pouvait seule percevoir ce son éloigné. — Le gambucino s'étendit sur le sol, colla son oreille contre terre, et il écouta.

Deux ou trois minutes s'écoulèrent; les assistants se regardaient avec anxiété, sans oser se communiquer leurs inquiétudes.

Le même bruit résonna de nouveau, aussi faible et presque aussi insaisissable que la première fois.

Pierre se redressa d'un bond, son visage rayonnait.

— Ici, tiens! cria-t-il d'une voix vibrante.

Tous les aventuriers s'approchèrent vivement de lui.

— Êtes-vous trop fatigués, pour pousser une reconnaissance avec moi? leur demanda le gambucino.

Les rudes chasseurs haussèrent les épaules, tandis qu'un sourire de dédain crispait leurs lèvres, dédain à l'adresse de la fatigue dont leur parlait cet homme infatigable.

— Vous voulez rire, c'est bon; nous ne demandons pas mieux, maître Pierre, répondit Harry Colt, au nom de tous ses camarades.

— Bien! Harry, Sam, Josuah, Herman, Polski, José, Leroy, Rouget, Sandoval, prenez vos rifles et soyez prêts à me suivre, nous partons sur l'heure.

Les aventuriers désignés par leur chef s'éloignèrent en se frottant joyeusement les mains, tandis que les autres, au contraire, se retiraient la tête basse.

— Ah! murmura le gambucino en resserrant sa ceinture et frappant du pied comme pour rétablir la circulation dans ses membres engourdis, je crois qu'il va y avoir du nouveau, et avant peu. J'espère enfin revenir content de moi.

— Que se passe-t-il? lui demanda Louis, en souriant.

— Rien, je ne puis te rien dire encore; je te laisse le commandement du camp; fait bonne guette pendant mon absence! si tu entends le cri du coyotte deux fois répété, c'est que j'aurai besoin d'aide, tu m'enverras un renfort de dix hommes; il t'en restera douze ici; c'est plus qu'il ne t'en faut pour défendre le camp, même contre une armée. La position est tellement forte, que tu pourrais repousser des forces décuples des tiennes. Est-ce entendu? Puis-je compter sur toi, en cas de besoin?

— Pardieu! Mais dis-moi au moins ce qui cause ta joie?

— Rien. Si je me trompais, ces dames seraient trop malheureuses; je ne veux pas de cela. Au revoir, et bonne guette; peut-être avant une heure serai-je de retour.

Et faisant un geste péremptoire pour couper court à toute observation, il rejoignit ses hommes, qui l'attendaient l'arme au pied auprès de la barricade.

— Attention; ici, enfants, leur dit-il, c'est une expédition à l'indienne que nous tentons; vous m'avez compris; en route, obéissance et silence. Il y va de notre vie à tous.

Les aventuriers, silencieux et sombres comme des fantômes, descendirent la colline sur les pas de leur chef.

Il faut avoir parcouru les grands déserts américains et avoir vécu de la vie des Peaux-Rouges ou des chasseurs, pour se rendre bien compte d'une course de nuit dans la prairie et de ce que les aventuriers nomment une expédition indienne; nos zouaves et nos chasseurs à pied, si aguerris cependant et si rompus à toutes les ruses des Arabes, ne seraient que des enfants, en pareille occurrence, et, malgré toute leur habileté, ils ne feraient pas quatre pas sur une piste indienne sans être surpris, entourés et massacrés jusqu'au dernier. Le courage et la discipline ne font rien dans ces guerres de ruse.

Les sauvages habitants de ces contrées possèdent toutes les facultés, les instincts des bêtes fauves, dont ils ne sont en résumé que les imitateurs, et contre lesquelles ils luttent constamment d'astuce, de ruses et d'adresse.

Les derniers contreforts d'une immense forêt vierge qui s'étendaient très loin dans l'ouest venaient mourir au bois de haute futaie au pied même de l'accore, au sommet duquel les gambucinos avaient établi leur campement de nuit; dans l'est, au contraire, la plaine était nue, découverte, parsemée çà et là de quelques bouquets d'arbres, qui surgissaient au milieu d'une herbe haute et dru poussée.

Le gambucino lança son lasso, qui s'enroula autour de la plus forte branche d'un arbre, le premier de la forêt; puis, d'un bond l'aventurier sauta sur la branche, s'y accrocha des pieds et des mains, et il disparut au milieu du feuillage.

Ses compagnons l'imitèrent; les dix hommes commencèrent alors à courir de branche en branche, d'arbre en arbre, sans occasionner le plus léger froissement dans les feuilles, se dirigeant aussi sûrement au milieu des ténèbres dans ce chemin aérien, si dangereux, où un faux mouvement pouvait occasionner une chute de plus de quatre-vingts pieds, que s'ils avaient suivi une route large et bien tracée, aux rayons du soleil.

Parfois ils s'arrêtaient, regardaient curieusement au-dessus d'eux, prêtaient l'oreille, puis ils recommençaient cette course impraticable pour tout autre que pour eux.

Cette singulière promenade dura environ une heure presque sans interruption. Pas un mot ne fut prononcé, même à voix basse.

Arrivés à un endroit où une baie, une lagune assez large barrait subitement le passage, Pierre arrêta d'un geste ses compagnons; il continua seul à s'avancer en éclaireur, avec des précautions extrêmes; car les difficultés devenaient insurmontables. Il explora d'un regard anxieux les rives de la lagune; soudain il étouffa un cri de joie. Deux arbres immenses avaient poussé en face l'un de l'autre, sur le bord de l'abîme, au-dessus duquel ils s'étaient penchés; les lianes avaient envahi leurs troncs, puis leurs branches s'étaient élancées par-dessus l'abîme, s'enchevêtrant les unes dans les autres, enlaçant l'arbre voisin et avaient ainsi formé une arcade de verdure au-dessus du gouffre.

C'était un pont, plus gracieux, mais moins solide peut-être, que nos ponts de fer ou de pierre.

Mais, n'ayant pas l'embarras du choix, le roi des placères n'hésita pas une seconde.

Il s'arrêta, imitant à deux reprises le sifflement saccadé du serpent corail.

A ce signal, ses hommes se remirent en marche.

Ils l'eurent bientôt rejoint.

Sans leur donner plus ample explication, sans prononcer un seul mot, Pierre leur montra le pont volant jeté par hasard au-dessus de l'abîme béant

Pas un d'entre eux n'eut un geste d'hésitation.

Ils attendirent.

Alors le gambucino s'élança.

Ce fut un moment d'émotion terrible pour ces braves, qui,

voyant l'audace primesautière de leur chef, ne s'occupaient que de son danger, oubliant la mort à laquelle ils allaient eux-mêmes s'exposer quelques instants après.

Il est vrai de reconnaître que Pierre courait le plus grand péril; il s'attaquait à l'inconnu, peut-être à l'insuffisant; et dans ce cas, quelle que fût son adresse, c'en était fait de lui.

Que les lianes ne fussent point assez vigoureusement entrelacées pour supporter le poids de son corps, et nul pouvoir, nul secours humain n'était capable de le tirer de là.

Les aventuriers n'avaient qu'à suivre.

C'était déjà beaucoup!

Aux premiers efforts de Pierre, à la suite de son premier élan, les lianes fléchirent.

Quelques-unes d'entre elles craquèrent et se séparèrent.

D'autres firent mine de s'affaisser, de se disjoindre également sous le poids du hardi coureur des bois.

Ses compagnons ne respiraient pas.

Il disparut!

Anxiété horrible.

On n'entendit plus rien! plus de bruit dans le feuillage! Plus d'oscillation dans les entrelacements des lianes!

On le crut perdu.

Les gambucinos se regardaient déjà douloureusement, se demandant quel parti ils allaient prendre, quand un signal lancé avec vigueur vint apprendre que leurs craintes étaient vaines.

Ils retinrent un joyeux *hurrah!*

Le sifflement du serpent corail leur donnait l'assurance que leur chef était sain et sauf, de l'autre côté du pont aérien.

Alors, sans hésiter, l'un après l'autre, ils franchirent le redoutable passage.

Quoique sûr, le chemin n'était pas commode.

Au bout d'une vingtaine de minutes, ils avaient tous rejoint le roi des placères qui les attendait le sourire aux lèvres.

Pas un seul d'entre eux n'avait senti le vertige lui gagner le cœur.

Pas un n'avait senti sa main trembler.

Pierre avait bien choisi son monde.

D'une voix faible comme un souffle, il leur murmura ces quelques mots :

— Attention, garçons ! Dans cinq minutes nous aurons trouvé ceux que nous cherchons.

En effet, cinq minutes plus tard, du haut de leur observatoire aérien, nos audacieux compagnons planaient sur deux hommes, assis auprès du feu, et causant tranquillement de leurs petites ou grosses affaires.

Ces deux hommes étaient Gaston du Falga et l'Oiseau-Jaune !

XIII

OU L'OISEAU-JAUNE DÉLIE CE OU CEUX QUE MAITRE PIERRE AVAIT LIÉS.

L'Oiseau-Jaune et son compagnon de route avaient, comme on le sait, inopinément quitté le campement nocturne qu'ils occupaient avec le docteur Francis de Verdières, devenu leur ennemi mortel et déclaré.

Ils s'étaient dirigés vers le village, glorieux de posséder parmi ses monuments les plus dignes de remarque, parmi ses habitations les plus luxueuses, l'hôtel Washington, tenu par master Strogg et par la divine, mais tant soit peu ivrognesse, mistress Lowe Strogg.

La route était longue; en outre, ce fut seulement vers dix heures du soir qu'ils parvinrent aux environs du village, leur voyage ayant encore été retardé par les précautions continuelles qu'ils étaient forcés de prendre pour éviter d'être aperçus par les nombreux espions disséminés dans la plaine.

Lorsqu'ils ne furent plus qu'à une portée de fusil du village, l'Oiseau-Jaune fit un crochet sur la droite. Il se dirigea vers une masure abandonnée, tombant en ruine, et entourée d'une haie vive; après avoir fait franchir la haie aux chevaux, grâce à une brèche qu'ils rencontrèrent à propos, les deux hommes mirent pied à terre.

— Pendant que je vais aller à la découverte, dit l'Oiseau-Jaune bouchonnez les chevaux, donnez-leur le maïs sans les desseller; déchargez seulement la mule, afin qu'elle puisse se rouler, et demeurez caché ici; surtout tenez-vous coi; prenez garde d'être aperçu; nous sommes, je vous en avertis, au milieu d'ennemis. Du reste, mon absence ne sera pas longue; quoi qu'il arrive, ne bougez pas avant mon retour, ou je ne réponds plus de la masse de cheveux que vous avez sur la tête.

— Comptez sur moi, dit le jeune homme; seulement, revenez le plus tôt possible et avec de bonnes nouvelles.

— Je l'espère; n'oubliez pas mes recommandations, et tenez pour certain que si je ne vous rapporte pas de bonnes nouvelles, c'est que le diable s'en sera mêlé. A bientôt.

Le chasseur jeta alors son rifle sous son bras, alluma sa pipe et se dirigea à grands pas, bien qu'en affectant une allure assez nonchalante, du côté du village.

Il n'en était plus qu'à quelques pas à peine, lorsqu'il entendit le bruit de la course rapide de plusieurs chevaux.

L'Oiseau-Janne eut à peine le temps de s'aplatir derrière un buisson; une troupe nombreuse de cavaliers déboucha, à toute bride, du village, et passa près de lui avec une rapidité si grande qu'il lui fut impossible de distinguer les visages.

— Qu'est-ce que cela veut dire? murmura le chasseur en se relevant, allons toujours; je ne tarderai pas, sans doute, à le savoir. Hum! des gens qui courent si vite viennent de commettre un crime, ou ils vont accomplir une bonne action.

Il entra dans le village, tout était sombre et désert. Pas un bruit, pas une lumière. Rien!

— Hum! fit-il avec inquiétude, que se passe-t-il donc?

Il atteignit l'hôtel; tout était silencieux.

— Voilà qui est singulier! reprit-il, maître Strogg n'a pourtant pas l'habitude de fermer d'aussi bonne heure son honorable établissement. Voyons donc! voyons donc!

Il examina la porte et il s'aperçut qu'elle n'était fermée qu'au moyen de pierres, placées pour la maintenir et non pour empêcher de pénétrer dans la maison.

Sa curiosité et son inquiétude augmentèrent; il ouvrit la porte, et il entra dans l'établissement.

— Bon! il fait noir comme dans un four éteint, murmura-t-il, impossible de rien distinguer; jamais je n'ai vu la maison si peu gaie!

Mais le chasseur était homme de précaution ; il fouilla dans sa gibecière, en tira une allumette, et il la frotta contre son vêtement de cuir ; l'allumette prit feu et il vit clair.

— Ah ! bah ! s'écria-t-il en apercevant tout dans le plus grand désordre, et sur une table quatre individus garrottés et bâillonnés qui se tordaient comme des serpents, — par exemple, voilà une bonne farce ? A quel jeu jouent-ils là !

Et comme l'allumette commençait à lui brûler les doigts, il avisa un flambeau gisant à ses pieds, le releva, et alluma une chandelle déjà à moitié consumée.

Son premier soin fut, ensuite, de couper avec son couteau, les liens qui attachaient les quatre prisonniers et de les débarrasser des bâillons qui les étouffaient depuis si longtemps.

Il était temps, les choses avaient été faites en conscience ; les pauvres diables étaient presque évanouis. Le chasseur canadien leur fit reprendre connaissance, en leur jetant à toute volée un seau d'eau sur la face, remède qui opéra si instantanément qu'ils bondirent aussitôt sur leurs pieds tous les quatre en même temps.

Puis vinrent les explications. Master Strogg ne se fit aucun scrupule de raconter, dans les plus grands détails, les événements qui s'étaient passés en se réservant, bien entendu, le rôle le plus intéressant.

Ce ne fut pas sans éprouver une certaine satisfaction secrète, que le chasseur apprit que les jeunes filles étaient libres, et par qui elles avaient été enlevées.

— C'est, sans doute, les ravisseurs que j'ai rencontrés en entrant dans le village, dit-il... Ils allaient aussi vite qu'une trombe bien lancée.

— Je suppose que ce doit être eux, car je calcule qu'ils sont partis depuis à peine une demi-heure, répondit master Strogg en se frottant les reins.

— Où donc est mistress Strogg? lui serait-il arrivé malheur?

— Eh! vous m'y faites penser; la pauvre chère créature, je suppose qu'elle doit être furieuse. Grand Dieu! et moi qui l'oubliais!

Et il sortit en courant.

Bientôt après il reparut accompagné de sa digne épouse : en effet, elle était furieuse, les yeux lui sortaient de la tête; elle criait, gesticulait et proférait les plus horribles menaces contre les infâmes bandits qui lui avaient fait subir un traitement si indigne.

Ce fut en vain que son mari et l'Oiseau-Jaune essayèrent de la calmer; elle ne voulut rien entendre.

Tout à coup elle se frappa le front.

— Je tiens ma vengeance, dit-elle! Ah! les gueux! si je mets la main sur eux!

— Que voulez-vous dire? lui demanda l'Oiseau-Jaune, assez inquiet; car il connaissait de longue date la méchanceté de cette créature diabolique. Elle était capable de tout; le chasseur le savait.

— A moins de deux lieues d'ici, près du lac sont campés des saints... S'ils peuvent arrêter mes bandits, leur affaire est claire!

— Bon, je vais les avertir! fit officieusement l'Oiseau-Jaune.

— Ne bougez pas, chasseur, dit-elle; ce soin me regarde. On n'est bien servi que par soi-même, ajouta-t-elle avec un ricanement railleur. Allons, master Strogg, remuez-vous, vieille momie, vous semblez ne pas sentir les insultes faites à votre femme.

L'hôtelier eut beau protester, il lui fallut obéir à sa volontaire épouse, et ordonner à un domestique de seller deux chevaux pour l'accompagner jusqu'au camp des Mormons, qu'elle disait être installés auprès du village.

— Puisque vous n'avez plus besoin de moi, dit le chasseur, je m'en vais. Je suis heureux tout de même d'avoir pu vous rendre service; donnez-moi une livre de poudre; s'il vous plaît, master Strogg, et faites un peu vite, je vous prie.

— Voilà, elle est de première qualité.

— Merci; combien vous dois-je?

— Rien, répondit majestueusement l'hôtelier; je ne suis pas ingrat; laissez-moi vous faire ce cadeau en récompense du service que vous m'avez rendu, quand je dis à moi... c'est de ma femme que je...

— Soit, j'accepte, pour la rareté du fait, lui dit-il en riant; au revoir, je regagne mon feu.

— Nous ne nous quitterons pas sans boire un verre de wiskey ensemble, mon brave chasseur? je n'ai pas la reconnaissance sèche.

— Encore cela? vrai, vous me gâtez, master Strogg! Votre femme va crier.

L'hôtelier voulut le servir lui-même: ils trinquèrent, burent, se serrèrent la main, puis le chasseur sortit; mais il n'alla pas loin, il s'embusqua à quelques pas seulement de la cabane. Il voulait s'assurer si mistress Strog mettait réellement son projet à exécution.

Il ne conserva plus bientôt le moindre doute à cet égard. Les deux époux, montés sur d'excellents mustangs, parurent bientôt, se disputant à qui mieux mieux, et s'éloignèrent au grand trot, peu gracieux, mais solides sur leur selle.

— Bon voyage! murmura le chasseur en ricanant, et de son côté, il se dirigea vers la masure où il avait laissé son compagnon.

— Eh bien? s'écria le jeune homme en l'apercevant. Quoi de nouveau?

— Eh bien! tout va bien, capitaine, répondit le chasseur tranquillement.

— Renseignez-moi; je meurs d'inquiétude. Vite, pour Dieu! dites vite?

— Ce ne sera pas long; les jeunes filles ont été enlevées il y a une heure... On a saccagé l'hôtel, bâillonné les hôteliers, et...

— Comment, enlevées? s'écria Gaston en bondissant et l'interrompant au beau milieu de son récit.

— Je veux dire délivrées; la langue m'a fourché.

— Délivrées! Par qui?

— Par nos amis, donc; ainsi, tout est pour le mieux, tranquillisez-vous!

— Je ne comprends pas un mot à tout ce que vous me racontez là; vous semblez vous faire un jeu de ma douleur, l'Oiseau-Jaune!

— Pardonnez-moi, capitaine, j'ai tort, je suis une brute; mais que voulez-vous, il faut me prendre comme je suis. N'empêche que je vous suis dévoué, allez! Mais j'ai faim, et, quand je suis à jeun, je ne vaux pas la cendre d'une pipe de tabac. Je ne comprends les soucis ni les douleurs de personne.

— C'est vrai, je l'avais oublié, dit le capitaine en lui tendant la main avec un sourire désarmé, nous causerons en mangeant.

— C'est cela. Je vais tout préparer... Le principal est que les jeunes filles sont en bonnes mains.

— Si nous pouvions allumer du feu, ce serait l'affaire d'un instant, ce repas!... Et alors vous seriez plus lucide, mon ami!

— Rien ne nous en empêche; nous sommes en sûreté; provisoirement, du moins; tous nos ennemis sont loin en ce moment. J'aime à croire qu'ils attendront que j'aie mangé pour revenir.

Le feu fut allumé, le repas préparé, et, ainsi que le chasseur l'avait promis, tout en mangeant et mettant les morceaux doubles, il raconta au jeune homme ce qui s'était passé. Gaston l'écoutait avec une extrême surprise.

— Mais, dit-il, vous me parlez toujours de deux jeunes filles.

— C'est juste; vous rappelez-vous une orpheline élevée au même couvent que Mlle Jeanne, votre fiancée?

— Certes, elle avait été recueillie par Jeanne, qui l'aimait comme une sœur; pauvre enfant! si belle et si bonne! Que sera-t-elle devenue?

— Elle n'est rien devenue du tout! Elle n'a pas quitté son amie... voilà!

— Elles sont ensemble... ensemble... On ne les a pas séparées?

— Parfaitement ensemble! Ca vous rassure, mon maître, hein?

— Ah! je comprends tout, maintenant!

— Que comprenez-vous, capitaine? Voyons, dit-il d'un air

goguenard en buvant une large rasade d'eau-de-vie, racontez-moi ça.

— Lisbeth... elle se nommait Lisbeth!

— Vous pouvez même assurer qu'elle se nomme toujours ainsi; elle n'a pas changé de nom, que je sache... A quoi bon?

— Soit; Lisbeth était aimée d'un brave et loyal garçon, officier dans la marine du commerce et, entre parenthèses, très attaché à ma famille; je me trompe fort, ou c'est lui qui...

— Vous brûlez, capitaine!

— Oui, il aura été plus heureux que moi, ce cher Louis!...

— C'est-à-dire que la jeune fille... car il est inutile maintenant de vous cacher ce qui s'est passé, puisque vous l'avez presque deviné; ce que c'est que l'amour, pourtant! La jeune fille donc est parvenue, on ne sait comment, à faire savoir son enlèvement et celui de son amie, Mlle de Mercœur, au marin en question... L'autre n'a pas perdu de temps...

— Voilà donc pourquoi Louis m'a fait jurer d'attendre six mois! s'écria le jeune homme avec une explosion joyeuse.

— Et allez donc! vous y voilà, enfin! Maintenant bon courage, capitaine, bientôt vous serez réuni à Mlle Jeanne.

— Que le ciel vous entende, mon brave; mais où sont-ils, maintenant? Où? le savez-vous?

— Quant à cela, je l'ignore; mais rapportez-vous-en à moi pour les retrouver. Rien ne se perd dans la prairie, les jolies femmes moins que les autres. Il est onze heures, nous allons dormir jusqu'à deux heures du matin; au lever de la lune, nous nous mettrons en route, nos chevaux seront reposés, frais; nous aussi, et, avant le jour, nous aurons fait de la route utilement.

Malgré l'impatience qu'il éprouvait, le capitaine fut obligé de consentir à cet arrangement dont il reconnaissait la justesse ; puis il savait que l'Oiseau-Jaune ne perdait jamais de temps.

A l'heure dite, les deux hommes se levèrent, sellèrent les chevaux, partagèrent les bagages entre eux, et la mule fut laissée libre d'aller où elle voudrait! ce qui ne sembla nullement lui déplaire.

Cette mesure fut prise parce que le pas lent et mesuré de la mule les aurait considérablement retardés, et qu'ils avaient besoin d'aller vite de toutes les façons. Du reste, les bagages étaient peu embarrassants, et surtout forts légers. Ils s'en fussent passés au besoin.

Ils quittèrent le village et reprirent à peu près le même chemin qu'ils avaient suivi pour venir. Rien ne les arrêta. Aucun incident digne d'être rapporté ne troubla leur voyage. Ils croisèrent plusieurs pistes qui se confondaient les unes dans les autres, mais ils n'aperçurent aucune figure suspecte.

Le soir du second jour, un peu avant le coucher du soleil, l'Oiseau-Jaune s'arrêta devant un arbre immense, isolé dans la plaine; il mit pied à terre, s'approcha de l'arbre et commença à tourner autour du tronc en l'examinant avec la plus sérieuse attention. Évidemment, il venait de faire une grave découverte.

Le capitaine ne comprenait rien à cette singulière inspection. Le chasseur lui fit signe de s'approcher. Gaston lui obéit sur-le-champ.

— Regardez, lui dit-il, et il lui fit voir trois balles engagées dans l'écorce de l'arbre; elles formaient un triangle; du sommet de ce triangle partaient deux lignes verticales qui se rejoignaient à leur extrémité. C'était un signe de reconnaissance perceptible pour lui seul.

— Que signifie cela? demanda le capitaine.

— Cela signifie, répondit le chasseur, que nos amis ne sont pas loin de nous.

— Comment voyez-vous....

— Nous avons suivi leur piste sans nous en écarter une seconde.

— Vous en êtes sûr?

— Pardieu! à moins d'événements impossibles à prévoir, cette nuit même nous les rejoindrons.

— Je n'ose pas vous croire.

— Vous me faites là un joli compliment, capitaine, gronda l'Oiseau-Jaune. Si c'est pour me remercier, je ne comprends pas...

— Ne vous fâchez pas, mon ami, lui répliqua le jeune homme, honteux d'avoir laissé si clairement entrevoir ses craintes. Je vous devrai un bonheur si grand, si vous venez à bout de votre entreprise, que je serai bien embarrassé pour vous en témoigner ma reconnaissance.

— Bon! bon! je fais de mon mieux! le reste ne me regarde pas... Si vous croyez que je ne serai pas moi-même très content de réussir... vous vous trompez, monsieur... En attendant, tout ce que je vous demande...

— C'est? interrompit Gaston.

— C'est de vouloir bien croire à la parole d'un homme qui ne s'est jamais vu mentir... avec des amis... ajouta vivement l'Oiseau-Jaune... parce que, avec des ennemis, c'est pain bénit.

— Je vous crois, mon ami.

— Bon! en route, alors!

— En route!

— Et vivement, capitaine !

Ils remontèrent à cheval et partirent à fond de train.

XIV

OU LE HASARD EST UN TACTICIEN PLUS HABILE QUE LE DOCTEUR FRANCIS DE VERDIÈRES.

Le docteur Francis de Verdières s'était mis, lui aussi, à la poursuite de l'Oiseau-Jaune et de Gaston du Falga.

Mais il avait perdu du temps.

Il lui avait fallu faire charger ses bagages, plier sa tente, lasser son cheval, qui s'était enfui dans la plaine, pour surcroît d'ennui.

Tout cela le retarda.

Malgré la plus grande promptitude, il était déjà six heures du soir lorsqu'on se mit en route.

Mais le docteur ne se dirigea pas tout d'abord vers le village.

La troupe que le gouvernement des Mormons avait mise à sa disposition, une trentaine d'hommes environ, était installée dans une vallée placée en amont de la rivière, à près de deux lieues du camp; cette situation avait été choisie par Houston, l'homme de confiance du docteur et son intermédiaire auprès des autres Mormons, afin que l'enlèvement définitif des jeunes filles fût opéré sans coup férir, et qu'on pût ainsi les diriger directement sur *Filmore* ou *Deseret*.

Nous avons dit que les États-Unis avaient envoyé une expédition contre les Mormons.

Cette expédition, au dire des espions, s'approchait rapidement du territoire des saints du dernier jour; il était donc important pour eux, au moment où la guerre paraissait sur le point de commencer, de ne pas ajouter de nouveaux griefs à ceux qu'on avait contre eux, et d'éviter tout conflit au sujet des deux malheureuses jeunes filles victimes d'un rapt odieux, d'un guet-apens infâme!

Ce ne fut que vers minuit que le docteur atteignit le campement, militairement gardé, de ses complices ou de ses auxiliaires, ainsi qu'il plaira aux lecteurs de les nommer.

Ces Mormons étaient des hommes aux traits durs, aux visages sinistres; tout en eux respirait ce fanatisme irréfléchi qui, selon les circonstances, fait les nobles martyrs ou les grands criminels, les Ravaillac ou les Brutus, champions nés d'une idée grandiose ou d'une basse vengeance!

Les Danites, — tous ces hommes étaient les plus renommés parmi les saints du dernier jour, — les Danites reçurent le docteur avec une froide réserve.

La plupart ne le connaissaient que de nom.

Du reste, cette connaissance nominative même, lui était plutôt nuisible qu'utile.

Sa qualité de Français, c'est-à-dire d'homme frivole, appartenant à la nation la plus légère de l'univers, lui faisait grand tort dans leur esprit.

Mais M. de Verdières, nature exceptionnelle, sachant se courber à toutes les exigences, à toutes les nécessités, prendre tous les masques et jouer n'importe quel rôle, ne se trouva point embarrassé une seule minute.

Quelques phrases lui suffirent pour faire fondre cette glace empreinte sur tous les visages, et pour convaincre les Danites qu'ils pouvaient voir en lui un homme selon leur cœur, profondément imbu de leurs idées.

Il se déclara l'ennemi acharné des gentils, des malheureux insensés qui n'avaient pas été éclairés par la sainte lumière, dont Joseph Smitt et, après lui, Brigham Young venaient de recevoir la révélation de Dieu lui-même.

Un conseil fut convoqué.

A ce conseil assistèrent les principaux Danites, sous la présidence du docteur.

On y discuta les mesures à prendre pour parer aux événements qui s'étaient passés le jour même.

Tout fut passé en revue.

L'assassinat de Houston, l'enlèvement des papiers compromettants qu'il portait, de plus, la fuite de M. du Falga et de son guide, l'Oiseau-Jaune, étaient des faits d'une haute gravité, qui pouvaient faire manquer l'expédition ou, tout au moins, l'ajourner indéfiniment.

La discussion fut longue et animée.

Les Américains sont bavards.

C'est là leur moindre défaut.

Ils se croient éloquents et sont enchantés de s'entendre pérorer. Tout, pour eux, devient matière à discours.

Du reste, les Anglo-Saxons ne leur cèdent en rien sur ce point.

C'est un vice inhérent à la race; Européens ou Américains, ils y passent tous.

Mais les Mormons, en leur qualité de sectaires, sont les plus terribles bavards qui existent.

Une fois qu'ils ont commencé à parler, rien ne saurait les obliger à se taire.

Ils vont toujours!

Ils vont quand même!

Bien que les trois quarts du temps ils ne sachent pas un mot de ce qu'ils disent.

Pourvu qu'ils parlent et qu'on les écoute, le reste leur importe peu.

Le docteur se trouvait moralement, pieds nus, sur des charbons ardents, pendant que tous ces discours, sans queue ni tête, s'entrecroisaient et se répondaient les uns aux autres.

Mais, quoi qu'il en souffrît, il lui fallait maîtriser son impatience.

De temps à autre, il opinait du bonnet, ayant l'air d'approuver l'orateur du moment.

Il parvint à paraître calme, attentionné ; Dieu sait au prix de quels sacrifices de patience et d'amour-propre !

Enfin, la séance tira à sa fin.

Le résultat de cette séance, de cette délibération, fut qu'avant tout, à quelque prix que ce fût, il fallait remettre la main sur les deux jeunes filles.

M. de Verdières appuya fortement ces conclusions, qui lui donnaient gain de cause dès le principe.

On décida ensuite qu'une fois retombées entre les mains des saints du dernier jour, elles seraient conduites soit à Filmore, la capitale de l'État, soit à Deseret.

Dans l'une ou l'autre de ces villes, quels que fussent plus tard les événements et les complications qui surgiraient, il serait facile de les cacher, ou même de les faire complètement disparaître, si cela devenait nécessaire, sans qu'il fût possible de retrouver jamais leurs traces.

Quant à M. du Falga et à son complice l'Oiseau-Jaune, le Canadien, il n'y avait pas à s'occuper d'eux pour le moment ; les chercher et les découvrir, — au cas où on les découvrirait, — ferait perdre un temps précieux et ne produirait aucun résultat préférable ; mieux valait attendre qu'ils vinssent se jeter eux-mêmes dans les filets tendus sous leurs pas, ce qui ne pouvait manquer d'arriver un jour ou l'autre.

Cette détermination était sage ; elle fut adoptée à l'unanimité.

M. de Verdières, lui-même, malgré la haine implacable qu'il nourrissait contre le jeune homme, y consentit de bonne grâce, tant il en reconnut l'opportunité.

On se mit donc aussitôt en mesure de marcher sur le village, de le cerner et de s'emparer des deux prisonnières. Le camp fut en conséquence levé, les chevaux sellés, et les Mormons, après avoir visité leurs armes avec soin, montèrent à cheval.

Le docteur se plaça en tête du détachement, et il allait donner l'ordre du départ, lorsque tout à coup un grand bruit se fit entendre à quelque distance, et deux prisonniers, un homme et une femme, furent amenés par quelques Danites qui leur avaient donné la chasse, croyant qu'ils essayaient de fuir.

Cet homme et cette femme étaient Master Strogg et sa digne moitié, qui fumait son éternelle pipe, avec un sang-froid admirable pour la circonstance.

Leur apparition imprévue, surtout à une pareille heure, causa une surprise générale; tout le monde les connaissait de longue date; on supposa immédiatement que cette arrivée imprévue était causée par des événements graves.

Le docteur ordonna de différer le départ, mit pied à terre, et, suivi par deux ou trois des plus influents Danites, il alla s'asseoir auprès d'un feu qui achevait de mourir. Il se fit amener les deux Mormons qui, aussitôt leur identité reconnue, n'avaient plus été considérés comme prisonniers, bien que l'on continuât à les surveiller de près. Seulement, on y mettait des égards apparents.

Master Strogg ne fit aucune difficulté de répondre aux questions du docteur; il rapporta, dans les plus grands détails, les événements accomplis dans son hôtel.

Cette révélation fut un coup de foudre pour M. de Verdières, et plongea les Danites dans la stupeur.

LE ROI DES PLACÈRES D'OR.

Le nom du roi des placères d'or, ce nom redouté de tous, courut aussitôt de bouche en bouche et glaça le courage des plus braves.

Cette expédition si bien commencée, si heureusement conduite, dont le succès paraissait certain, se compliquait dans des proportions formidables, et menaçait de finir par un désastre.

Le docteur, le coude sur le genou, la tête dans la paume de la main, écoutait avec la plus sérieuse attention les renseignements prolixes que lui donnait mistress Strogg, lorsqu'enfin elle s'arrêta,

non pas que le souffle lui manquât, mais parce que, sa pipe s'étant éteinte, elle éprouvait le besoin de la rallumer, et qu'il releva la tête, et la regardant fixement :

— Vous étiez garrottée et bâillonnée? lui dit-il.

— Oui, et d'une façon indigne! reprit-elle vivement... comme une chienne!

— Qui vous a donc délivrée, ma sœur? il n'est point probable que vous soyez, vous seule, parvenue à rompre vos liens, et des liens aussi solides, comme vous le dites vous-même.

— Qui? mon estimable frère en Dieu? un digne et excellent homme que la Providence semble avoir amené là tout exprès pour accomplir cet acte méritoire... Aussi, quoi qu'il veuille de moi... il n'a qu'à parler... il l'aura!

— Ah! et quel est cet homme charitable, s'il vous plaît?

— Qui? un pauvre chasseur honnête, bien qu'il soit *gentil*, et que la lumière ne l'ait pas éclairé de ses éblouissants rayons, un digne Canadien.

— Un Canadien, fit en tressaillant M. de Verdières... et son nom ? Savez-vous son nom ?

— Comment ne le saurai-je pas! moi qui le connais depuis des années ; on l'a surnommé l'Oiseau-Jaune, dans la prairie, à cause de la couleur de...

— L'Oiseau-Jaune! s'écria-t-il avec une expression impossible à rendre. Plus de doute, nous sommes joués. Ces misérables s'entendaient! Don Pedro, le roi des placères, n'est que leur agent. Oh! je donnerais mille dollars pour savoir où rencontrer ce fameux gambucino.

L'hôtelier et sa femme échangèrent un regard muet, mais d'une éloquence singulière.

— Je suppose que vous avez dit mille dollars, n'est-ce pas, mon cher frère? murmura maître Strogg d'une voix pateline, et avec un profond salut.

— Certes, je l'ai dit et je le répète ! répondit vivement le docteur.

— Je calcule, répondit l'hôtelier en souriant, que peut-être je pourrais vous renseigner... avec la permission de mistress Lowe.

— Parlez ! parlez, mon mignon !... Je ne veux pas empêcher vos affaires.

— C'est que... je...

Le docteur tira une bourse pleine d'or de sa poche, et il la jeta à master Strogg, qui l'attrapa à la volée et la fit disparaître dans sa poche, profonde comme un gouffre, avec la dextérité d'un escamoteur émérite. Cela fait:

— J'attends! dit le docteur.

— Le roi des placères avait donné rendez-vous à ses aventuriers au *bajio*; dix lieues plus loin, par la rive gauche du fleuve, se trouve l'accore du *palo quemado*.

— Oui, en effet, je connais cet endroit.

— C'est là que don Pedro campe lorsqu'il se dirige vers la Californie, et qu'il craint d'être inquiété par les rôdeurs des prairies. Fiez-vous-en à moi, señor, je connais bien toutes ses habitudes.

— En effet, ces renseignements doivent être exacts. A cheval! mes frères, à cheval! Quant à vous, vous nous suivrez.

— Cependant je calcule, hasarda timidement l'hôtelier...

— Je calcule, moi, dit avec ironie son interlocuteur, que je vous ai payé pour m'obéir.

— Mais, cependant, fit mistress Lowe, si le gambucino apprend que...

— Pas un mot de plus; suivez-nous! interrompit M. de Verdières.

Le digne couple se résigna en maugréant; toute résistance était impossible. Ils n'avaient que ce qu'ils méritaient. Ne venaient-ils pas de se jeter d'eux-mêmes dans la gueule du loup... et d'un loup qui les achetait au lieu de les croquer?

Les Danites se mirent en selle.

On partit.

La course était longue; les cavaliers ne s'arrêtèrent que juste le temps nécessaire pour faire reposer leurs chevaux.

Le couple Strogg eut beau pousser des cris de paon en détresse. On les emmena.

Deux jours après avoir quitté leur campement, un peu après

neuf heures du soir, ils aperçurent briller dans la nuit, comme un phare éclatant, un feu qui éclairait la prairie à une longue distance.

Les Mormons poussèrent un cri de joie ; ce feu brûlait sur l'accore du *palo quemado;* il éclairait le campement des chercheurs d'or.

Master Strogg avait bien gagné la prime accordée par le docteur.

Ils s'arrêtèrent et mirent pied à terre ; leurs chevaux leur devenaient non seulement inutiles, mais encore nuisibles pour la surprise qu'ils voulaient tenter.

Quelques hommes furent laissés à la garde des animaux, les autres se formèrent en file indienne.

— En avant! cria le docteur; nous les tenons.

Les Danites s'avancèrent alors, en se courbant dans les hautes herbes

XV

OU TOUTES LES PISTES SE RENCONTRENT.

Une grande inquiétude régnait au camp des gambucinos, laissés seuls momentanément par le roi des placères d'or.

Louis Keller, peu accoutumé à la vie du désert, ne laissait pas que d'être fort en peine de la responsabilité qui pesait sur lui.

Il maudissait tout bas son ami.

Ce qui ne l'empêchait pas de feindre une confiance absolue.

Il avait l'air de se croire dans la plus entière sécurité, riant et causant avec les deux jeunes filles pour lesquelles il était décidé à verser jusqu'à la dernière goutte de son sang.

Celles-ci ne se doutaient guère qu'un danger terrible planait sur leur tête.

Les aventuriers redoublaient de vigilance, sentant bien que leur chef, si brave qu'il fût, ne se trouvait pas à la hauteur du rôle qui lui était imposé.

— Voici près de deux heures que maître Pierre est parti, disait Jeanne, il ne tardera pas, sans doute, maintenant.

— Qui le sait? murmura le jeune homme en jetant à la dérobée un regard triste sur Lisbeth. Nous sommes ici pour l'attendre.

La jeune fille surprit ce regard et en comprit l'expression.

— Mon cher Louis, lui dit-elle gaiement, voulez-vous nous rendre un service à mon amie et à moi?

— Vous rendre un service, ma bien-aimée Lisbeth, s'écria-t-il avec feu, demandez-moi mon sang, ma vie. Chacun le sait, je vous appartiens corps et âme.

— Nous ne sommes pas aussi exigeantes, reprit-elle avec son plus charmant sourire; nous sommes femmes, à la vérité, timides et craintives; la faute en est à l'éducation que nous avons reçue; mais, de même que toutes les femmes, lorsque notre honneur et le bonheur de notre vie sont en jeu, nous devenons aussi braves et peut-être plus braves que les hommes; c'est une affaire de nerfs, voilà tout. Me comprenez-vous, cher Louis?

— Où voulez-vous en venir, chère Lisbeth? Je cherche vainement à comprendre.

— A ceci, reprit-elle d'une voix câline; maître Pierre est parti avec quelques-uns de vos hommes; Joë Smitt en a emmené, lui aussi, douze ou quatorze ; il ne reste dans le camp qu'une quinzaine de défenseurs, tout au plus, n'est-ce pas?

— A peu près; mais je ne vois pas encore...

— Laissez-moi achever, interrompit-elle vivement. Supposez que nous soyons attaqués; ce n'est pas probable, mais cela peut arriver.

— Certes; mais alors nous nous défendrons comme des lions, et nous en vaudrons cent!

— Je n'en doute pas, mon ami... mais...

— Nous nous ferons tuer jusqu'au dernier pour nous défendre.

— C'est évident; vous vous ferez tuer pour vous défendre. C'est donc notre cause qui est en jeu? Voyons... répondez... et ne détournez pas les yeux.

— Je ne... sans doute, Mademoiselle... mais...

— Vous m'appelez mademoiselle, mon bon Louis? puis vous ne savez que répondre? preuve certaine que j'ai raison!

— En un mot, dit alors Jeanne, qui jusque-là avait laissé parler son amie, nous exigeons que, le cas échéant d'une attaque, vous nous laissiez prendre notre part de la défense. Nous l'exigeons, entendez-vous, monsieur Louis!

— Mesdemoiselles, y pensez-vous? s'écria-t-il avec une surprise mêlée de gaieté.

— Nous y pensons si bien que nous allons nous armer dit fièrement Lisbeth, et je ne vous engage point à ne pas être de notre avis!

Tout en parlant ainsi elle se leva, s'empara de deux carabines, de deux revolvers à six coups, de Colt, que le jeune homme avait posés à terre près de lui.

Elle remit la moitié de son arsenal à son amie et garda le reste pour son usage particulier.

Louis vit en un moment tout son échafaudage d'illusions s'écrouler.

Ses protégées savaient aussi bien que lui à quoi s'en tenir sur leur position précaire.

Elles l'avaient laissé rire et causer; elles avaient eu l'air d'écouter ses sornettes et ses propos légers, tout en comprenant que, d'un moment à l'autre, elles pourraient tomber aux mains des Peaux-Rouges, ou pis encore, des saints du dernier jour.

Comme le disait Lisbeth, elles étaient pour le moins, aussi intrépides que les hommes chargés de les défendre.

Espérant qu'après tout, le camp ne serait pas attaqué avant le retour du gambucino, Louis laissa les deux jeunes filles se livrer à leurs velléités belliqueuses.

Elles étaient, du reste, charmantes sous leur attirail guerrier.

Les aventuriers, exaltés par la prestance décidée de ces deux héroïnes improvisées, les admiraient et se sentaient capables des plus grandes choses.

Pas un seul d'entre eux n'eut un doute sur elles.

— Vienne l'heure! pensaient-ils et se disaient-ils les uns aux autres, il est certain qu'elles feront crânement face à l'ennemi. Ce sera drôle !

LOUIS.

Cependant Louis voulut essayer une dernière fois de les dissuader de leur dessein :

— Chères demoiselles, leur dit-il, jouez avec ces armes et prenez garde de vous blesser en les maniant ; mais, au nom du

Ciel, si l'heure de la lutte arrive, mettez-vous à l'abri et gardez-vous bien...

Jeanne ne répondit qu'en faisant un haut-la-tête de dédain et de refus.

Lisbeth lui cria rageusement:

— Monsieur Louis!

— Chère Lisbeth? Qu'y a-t-il?

— Vous n'êtes qu'un lâche.

— Merci bien, fit-il en riant.

Les gambucinos, qui venaient d'entendre la vigoureuse interpellation de la jeune fille, l'imitèrent à gorge déployée.

Lisbeth ne se déconcerta pas.

Elle continua:

— Vous serez libre de vous cacher, Monsieur, et de mériter ainsi la confiance que maître Pierre a mise en vous. Mais, Jeanne et moi, nous sommes résolues, en cas d'attaque, à ne pas faire comme les héroïnes de Cooper, qui se trouvent mal au premier coup de feu.

— Lisbeth, permettez-moi... interrompit le jeune homme d'un ton suppliant.

— Rien! je ne vous permets rien... que l'obéissance la plus absolue à notre dernier désir. Nous ne vous rendrons ces armes sous aucun prétexte. Vous n'en manquez pas et soyez tranquille, à l'occasion, nous nous en servirons tout aussi bien que vous.

— Je n'en doute pas, repartit Louis, n'osant même plus risquer un sourire moqueur en face de l'indignation et de la colère croissante de celle qu'il aimait; aussi ne vous désarmera-t-on pas...

— C'est bien heureux!

— Mais, promettez-moi, si par malheur nous sommes attaqués de ne point vous exposer aux premiers coups de feu...

— Je ne promets rien.

— Je m'engage pour elle, fit Jeanne sérieusement... Si nous tenons à conserver ces armes, c'est que, même en admettant que nous ne vous soyons pas d'une grande utilité dans la défense du campement, nous voulons rester maîtresses de notre vie.

— C'est cela! fit Lisbeth; il faut tout vous expliquer, à vous, méchant.

Elle tendit sa main au jeune homme, qui la couvrit de baisers. Jeanne continua :

— Nous ne nous exposerons plus aux mains des misérables qui voulaient nous vendre. Plutôt la mort mille fois! En dernière ressource, ma chère Lisbeth et moi, nous saurons nous la donner.

— Oui.

— Nous n'en viendrons point là! essaya de faire gaiement Louis, qui attendait de plus en plus impatiemment le retour du roi des placères. Je suis convaincu que nos ennemis n'ont point encore retrouvé notre piste... et...

En ce moment, le cri du coyotte se fit entendre du côté de l'accore qui s'avançait dans le lit de la rivière.

Tous furent sur pied en un instant.

Louis prêta l'oreille, en invitant, par un geste expressif, ses compagnons au silence le plus absolu.

Le cri retentit une seconde fois.

— Alerte! dit Louis... Voyez, un de vous...

Les jeunes filles se retirèrent à l'écart.

Plusieurs aventuriers se penchèrent sur la lèvre de l'accore.

— Répondez au signal, ordonna Louis.

L'un d'entre eux lui obéit.

Il répondit au signal, tout en faisant doucement glisser son lasso dans l'abîme.

Le lasso se tendit.

Les gambucinos le retinrent de toutes leurs forces.

Un homme montait le long de la corde tendue.

L'attente ne dura pas longtemps.

Au bout de deux minutes, un homme apparut.

On l'aida.

Cet homme était Joë Smitt.

Une fois qu'il se trouva sur le sol, il se détira les membres, et, se dirigeant vers Louis, qui brûlait de l'interroger sur le résultat de ses démarches :

— Maître Pierre est-il de retour? lui demanda-t-il.

— Pas encore ! répondit Louis.

— Où est-il ! Vous en doutez-vous?

— Non.

— Depuis combien de temps est-il absent?

— Depuis plus de deux heures.

L'aventurier réprima un geste de désappointement.

— Qui commande? demanda-t-il. C'est vous, n'est-ce pas, Monsieur Louis?

— Moi.

— Les danites sont à peine à une demi-lieue; je les ai dépistés, ils viennent en file indienne; ils sont nombreux et résolus; avant une demi-heure vous serez attaqués. Combien êtes-vous ici?

— Quinze.

— Hum! Enfin, la position est bonne; vous pouvez tenir longtemps; laissez-les s'engager, et ne tirez qu'à coup sûr.

— Est-ce que vous ne demeurez pas avec nous?

— Non; ces démons sont rusés, mais je veux leur montrer que je suis plus fin qu'eux. Avez-vous des fusées, ici?

— Oui; tenez, là; prenez-en.

— Bien; si vous vous voyez sur le point d'être forcés, tirez-en une; si vous voyez deux fusées s'élever dans la plaine, sautez par-dessus les retranchements et chargez bravement. Est-ce convenu?

— Comptez sur nous.

— De votre côté, comptez sur moi. Adieu.

Sans plus de paroles, l'aventurier saisit le lasso et se laissa glisser dans l'abîme.

Louis était transfiguré: l'annonce positive d'un danger prochain avait banni toute inquiétude de son cœur; homme de guerre avant tout, la bataille était son élément. Renseigné sur le plan de l'ennemi, sachant qu'il avait des alliés au dehors, il envisagea froidement la situation et la vit sous son véritable jour, c'est-à-dire, plutôt bonne que mauvaise, et il prit ses mesures avec cette liberté d'esprit et cette insouciance joyeuse qui caractérisent les marins à l'heure du péril.

Les feux furent éteints, les barricades renforcées et les aventuriers placés derrière, couchés à plat ventre et prêts à faire feu à travers les branches des arbres qui leur formaient un abri presque impénétrable.

Par un hasard singulier et qui frappa l'esprit superstitieux des aventuriers, les nuages qui, jusqu'alors, avaient couvert le ciel, furent tout à coup balayés par un coup de vent; la nuit, de sombre qu'elle était, devint claire, étoilée et presque transparente dans sa limpidité.

Les deux jeunes filles s'étaient presque, malgré Louis, improvisées ses aides de camp; les gambucinos, attendris par le courage de ces deux frêles enfants, les félicitèrent de leur résolution, et leur jurèrent de se faire tuer jusqu'au dernier plutôt que de reculer d'un pouce.

La défense était solidement organisée; les aventuriers attendirent bravement l'attaque.

Vainement Louis supplia les jeunes filles de s'abriter sous l'enramada.

— Je suis votre fiancée, lui répondit Lisbeth, je veux être digne de vous.

— Moi, dit Jeanne avec sa touchante douceur, je veux, lorsque Gaston entrera dans le camp, être la première personne qu'il aperçoive.

Que répondre à de telles paroles? Rien; c'est ce que fit Louis, qui, du reste, était intérieurement charmé de les voir si braves, et se réservait de veiller sur elles.

Cependant, depuis quelques instants, les gambucinos, toujours aux aguets, semblaient apercevoir un mouvement insolite dans les hautes herbes, qui se baissaient et se redressaient successivement dans une direction opposée à la brise. Ce mouvement, à peine appréciable d'abord, se faisait de plus en plus sensible au fur et à mesure qu'il gagnait sur la pente de la colline.

— Feu! cria tout à coup Louis.

Huit coups de feu éclatèrent, ne formant qu'une seule détonation.

Alors il arriva ce qui arrive toujours en pareille circonstance : les danites, surpris lorsqu'ils croyaient surprendre, eurent un moment d'hésitation; mais ils étaient trop braves pour reculer. Se voyant découverts, ils cessèrent de ramper, se relevèrent tous à la fois, et s'élancèrent au pas de course vers les barricades, en poussant un formidable hurrah! Mais les gambucinos avaient eu le temps de recharger leurs armes; une décharge, faite à bout portant, arrêta net les assaillants, qui se dispersèrent pour s'abriter.

Les deux décharges avaient été meurtrières; plusieurs Mormons gisaient sur le sol, morts ou dangereusement blessés.

Les assiégés seuls avaient tiré jusque-là; mais bientôt les danites engagèrent un feu de tirailleurs, s'avançant d'arbre en arbre, de buisson en buisson, et rendant ainsi plus incertain le feu de leurs adversaires.

Ceux-ci, par l'ordre de Louis, ne tiraient que lentement, à coup sûr, et sans se démasquer, autant que possible; cependant, deux ou trois d'entre eux avaient déjà été grièvement blessés. Les jeunes filles, sans paraître se soucier du danger, les avaient enlevés et portés sous l'enramada.

Malgré le feu continu et bien dirigé des gambucinos, les danites avançaient toujours; vingt pas à peine les séparaient de la barricade, un assaut était imminent.

Louis se préparait à avertir ses amis du pressant besoin qu'il avait de secours, lorsque tout à coup il aperçut deux fusées s'élever dans les airs, et de grands cris résonnèrent au bas de la colline.

Les danites étaient pris entre deux feux ; ils comprirent le danger qui les menaçait, et se réunissant, formant une masse compacte, ils se ruèrent avec furie sur la barricade.

Leur élan fut si terrible que, malgré la défense acharnée des gambucinos, la barricade fut franchie, et un combat corps à corps s'engagea entre les deux parties.

M. de Verdières, toujours en avant de ses compagnons, combattait comme un lion, brisant ou renversant tout ce qui se trouvait sur son passage. Louis, de son côté, faisait des prodiges de valeur.

Tout à coup, le docteur poussa un cri de joie ; il venait d'apercevoir les deux jeunes filles placées derrière le capitaine qui les défendait, et qui essayait de leur faire un rempart de son corps.

Le docteur bondit sur elles avec une fureur irrésistible : c'en était fait des jeunes filles ; enlacées dans les bras l'une de l'autre, résolues à mourir, elles ne tentèrent pas une fuite impossible.

Soudain, M. de Verdières tomba sur un genou, avec un cri de rage ; une balle lui avait brisé la jambe. Trois hommes ou plutôt trois démons, noirs de poudre, devançant leurs compagnons, se ruèrent sur lui.

Ces trois hommes étaient Gaston, Pierre et l'Oiseau-Jaune.

FRANCIS DE VERDIÈRES.

Les jeunes filles, saisies dans leurs bras robustes, furent entraînées dans l'enramada, devant laquelle Gaston et Louis se placèrent, les revolvers aux poings, sûrs désormais de la victoire.

L'Oiseau-Jaune, avec ce sang-froid qui ne le quittait jamais, s'était penché sur le docteur; il se préparait à le garrotter. Celui-ci, à demi évanoui, fixait sur lui un regard d'une expression étrange.

Le Canadien murmurait à part lui des paroles entrecoupées.

— A quoi bon le laisser vivre? disait-il, c'est un Français, après tout; sa honte me crève le cœur!

Et se penchant à son oreille:

— Voulez-vous être pendu comme un chien galeux, lui dit-il à voix basse, ou préférez-vous mourir en soldat?

M. de Verdières se redressa, ouvrit des yeux hagards.

— Je veux mourir vengé, fit-il; puis, par un effort suprême, il saisit un pistolet tout armé, à sa ceinture: « A toi, chien maudit! » cria-t-il, et il déchargea son arme sur le Canadien. Bien prit à ce dernier d'être sur ses gardes.

La balle, mal dirigée, ne fit au chasseur qu'une légère blessure, grâce à un léger mouvement adroitement fait par lui.

— Ah! c'est comme ça, dit l'Oiseau-Jaune avec mépris. Et moi qui voulais le tuer pour l'empêcher d'être pendu! C'est du propre! soyez donc compatissant et bon Français.

Et, sans plus s'occuper du docteur, qui, épuisé par cet effort suprême, était retombé évanoui, il se rejeta dans la mêlée où les siens venaient de reprendre l'avantage sur tous les points.

Le combat finissait par une horrible boucherie; les danites, serrés les uns contre les autres, refusèrent toute capitulation.

Ils se firent tuer tous jusqu'au dernier, sans pousser un cri, sans jeter une plainte, avec le sombre fanatisme qui caractérise les sectaires, mais ils vendirent chèrement leur vie. Plus de la moitié des gambucinos succombèrent dans cette lutte insensée et inutile où les uns tuaient par rage, les autres se faisaient tuer par fanatisme.

Joë Smith avait attaqué les Mormons laissés à la garde des chevaux; il les avait massacrés sans pitié, sans merci!

Toute cette troupe si brave fut détruite en moins d'une heure : pas un Mormon ne survécut à cette épouvantable défaite; pas un d'entre eux ne rentra l'annoncer aux Saints du dernier jour. Seuls, maître Strogg et sa digne épouse firent leurs petites affaires; méprisés par les deux partis, ils dévalisèrent les morts, et, le combat fini, disparurent sans qu'on songeât à les poursuivre. Seulement mistress Lowe perdit sa pipe dans la bagarre.

Lorsque, huit jours plus tard, les aventuriers arrivèrent en vue de San-Francisco, Pierre prit congé de ses amis.

— J'ai accompli ma promesse, dit-il à Louis; vous et votre ami, vous êtes libres, heureux; vous n'avez plus besoin de moi, je pars.

Tous ceux auxquels il avait rendu de si grands services l'entourèrent alors; ils le supplièrent vivement de rester avec eux. Le roi des placères d'or se refusa à toutes leurs instances.

— Ne craignez-vous pas la vengeance des Mormons? lui dit Jeanne en frissonnant. Nous ne nous pardonnerions pas s'il vous arrivait malheur. Venez avec vos amis. Venez, maître Pierre.

— Non, dit-il, ils n'oseraient; laissez-moi aller : le désert me réclame; ne suis-je pas le roi des placères? Puis-je abandonner mon royaume et mes sujets? Non, ajouta-t-il en souriant, vous n'insisterez pas. Si je vous suivais, vous auriez bientôt assez de ma royauté détrônée, et qui sait? Peut-être un jour vous en voudrais-je de m'avoir arraché à ma vie aventureuse, aux grandeurs de la nature, à tout ce qui fait l'homme fort et bon. Adieu, jeunes filles, adieu, jeunes hommes; la vie des cités vous appartient. Vivez heureux, et pensez parfois au gambucino qui sera toujours votre ami par le souvenir.

L'Oiseau-Jaune et les gambucinos s'étaient éloignés à sa suite.

Le lendemain du jour où les quatre jeunes gens s'embarquèrent pour la France, le docteur Francis de Verdières fut trouvé étranglé dans la prison où on l'avait enfermé, sur l'ordre du consul français.

On ne sut jamais si cette mort était le résultat d'un suicide.

A San-Francisco, tout le monde connaît cette histoire.

Nous n'avons changé que les noms et la date.

Nos principaux personnages vivent aujourd'hui heureux en France.

Si ce livre tombe sous leurs yeux, comme cela est probable, ils se reconnaîtront et souriront sans doute, au souvenir des malheurs passés.

Rêve d'infortune que leur félicité présente leur a fait oublier, qui, lorsqu'ils le voient repasser devant leurs yeux, double cette même félicité.

LE COMMANDANT

DE LA CAMPAGNE

SCÈNES DE LA VIE DES PAMPAS

I

LE LICENCIÉ DON PABLO VANEGAS

Depuis quelques années, on ne peut assister à une conférence publique ou à une réunion de savants sans entendre proclamer bien haut et répéter jusqu'à satiété cette phrase ronflante dont les journaux se sont emparés et ont fait un de leurs plus beaux clichés :

« L'application de la vapeur et de l'électricité ont changé la face du monde ; les barrières qui séparaient les peuples sont enfin tombées, toutes les nations, réunies les unes aux autres par leur intérêt commun, ne formeront bientôt qu'une seule famille; grâce à la vapeur et à l'électricité, la civilisation pénètre partout, le progrès a tué la barbarie. »

Cela serait magnifique, si c'était vrai; malheureusement il n'en est rien.

Les relations sont devenues plus faciles, les moyens de locomotion et de communication plus rapides, mais voilà tout; les choses sont toujours au même point; malgré les efforts tentés par une foule de savants et de voyageurs pour les faire connaître, certains pays sont encore aussi inconnus aujourd'hui qu'ils l'étaient il y a soixante ans, et cet état de choses durera bien longtemps encore.

Le vieux monde s'est modifié jusqu'à un certain point, cela est vrai, mais les haines existent toujours aussi vivaces; nos superbes inventions n'ont produit qu'un résultat : rendre les guerres plus rapides, plus meurtrières et surtout plus implacables; l'Europe tout entière est devenue un immense camp retranché.

Les autres parties de notre globe sont restées au même point; sauf les États-Unis, l'Amérique est toujours aussi loin de nous, non pas peut-être comme distance, mais comme mœurs et comme coutumes.

Le progrès opéré depuis cinquante ans n'a pas dépassé une certaine couche de la société, la masse est demeurée plongée dans la même ignorance.

L'Amérique, pour elle, est peuplée de sauvages avec des plumes sur la tête, des arcs et des flèches.

Qui dit Américain dit sauvage, jaune rouge ou noir, on ne sort pas de là.

On en est resté en France aux Incas de Marmontel.

Rien ne saurait changer cette croyance.

De retour en France après l'expédition du Mexique, généraux, officiers et soldats étaient plus convaincus que jamais de l'idiotisme et de la barbarie des Américains.

Quant on leur disait: « Eh bien! que pensez-vous des Mexicains? »

Ils répondaient inévitablement: « Ce sont des brutes et des sauvages. »

Comment réagir contre cela?

Depuis quelques années, on commence à s'occuper sérieusement parmi les savants des origines probables de l'Amérique; si elle était connue des Anciens, si précédemment elle a eu comme le vieux monde de grandes civilisations.

Toutes ces questions sont fort graves et surtout fort intéressantes, et il serait certes fort à désirer que l'on réussît à les élucider, en soulevant le voile épais qui, jusqu'à ce jour, a caché le passé de cette partie du globe si digne d'intérêt à tous les points de vue.

A ce propos, je me souviens d'une aventure à laquelle je me trouvai mêlé indirectement lors de mon premier séjour à Buenos-Ayres, et dont les prolégomènes ont un rapport direct avec ce que je viens de dire.

Buenos-Ayres jouit d'une immense réputation d'esprit, de savoir et de haute civilisation dans toute l'Amérique du Sud; ses habitants peuvent marcher de pair avec les Parisiens, auxquels ils ressemblent beaucoup plus qu'on ne le suppose; c'est un peuple primesautier, railleur, sceptique, intelligent, instruit, bon et aimable au plus haut degré.

Chacun de mes séjours dans ce délicieux pays, pendant le cours de mes longs voyages à travers le monde, m'a laissé au fond du cœur un bon et précieux souvenir.

Il y a près de trente-cinq ans aujourd'hui que la conversation que je veux rapporter a eu lieu devant moi, et elle est aussi présente à mon esprit que si je l'avais entendue il y a huit jours.

J'étais venu de Santiago-de-Chili, capitale du Chili, à Buenos-Ayres, en franchissant les Cordillères et traversant les Pampas dans toute leur longueur; le trajet s'était effectué en deux mois et quelques jours, en caravane, bien entendu, car à cette époque aucun voyageur ne se hasardait à franchir isolément une distance aussi considérable, il en est probablement encore de même aujourd'hui que les périls de ce voyage ont plutôt augmenté que diminué.

J'étais porteur de lettres de recommandation, ce viatique obligé de tout voyageur, pour plusieurs personnes bien posées et avantageusement connues à Buenos-Ayres.

Parmi ces lettres, il y en avait une adressée au licencié don Pablo Vanegas.

Ce licencié don Pablo Vanegas était un homme de cinquante-cinq à soixante ans, de taille moyenne, un peu replet, aux traits fins et doux et à la physionomie intelligente et bonne; il avait le front large, le regard rêveur, la bouche spirituelle; c'était un savant; il jouissait d'une énorme réputation à Buenos-Ayres, où chacun l'aimait et le respectait.

Il avait porté les armes avec distinction dans sa jeunesse et avait été un des plus braves soldats et un des plus brillants officiers de la guerre de l'Indépendance.

Il avait tout quitté pour se dévouer à l'indépendance de son pays, mais, lorsque Buenos-Ayres eut réussi à se soustraire enfin pour toujours au joug odieux que l'Espagne faisait peser sur elle, don Pablo Vanegas abandonna la carrière militaire où cependant un bel avenir lui était réservé, et revint tout naturellement à ses chères études, qu'il n'avait interrompues qu'à contre-cœur, et que depuis il n'abandonna plus, se désintéressant complètement et de parti pris des affaires publiques.

Don Pablo Vanegas, sur la présentation de ma lettre, me reçut de la façon la plus affable et m'ouvrit toutes grandes les portes de sa maison.

Cette maison, modeste comme celle de Socrate et que je vois encore dans mes lointains souvenirs, servait alors de rendez-vous, non seulement à tout ce que Buenos-Ayres renfermait d'hommes distingués dans les sciences, mais encore aux savants et aux voyageurs étrangers qui affluaient alors comme aujourd'hui dans la République argentine.

Je ne tardai pas à devenir un des habitués les plus fidèles des tertulias du savant et aimable licencié don Pablo Vanegas; ces tertulias avaient lieu trois fois par semaine, le lundi, le mercredi et le vendredi.

Les réunions étaient nombreuses et surtout choisies; on causait de tout et de bien d'autres choses encore; la conversation roulait particulièrement sur l'Amérique, son histoire, son ancienneté, sa civilisation, etc. Souvent le licencié don Pablo Vanegas prenait la parole; quand cette bonne fortune arrivait, chacun faisait silence et on l'écoutait avec respect et intérêt, parce que ce qu'il disait avait toujours un côté sérieux et attachant qui impressionnait vivement ses auditeurs.

D'autres fois, on racontait des anecdotes sur la guerre de l'Indépendance, des légendes ou des aventures ayant pour théâtre ces mystérieuses Pampas encore aujourd'hui si peu connues.

Un soir, on nous avait promis plusieurs récits de ce genre, notre curiosité était fort excitée; en attendant les récits promis, le licencié don Pablo causait avec deux savants arrivés depuis peu à Buenos-Ayres; l'un était Français et venait du Paraguay, où il avait, un peu contre sa volonté, résidé pendant plusieurs années, l'autre était Allemand, et achevait de parcourir le Brésil jusque dans ses déserts les plus inconnus : tous deux ont laissé de grands noms dans la science.

Comme cela avait lieu presque chaque fois, la conversation entre le licencié don Pablo Vanegas et les deux savants voyageurs étrangers roulait sur l'Amérique et la découverte de Christophe Colomb.

Le licencié soutenait que Christophe Colomb n'avait pas découvert l'Amérique, qu'il n'avait fait que la retrouver, fait prodigieux qui, à son avis, devait amplement suffire à sa gloire.

La discussion placée sur ce terrain ne devait pas tarder à s'animer, ce fut ce qui arriva; le licencié, mis au pied du mur par les deux savants étrangers et sommé d'appuyer par des preuves la thèse qu'il soutenait, c'est-à-dire que l'Amérique était aussi ancienne que les autres parties du monde, que comme elles elle avait été le centre de grandes civilisations, se décida cette fois à s'expliquer complètement, ce que jusqu'alors il n'avait encore voulu faire; mais cette fois il se trouvait en face de deux hommes éminents, cherchant sérieusement la vérité, il n'avait pas de mo-

LE LICENCIÉ DON PABLO VANEGAS.

tifs plausibles pour s'abstenir, il prit donc franchement la parole; c'est peut-être de cette conversation que datent les recherches et les travaux qui se continuent encore si activement de nos jours au sujet des origines de l'Amérique, question essentiellement intéressante et qui, nous l'espérons, ne tardera pas à être définitivement tranchée.

Voici, autant que je puis me le rappeler après tant d'années, ce que dit le licencié don Pablo Vanegas :

— Dans le dialogue à Crisias, Platon rapporte que Solon lui raconta certains faits extraordinaires qu'il prétendait tenir de la bouche même des prêtres égyptiens qui l'instruisaient.

Ces prêtres, assurait-il, lui avaient narré l'invasion de la Libye et de l'Égypte par de puissantes armées venues de l'Atlantide à une époque assez reculée; ils lui avaient décrit la civilisation avancée de ces conquérants atlantes; leur puissance maritime, leurs arts, leurs monuments, leur système de canaux, etc.; ils avaient fait plus, ils lui avaient indiqué la position exacte de cette terre des Atlantes, et ils lui avaient appris à la suite de quel cataclysme terrible elle avait été engloutie à jamais.

Toujours d'après les dires de ces mêmes prêtres égyptiens, Solon signala à Platon, derrière l'Atlantide, qui était située en face de l'Espagne et de l'Afrique, les îles que nous nommons aujourd'hui Antilles, et au delà de ces îles, il signala la *grande terre*, c'est-à-dire l'*Amérique;* enfin Solon ajouta que derrière ce vaste continent se trouvait la *grande mer*, c'est-à-dire *l'océan Pacifique*.

Il est impossible d'être plus précis, et surtout plus exact.

Il est aujourd'hui prouvé que ces renseignements, remontant à plus de dix mille ans, sont rigoureusement vrais; que la race Rouge imberbe, de l'ancien et du nouveau continent, appartient à la même souche; que ses mœurs, son système de canaux, ses arts, ses monuments sont les mêmes.

Lorsque l'on visite les ruines immenses des villes qui dorment de l'éternel sommeil, ensevelies sous les colossales ramures des forêts vierges, on retrouve tous les monuments de l'Atlantide, décrits par Platon, et que les colonies de ce peuple mystérieux laissèrent en Égypte lors de leur invasion; même style de construction, même pose raide, même profil des statues, partout le lotus et la croix des Égyptiens ou plutôt des Atlantes.

Les Phéniciens, après la disparition des Atlantes, n'osant se hasarder à travers l'océan Atlantique, qui, d'après la tradition ancienne, était encore *innavigable* à cause du cataclysme effroyable qui l'avait complètement bouleversé, suivaient le littoral des Gaules pour se rendre en Islande, et de là ils passaient en Amérique, où ils créèrent une nouvelle civilisation et élevèrent de superbes monuments, dont on admire les ruines encore imposantes.

Les Mogols, les Celtes, les Carthaginois et les Juifs eux-mêmes ont laissé tour à tour sur cette terre un mélange de leurs types, de leurs coutumes et surtout de leurs religions, fort appréciable encore aujourd'hui.

Lorsque les Carthaginois, à leur tour, s'emparèrent de la suprématie de la mer, ils bloquèrent la Méditerranée afin d'empêcher les autres peuples de commercer avec leurs colonies américaines; plus tard, ces colonies trop puissantes, commençant à porter ombrage à la métropole, un décret défendit sous peine de mort, à qui que ce fût, de passer dans ces colonies ou d'en révéler le chemin.

Ce décret existe encore.

C'est à partir de ce décret, si bien dans le caractère de ce peuple avide, soupçonneux et jaloux, que l'existence du grand continent transatlantique commença à s'oublier, ainsi que la route qui y conduisait: le silence se fit autour de lui; Carthage tomba, et l'Amérique, complètement oubliée dès lors, retourna peu à peu à la barbarie, faute de communications périodiques établies avec les autres nations civilisées du globe.

L'isolement la tua.

Pendant les premiers siècles de l'ère chrétienne, des explorateurs partis de la Scandinavie, de l'île de Thulé — l'Islande — débarquèrent à diverses époques sur plusieurs points de l'Amérique du Nord, *particulièrement* sur la côte où plus tard devait s'élever la ville de Boston; ces explorateurs fondèrent des colonies, établirent des *Évêchés* dépendant de l'Islande; plus tard, pour des raisons demeurées inconnues, ces colonies furent abandonnées.

Tous ces faits sont aujourd'hui prouvés d'une manière irrécusable.

Christophe Colomb, lorsqu'il partit de Palos de Moghers pour son premier voyage d'exploration, allait, non pas à la découverte d'un nouveau continent, mais, ce qui n'est pas du tout la même chose, à la recherche dans l'Extrême-Orient d'un chemin plus direct, et par conséquent plus court, pour se rendre aux Indes orientales; quand il aperçut la terre, il se crut arrivé au point qu'il cherchait, et imposa à ce nouveau pays le nom significatif des Indes occidentales, nom qui fut conservé par les Espagnols; aujourd'hui encore, les aborigènes de l'Amérique sont connus sous la dénomination générique d'Indiens, dénomination essentiellement absurde, mais qui, peut-être précisément à cause de cela, a prévalu.

Christophe Colomb n'a donc pas découvert l'Amérique, il n'a fait que la retrouver ; mais, à défaut de cette découverte, il reste à ce grand homme la gloire immense d'avoir été, sous l'impulsion de son puissant génie, le premier navigateur des temps modernes à reprendre, à travers l'Atlantique, la route mystérieuse si longtemps perdue d'un continent perdu et colonisé par les peuples de l'antiquité.

Ce qui précède explique complètement comment les Espagnols, lorsqu'ils tentèrent leurs premiers essais de civilisation, de colonisation et d'établissement en Amérique, se heurtèrent, à leur grande surprise, eux qui croyaient n'avoir affaire qu'à des sauvages abrutis par la barbarie, à quatre puissantes nations, dont la civilisation était non seulement égale à la leur, bien que dans des conditions diamétralement opposées, mais encore la surpassaient sur beaucoup de points.

Cette disparité se conçoit facilement, elle était logique et devait exister, voici pourquoi : Les Espagnols, issus des Barbares qui avaient détruit et fait presque complètement disparaître la grande civilisation antique, créaient avec les nouveaux peuples du vieux continent, sans en avoir même conscience, une civilisation moderne, spiritualiste, reposant, par conséquent, sur des bases diamétralement opposées à celles de l'ancienne ; les Américains, au contraire, colonisés pacifiquement par plusieurs peuples différents, suivaient, en la modifiant peu à peu, la tradition qu'ils avaient reçue et acceptée.

Il devait y avoir un choc entre ces deux civilisations en présence : il se produisit d'une façon terrible, comme cela avait eu lieu dans l'ancien monde, lors des invasions des Barbares, seulement dans des conditions différentes ; les barbares, cette fois, furent ceux-là mêmes qui prétendaient être les seuls civilisés.

Les quatre puissantes nations dont nous avons parlé plus haut étaient : les Mexicains, les Péruviens, les Muyscas ou Moscas ; cette dernière nation, beaucoup moins connue que les deux premières, et dont nous nous réservons de raconter un jour l'histoire, si Dieu le permet, formait, comme le Mexique et le Pérou, un empire ayant à sa tête un prince de race blanche dont, entre parenthèses, le teint était beaucoup moins brun que celui des Espagnols ; les Muyscas vivaient dans un état social avancé, comparable à celui des anciens Égyptiens, et habitaient les parties montagneuses des contrées qui plus tard formèrent la vice-royauté de la Nouvelle-Grenade, la province de Cundinamarca, le Venezuela, enfin tout le territoire connu sous le nom générique de centre Amérique.

La quatrième grande nation était celle des Aucas ou Araucans.

A l'arrivée des Espagnols, ce peuple habitait le Chili, depuis le Pérou jusqu'à la Patagonie.

Il formait une puissante république fédérale, dont les coutumes intérieures avaient de grands points de ressemblance avec l'organisation féodale de l'Europe au douzième siècle. Les Araucans soutinrent des luttes héroïques contre les envahisseurs étrangers ; ceux-ci ne réussirent jamais à les soumettre et furent contraints, après de longues guerres, à les refouler derrière le Rio Bio-Bio.

Les Araucans conservèrent toujours leur indépendance ; ce peuple est le seul de toutes les nations américaines aborigènes qui ait conservé jusqu'aujourd'hui, non seulement sa liberté complète, mais encore l'intégrité de son organisation et de ses coutumes.

Ils contraignirent les Espagnols, qui ne purent les vaincre, à les admirer ; don Alonzo de Ercilla, qui les combattait vaillamment sous la bannière castillane, composa un poème immortel, intitulé : *La Araucana*, où il célèbre leur patriotisme et leur valeur invincibles.

Vous parlerai-je maintenant, señores, des conquêtes des Espagnols dans le Nouveau-Monde ? continua le licencié don Pablo Vanegas ; oui, parce qu'elles se rapportent à ce que je vous ai dit précédemment ; l'histoire des conquêtes des Espagnols en Amérique est un long et lamentable martyrologe. Jamais, excepté les hordes barbares qui se ruèrent à la curée de l'empire romain, jamais aucun peuple n'a usé d'une férocité aussi implacable envers les vaincus et d'un mépris aussi barbare de la vie humaine.

De même que les soldats d'Alaric et ceux de Genséric, aux sacs de Rome et pendant qu'ils démembraient l'empire romain, les aventuriers Espagnols, ramassis de brigands recrutés partout, éblouis par des richesses immenses qui se révélaient soudain à leurs yeux, devinrent fous ; l'avarice éteignit subitement en eux tout sentiment humain ; la fièvre de l'or s'était emparée de l'esprit atrophié de ces bandits avides ; tous les moyens étaient bons pour eux, pour réussir à s'emparer de ce métal qu'ils convoitaient ; les barbares, Huns ou Vandales, n'avaient d'autre croyance que ce fatalisme mystérieux qui semblait les pousser malgré eux en avant; les Espagnols, au contraire, se firent une arme de la religion contre les vaincus; le fanatisme religieux le plus insensé et l'avarice la plus sordide formèrent le fond de leur politique civilisatrice en Amérique, et les nouveaux établissements furent fondés

une torche d'une main, un crucifix de l'autre; des millions d'indigènes, considérés comme des bêtes de somme, furent sacrifiés pour assouvir l'insatiable cupidité de ces féroces conquérants; les Indiens émigrèrent en masse au fond des déserts et préférèrent retourner à la vie sauvage que de demeurer courbés sous le joug odieux et féroce de leurs maîtres; ceux qui ne réussirent pas à s'échapper succombèrent dans d'effroyables tortures; les colonies se dépeuplèrent avec une rapidité tellement effrayante, que les Espagnols furent contraints, pour remplacer les Indiens, de faire acheter des esclaves noirs à la côte d'Afrique.

Ce fait horrible dit tout et se passe de commentaires.

Ces féroces colonisateurs, afin d'empêcher les autres peuples européens d'avoir part aux richesses immenses qu'ils réservaient pour eux seuls, isolèrent leurs vastes possessions du monde entier en fermant leurs colonies au commerce étranger, et surtout en interdisant sous peine de mort l'entrée des Européens dans l'Amérique espagnole, soit pour trafiquer, soit seulement pour voyager dans ces diverses contrées.

Ce ne fut pas tout: les manuscrits, les dessins, les œuvres d'art, collectionnés à grands frais par les empereurs mexicains et péruviens, furent impitoyablement détruits et brûlés, sous prétexte de religion; il importait au gouvernement espagnol de laisser croupir toutes ces populations si honteusement asservies dans la plus abjecte dégradation, la plus complète ignorance; en un mot, de les annihiler moralement, afin d'assurer son pouvoir contre toute impossibilité de rébellion ; ce ne fut pas seulement contre les Indiens que l'on appliqua un système odieux et des lois draconiennes; les Espagnols nés ou définitivement fixés en Amérique furent, en leur qualité de créoles, confondus avec les Indiens et déclarés *incapables*.

Ce régime atroce, froidement élaboré, implacablement exécuté pendant trois cents ans, fit tomber ces peuples, si intelligents jadis, dans un état de dégradation tel, que bien des années s'écouleront encore avant qu'ils réussissent à relever chez eux assez haut le niveau moral, pour comprendre les bienfaits de la liberté.

Étonnez-vous maintenant, messieurs les Européens, ajouta avec tristesse le licencié don Pablo Vanegas, étonnez-vous de notre ignorance, de l'obscurité de notre histoire; toutes les archives ont été détruites, de parti pris, par nos vainqueurs. Combien faudra-t-il de temps pour les reconstituer?

Vous le voyez, comme l'empire romain, l'Amérique a eu ses invasions de barbares : les Huns et les Vandales furent les moins cruels.

Un mot encore, s'il vous plaît, avant de finir; dites-moi, je vous prie, combien il a fallu de siècles à l'Europe pour effacer les traces laissées dans chaque pays par les féroces vainqueurs de l'empire romain? Et cessez de vous étonner que, quelques années seulement après notre affranchissement, nous ne marchions pas de pair avec les nations les plus civilisées de l'Europe, et cessez surtout de nous donner sans cesse pour exemple les États-Unis de l'Amérique du Nord.

Les habitants de ce pays sont des Européens; jamais ils n'ont été ni esclaves, ni vaincus, et, surtout, ils n'ont jamais eu les Espagnols pour maîtres.

Mais c'est assez nous étendre sur ce sujet, quant à présent; ce que je vous ai dit n'est pas perdu, j'en ai la conviction, je sais à quelles intelligences d'élite j'ai eu l'honneur d'adresser mes paroles; maintenant, descendons de ces sphères élevées, revenons à nos attachantes causeries et, tout d'abord, écoutons don Miguel de Ojeda, qui nous a promis pour ce soir un récit émouvant des pampas et que je somme, ajouta-t-il en souriant, de tenir sa parole.

— Je suis prêt, señor licencié, répondit un beau jeune homme assis à quelques pas de l'aimable vieillard.

— A la bonne heure, don Pedro, reprit le licencié en jetant un regard circulaire sur les assistants, nous vous écoutons.

— Oui, oui, répondirent tous les membres de la réunion, parmi lesquels se trouvaient plusieurs dames, des plus jolies, de Buenos-Ayres.

Don Pedro de Ojeda était un riche estancier des pampas de Santa-Fé, demi-gaucho, demi-citadin, dont la vie tout entière s'était écoulée dans les pampas, et auquel, disait-on, il était arrivé nombre d'aventures de toutes sortes.

— M'y voici, dit-il, en saluant à la ronde.

Et il commença.

— Je vais, dit-il, vous raconter l'histoire d'un *Gaucho malo* que j'ai beaucoup connu et avec lequel j'ai assez souvent entretenu, un peu malgré moi, des relations assez étroites.

Il y eut un frémissement de curiosité dans l'assistance, et chacun s'accommoda de son mieux sur son siège, pour bien entendre.

II

LE VOYAGEUR MYSTÉRIEUX.

— Señores, dit avec un gracieux salut don Pedro de Ojeda, permettez-moi, avant d'entamer le récit que je me suis engagé à vous faire, quelques mots indispensables; les événements qui forment le fond de ce récit sont encore tout récents, bien que mal connus; beaucoup de personnes en ont, je le crois, conservé le souvenir; je me permettrai donc, afin d'éviter toutes illusions blessantes à des personnes recommandables, encore existantes, certaines modifications que, je n'en doute pas, vous approuverez, c'est-à-dire que je changerai les noms des personnages, celui des lieux où les faits se sont passés, et la date du récit lui-même.

Chacun s'inclina et fit un geste d'assentiment.

Don Pedro de Ojeda reprit :

— C'était deux ou trois ans après la proclamation de notre Indépendance, peut-être même quatre ans, je ne puis rien affirmer de positif à ce sujet. Par une belle et riante matinée du mois de mai, la vigie signala au lever du soleil l'arrivée d'un trois-mâts français.

La nouvelle, rapidement colportée dans la rue, fut bientôt connue de tous et causa une joie générale. Cette joie devint encore plus vive, lorsque, une heure plus tard, le bâtiment annoncé laissa tomber son ancre sur la rade de Buenos-Ayres, et que l'on reconnut la *Ville-de-Bordeaux*, magnifique navire de dix-huit cents tonneaux commandé par le capitaine Largeteau, brave et excellent marin, fort apprécié à Buenos-Ayres, où il avait déjà fait plusieurs voyages.

Vous savez que les Français furent les premiers de tous les peuples européens à reconnaître l'Indépendance de la République Argentine, nommée d'abord République des Provinces-Unies du Rio de la Plata, et à nouer avec nous des relations commerciales suivies : de là cette sympathie que nous éprouvons pour les Français.

Pendant notre longue lutte contre l'Espagne, à plusieurs reprises le capitaine Largeteau, qui alors commandait la goélette corsaire le *Feu-follet*, avait audacieusement forcé le blocus, avait passé à travers les escadres espagnoles, et était venu, avec cette intrépidité que vous lui connaissez, nous donner les armes

et les munitions dont alors nous manquions complètement.

Ces services sont de ceux que l'on n'oublie pas.

Aussi le capitaine Largeteau était-il adoré de Buenos-Ayres.

Au physique, c'était un grand et solide gaillard, aux traits énergiques et un peu durs, mais à la physionomie ouverte, à l'œil étincelant et à la bouche spirituelle et légèrement railleuse; il était d'une force véritablement athlétique, on lui avait vu faire en jouant des choses réellement extraordinaires, comme par exemple prendre entre ses doigts un clou de six pouces et le tourner en tire-bouchon, puis le rétablir dans son premier état, ou bien prendre un fer à cheval, le redresser complètement et lui rendre ensuite sa forme première, et cela sans efforts apparents : je n'en finirais pas, si je vous rapportais tout ce que l'on racontait sur son compte.

Cette fois, il arrivait de Bordeaux et mouillait à Buenos-Ayres, après avoir relâché, pris et laissé des passagers à Rio-Janeiro, Maldonado et Montevideo.

Son navire, la *Ville-de-Bordeaux*, était un des plus beaux que j'aie jamais vus; fin, élancé, élégant, parfaitement espalmé, il passait avec raison pour un des plus fins voiliers des bâtiments français, anglais, américains ou espagnols, qui à cette époque couraient les mers.

La *Ville-de-Bordeaux* avait une quarantaine de passagers à bord, vingt ou vingt-cinq d'entre eux s'arrêtaient à Buenos-Ayres, les autres se dirigeaient vers le Chili, se rendant à Santiago-de-Chili et à Valparaiso, où le capitaine devait mouiller après nous avoir quittés.

Au nombre des passagers de la *Ville-de-Bordeaux*, il y avait plusieurs Argentins et deux ou trois familles de Bordeaux même.

Parmi ces passagers, il y en avait un surtout qui forçait pour ainsi dire l'attention à se fixer sur lui, et cela bien malgré lui, car il faisait tout ce qu'il pouvait pour ne pas être remarqué et se confondait autant que possible dans la foule.

C'était un grand jeune homme de vingt-cinq à vingt-six ans au plus, admirablement fait, et d'une beauté presque féminine, que rehaussait cependant l'éclair de son regard profond, presque magnétique, et la pâleur mate de sa peau, tranchant avec le noir bleu de sa barbe, molle et soyeuse; une légère teinte de mélancolie était répandue sur sa physionomie, douce et rêveuse, quand il était au repos; mais qui, à la plus légère émotion, prenait une expression d'implacable volonté et presque de férocité.

Ce jeune homme était une énigme vivante pour les autres passagers.

Il était monté à bord, au moment où le navire était déjà sous voiles et faisait son abatée en quittant Bordeaux. Il s'était tout d'abord enfermé dans la chambre du capitaine, où celui-ci était venu le rejoindre aussitôt l'appareillage terminé, averti de la présence de ce nouveau passager par le compagnon de celui-ci, qui, lui, était resté sur le pont, immobile, morne et silencieux, près de l'habitacle, sans rien voir et sans rien entendre de ce qui se disait ou se faisait autour de lui.

Cet homme était de haute taille, solidement charpenté; maigre, osseux et taillé comme à coups de hache; ses traits, presque repoussants quand il était au repos, avaient une mobilité extraordinaire et devenaient presque beaux lorsqu'ils s'animaient, tant sa physionomie devenait intelligente et railleuse ; il avait le teint hâlé, la barbe épaisse, touffue et noire ; son costume était propre, mais ne laissait pas deviner, à quelle classe de la société il appartenait ; il paraissait avoir quarante ans.

Le capitaine Largeteau avait eu un entretien fort long avec le jeune homme. A la suite de cet entretien, pendant lequel le capitaine avait deux ou trois froncé le sourcil, le nouveau voyageur s'était retiré dans une grande et commode cabine où déjà son compagnon était en train de ranger ses bagages.

Pendant toute la traversée, l'inconnu, quels que fussent les efforts des autres passagers pour découvrir qui il était, demeura à l'état d'énigme indéchiffrable.

Il vivait seul, n'adressait la parole à personne, et se faisait servir dans sa cabine, où il mangeait en tête-à-tête avec son compagnon.

Quand il montait sur le pont, il se promenait à l'avant, la tête basse, ou s'appuyait sur la lisse et demeurait des heures entières les regards fixés sur l'espace avec une expression singulière.

Jamais la cabine commune des deux hommes ne restait solitaire.

Quand l'un deux se promenait sur le pont, l'autre la gardait.

Bien des tentatives avaient été faites par les passagers et même par les officiers pour faire parler l'un ou l'autre des deux hommes ; mais toutes avaient échoué.

Lors du passage de la ligne, le plus jeune des deux hommes avait remis dix onces d'or pour lui et son compagnon au matelot chargé du rôle de Neptune, et qui devait, comme c'est la coutume, procéder à leur interrogatoire, avant de passer au baptême légendaire. Cette éblouissante générosité avait aussitôt enlevé tous les scrupules du dieu de la mer qui, en les saluant avec le plus profond respect, s'était borné à leur introduire la moitié d'un boujaron d'eau dans la manche droite, tout en se confondant en excuses bouffonnes, mais sans se hasarder à leur adresser la plus légère question.

Dix onces d'or, c'est-à-dire huit cent cinquante francs de monnaie française, font une somme considérable, qui ne se rencontre pas souvent sur le pont d'un navire, au baptême de la ligne, si nombreux que soient les passagers.

La curiosité générale fut encore une fois déçue.

A Maldonado et à Montevideo, les deux passagers étaient descendus à terre où ils étaient restés plusieurs heures; chaque fois, à leur retour à bord, on avait constaté qu'ils étaient plus tristes et plus sombres.

La seule chose que les curieux avaient cru découvrir, et ils ne s'étaient point trompés, c'était que le plus âgé des deux voyageurs était le serviteur du plus jeune: non pas son domestique, entendons-nous bien, mais un de ces serviteurs qui, dans la plus large acception du mot, font pour ainsi dire partie de la famille qu'ils servent, ont un dévouement absolu pour leurs maîtres dont ils partagent les haines et les amitiés, et sont comme des amis, presque des parents, et traités en conséquence, c'est-à-dire sur un pied de complète égalité, parce que l'on n'a pas de secrets pour eux.

Au moment de débarquer à Buenos-Ayres, les curieux furent encore une fois mis en complète déroute; l'inconnu et son compagnon restèrent à bord, sans paraître s'apercevoir de ce qui se passait autour d'eux; tous les passagers abandonnèrent le navire les uns après les autres; seuls les deux hommes restèrent, appuyés sur la lisse et les regards obstinément fixés sur la ville.

Leurs bagages peu nombreux avaient été portés sur le pont et placés au pied du grand mât; avant de descendre à terre, le capitaine Largeteau avait échangé quelques mots avec le plus jeune des deux voyageurs, puis il lui avait serré la main à deux ou trois reprises, lui avait dit ce seul mot:

— Courage!

Puis il était descendu dans son canot et s'était dirigé vers la terre.

L'inconnu avait tristement hoché la tête au mot: courage! et était descendu dans sa cabine, où il était demeuré pendant plusieurs heures.

La journée s'écoula tout entière, la nuit vint; vers neuf heures du soir, on entendit un bruit d'avirons près du navire.

— Qui vive! cria la sentinelle du bossoir de bâbord.

— Gente de paz! répondit-on de dehors.

Et la lumière d'un fanal brilla dans une embarcation montée par un seul homme.

— Vous venez prendre deux passagers, pour les descendre à terre? demanda l'officier de quart en se penchant à la coupée.

— Oui, mi amó, répondit le batelier, deux caballeros; ils ont fait retenir ma lancha pour neuf heures, ce soir.

— C'est cela, répondit l'officier, accostez à tribord.

Le batelier se hâta d'obéir.

— Tout est paré, monsieur, dit l'officier en s'approchant du passager inconnu, vous pouvez embarquer quand il vous plaira.

— J'ai entendu et je vous remercie, monsieur, répondit l'inconnu en excellent français; veuillez, je vous prie, être mon interprète auprès du capitaine Largeteau et l'assurer de mon éternelle reconnaissance pour toutes ses bontés pour moi.

— Je m'acquitterai de cette commission, monsieur, au cas peu probable où vous ne verriez pas le capitaine Largeteau à terre, répondit l'officier en s'inclinant.

— Je ne le verrai pas, à mon regret, monsieur, dit le passager avec une émotion contenue; avant une heure j'aurai quitté Buenos-Ayres, peut-être pour n'y revenir jamais.

— Dieu vous soit donc en aide, monsieur; je m'acquitterai de votre commission aussitôt que le capitaine sera de retour à bord.

— Je vous remercie, monsieur, que Dieu vous garde!

Les deux hommes se saluèrent courtoisement et le passager se dirigea vers la coupée, au bas de laquelle le batelier avait accosté son embarcation.

Pendant que l'inconnu échangeait les quelques mots que nous avons rapportés avec l'officier de quart de la *Ville-de-Bordeaux*, son compagnon avait fait passer les bagages dans le bateau, était descendu et s'était installé à l'arrière.

Le jeune homme descendit à son tour, s'assit, prit la barre, et s'adressant au batelier:

— Pousse! dit-il.

Le batelier obéit, s'assit sur un banc et prit les avirons.

Sur un signe du jeune homme, son compagon prit place à un autre banc et prit lui aussi deux avirons.

La lancha avait terminé son abatée et commençait à marcher en faisant jaillir l'écume sous son étrave.

— Sur quel point nous dirigeons-nous? demanda le batelier.

— Combien prends-tu d'ordinaire, dit le jeune homme en répondant à une question par une autre; combien prends-tu, par un beau temps comme celui-ci, pour faire ce que tu fais en ce moment?

— Deux piastres, seigneurie, répondit le batelier.

— Combien as-tu reçu d'arrhes pour me venir prendre au bâtiment français?

— Huit piastres, seigneurie.

— C'est-à-dire le quadruple de ton prix ordinaire?

— C'est vrai, seigneurie; je n'ai rien demandé; le capitaine a fait le marché tout seul, il était avantageux, j'ai accepté; je suis père de famille.

— Tu as eu parfaitement raison; combien t'a-t-on promis si tu obéissais à mes ordres?

— Huit autres piastres, seigneurie.

— Le capitaine s'est trompé, dit le jeune homme.

— Comment! se récria le batelier, mais permettez, seigneurie.

— Le capitaine s'est trompé, répondit froidement le jeune homme : ce n'est pas huit piastres mais une once que tu recevras si je suis content de toi.

— Je suis à vos ordres, seigneurie.

— A la bonne heure; ainsi, nage vigoureusement et ne t'occupe pas du reste.

— C'est compris, seigneurie, répondit le batelier en se courbant sur ses avirons.

La lancha, vigoureusement manœuvrée, fila comme une dorade sur le dos des lames.

Le trajet est long de la rade intérieure à la ville; les feux du bâtiment français n'apparaissaient plus que comme une étoile bien loin derrière la lancha qui semblait redoubler de vitesse.

La nuit était admirable, calme, silencieuse et parfumée, la lune semblait nager dans l'éther, le ciel, d'un bleu profond, était semé d'innombrables étoiles, la brise de mer courait sur les lames et rafraîchissait l'atmosphère.

Aux rayons argentés de la lune, on apercevait, comme à travers un prisme, l'immense nappe argentée du Rio de la Plata, sombre et mystérieuse comme la pampa qu'elle avait traversée; on commençait à entendre le grincement sourd des lames se déroulant sans violence et sans choc sur les terrains bas dont la ville est bordée du côté du fleuve.

Le bruit se faisait plus fort d'instants en instants, les masses sombres des *barancas* commençaient à sortir de l'obscurité, de nombreuses lumières apparaissaient çà et là; la côte était proche.

— Tiens bon! commanda le jeune homme après quelques instants employés par lui à interroger les ténèbres.

Les deux nageurs levèrent leurs avirons.

— Regarde, dit l'inconnu en s'adressant au marinier, regarde et dis-moi où nous sommes ici.

Le batelier se leva et inspecta la côte d'un coup d'œil.

— Señor mi amó, dit-il enfin, nous sommes en face de la calle de la Reconquista, dans le *bajo* situé entre la haute baranca et la *Residencia*.

— C'est-à-dire à quelques pas seulement de *Barajas?*

— C'est cela même, seigneurie ; caraï ! on voit que vous êtes un *hijo del païs;* c'est plaisir comme vous vous reconnaissez en pleine nuit.

L'inconnu sourit avec amertume, mais il ne répondit pas.

— Accostez, dit-il.

Les deux nageurs laissèrent retomber leurs avirons dans l'eau ; quelques minutes plus tard, l'avant de la lancha grinça sur le sable et s'arrêta.

Le jeune homme sauta d'un bond sur la plage.

— Sandoval, dit-il d'une voix soutenue, rends-toi où tu sais ; tu prépareras tout et tu m'attendras à l'endroit convenu.

— Je le ferai, seigneurie, répondit Sandoval, puisque maintenant nous savons son nom, prenez garde !

— Bon ! fit le jeune homme avec insouciance, qui ne risque rien n'a rien.

— Peut-être vaudrait-il mieux...

— Souviens-toi de ce que je t'ai dit ; quant à moi, tu le sais, dussé-je avoir le cœur brisé, je veux savoir.

— Que votre volonté soit faite en cela comme en toutes choses, répondit tristement Sandoval.

— Bien, mon vieil ami; sois tranquille, tu me reverras bientôt.

— Dieu le veuille! murmura-t-il entre ses dents.

— A propos, n'oublie pas de remettre l'once promise à ce brave garçon; et maintenant au revoir.

Et, poussant vigoureusement la lancha en arrière, il la remit à flot.

Les deux hommes reprirent les avirons.

Le jeune homme resta immobile sur la plage, les yeux fixés sur l'embarcation qui s'éloignait rapidement.

Lorsqu'elle eut disparu complètement dans les ténèbres, il se retourna, jeta un regard circulaire autour de lui, et, assuré qu'il était bien seul dans le bajo, il se dirigea d'un bon pas vers la grande baranca, dans laquelle il s'engagea sans hésiter.

La montée était rude, mais il était jeune, leste, vigoureux, quelques minutes lui suffirent pour atteindre la callejuela de *Juan Lorenzo*.

Certes, l'inconnu aurait pu prendre un chemin plus court et surtout plus commode pour entrer dans la ville, mais il avait probablement des raisons pour n'être ni vu ni surveillé et pour se rendre où il allait sans être aperçu et reconnu.

L'étranger suivit sans hésiter la calle de Venezuela, et pénétra dans la calle Balcarce; puis il prit la calle Belgrano comme un homme sûr de son fait et ayant parfaitement dans la mémoire la topographie de la ville.

Arrivé à la moitié à peu près de la calle Belgrano, l'inconnu s'arrêta et regarda autour de lui avec la plus sérieuse attention.

— C'est là, j'en suis certain, dit-il au bout d'un instant.

Et, traversant la rue, il marcha droit à une maison d'assez

médiocre apparence, et n'ayant que trois fenêtres de façade sur la rue ; une de ces fenêtres était éclairée.

Il s'arrêta en face la maison ; mais, au lieu de frapper, il se plaça en pleine lumière, afin sans doute d'être mieux vu, laissa tomber les plis du manteau dans lequel il s'enveloppait, releva la tête, croisa les bras sur la poitrine, et, d'une voix douce et harmonieuse, il entonna assez haut pour être entendu de l'intérieur de la maison devant laquelle il se tenait un couplet d'un *triste* alors bien connu dans les pampas :

> No estès tan contenta, Juana (1),
> En ver me penar por ti ;
> Que lo que hoy fuere de mi,
> Podra ser de ti mañana !

La fenêtre éclairée devint subitement obscure ; mais, au bout de quelques secondes à peine, elle s'entr'ouvrit légèrement, et une voix assez belle bien qu'un peu rude fredonna doucement ces deux vers :

> Ah ! cuando no se ha visto (2).
> A la Beneficencia haciendo ingratos !

— *Ché!* dit l'inconnu à haute voix : *Adios mi plata* (3) !

— Baya pues, compadre (4), reprit la voix de l'intérieur.

---

(1) Ne sois pas si satisfaite Jeanne,
De me voir souffrir à cause de toi ;
Ce qui aujourd'hui est de moi,
Pourra être de toi demain !

(2) Ah ! quand n'a-t-on pas vu
La Bienfaisance faire des ingrats !

(3) Adieu mon argent ! proverbe buenosayrien.

(4) Locution très usitée, intraduisible en français.

L'inconnu jeta un regard circulaire autour de lui, afin sans doute de bien s'assurer que nul espion n'était aux écoutes; mais il fut bientôt complètement rassuré, depuis qu'il était entré dans la rue, personne ne l'avait traversée.

L'inconnu s'enveloppa de nouveau de son manteau et s'approcha de nouveau de la maison, sur laquelle il frappa légèrement trois coups espacés.

Un étroit vasistas grillé s'ouvrit sans bruit.

L'inconnu, sans prononcer un mot, leva la main gauche et montra une bague chevalière qu'il portait à l'annulaire.

Le vasistas se referma aussitôt et la porte s'entre-bâilla suffisamment pour livrer passage à un homme.

L'étranger entra, la porte se referma aussitôt.

L'ombre était profonde sous le zaguan, on ne pouvait rien distinguer à deux pas devant soi.

Une main chercha dans l'obscurité la main de l'inconnu, la saisit et, après l'avoir affectueusement serrée, une voix faible comme un souffle murmura plutôt qu'elle ne prononça ce seul mot :

— Venez.

L'inconnu se sentit entraîné doucement; il ne résista pas et se laissa conduire par son guide invisible.

Après quelques pas, il sentit les marches d'un escalier, il monta; il franchit ainsi vingt-deux marches, puis il s'arrêta;

tourna à gauche et pénétra dans une pièce plongée dans la plus profonde obscurité; derrière lui la porte fut refermée.

L'inconnu voulut parler, une main se posa sur sa bouche, tandis que celle qui tenait sa main droite la pressait doucement, en même temps qu'une voix murmurait à son oreille :

— Silence! il n'est pas temps encore!

Il traversa ainsi plusieurs pièces non éclairées et pénétra enfin dans une chambre, dont la fenêtre était ouverte, mais les persiennes hermétiquement fermées.

Quelques rayons filtraient à travers les lames redressées des persiennes et laissaient pénétrer dans cette pièce une lueur crépusculaire.

Le guide n'avait pas lâché la main de l'inconnu, il l'amena jusqu'à la fenêtre.

— Regardez, lui dit-il à voix basse.

Le jeune homme se pencha et regarda, cette fenêtre ouvrait sur la rue Belgrano.

— Je ne vois rien, murmura-t-il après un instant.

— Regardez mieux, reprit le guide, en face, dans l'enfoncement de la porte de la maison.

Le jeune homme se pencha de nouveau.

— Oh! dit-il après un instant, il y a là un homme embusqué.

— Vous l'avez vu?

— Oui, mais il n'était pas là quand je suis entré.

— Non; par un hasard providentiel, il n'est arrivé, contre son habitude, que lorsque vous avez été dans la maison.

— Quel est cette homme?

— Un espion.

— Vous le connaissez?

— Je le connais.

— Vous savez son nom?

— Je le sais.

— Vous me le direz.

— Quand il vous plaira.

— Depuis quand guette-t-il il ainsi?

— Combien y a-t-il de temps que vous avez quitté Buenos-Ayres?

— Cinq ans et huit mois complets.

— Eh bien, cet homme guette ainsi toutes les nuits depuis huit heures du soir jusqu'à minuit, car il sait que, plus tard, il est impossible de pénétrer dans la ville depuis le lendemain de votre départ, c'est-à-dire depuis deux mille soixante-dix jours.

— C'est donc un de mes ennemis les plus acharnés?

— C'est du moins le plus implacable.

— Son nom?

— Facundo Quiros!

— Lui? fit le jeune homme en reculant avec une surprise ressemblant presque à de l'épouvante, ce n'est pas possible.

— Cela est, cependant.

— Mais non! ce n'est pas, je l'ai vu tomber raide mort.

— Vous l'aurez vu tomber, mais il n'était pas mort.

— Oh!

— Pas même gravement blessé, vous avez tiré trop haut, votre balle lui a labouré le crâne, il est resté deux heures sans connaissance, le soir même il n'y pensait plus; ce n'est pas le tout de tuer un serpent, il faut après lui écraser la tête avec le talon de sa botte, et encore on n'est pas bien certain de sa mort.

— Oh! cette fois! s'écria le jeune homme en saisissant un pistolet à sa ceinture.

Mais son guide lui arrêta le bras.

— Gardez-vous bien de tirer! lui dit-il, vous n'êtes pas bien placé pour viser à votre aise; si vous le manquez, il connaîtra votre retour; ne vaut-il pas mieux qu'il l'ignore?

— Vous avez raison; j'étais fou, pardonnez-moi; mais nous ne pouvons demeurer plus longtemps là, j'ai à causer longuement avec vous.

— Venez, je vais vous conduire dans une pièce écartée, où nous pourrons causer tant que nous voudrons, sans craindre d'être entendus, ou dérangés par des importuns.

Le jeune homme jeta un dernier regard dans la rue et suivit son guide.

III

DEUX AMIS D'ENFANCE.

Le guide, ou plutôt l'ami de notre mystérieux personnage, l'entraîna à sa suite sans parler davantage; toujours sans lumière, les deux hommes traversèrent plusieurs pièces, montèrent et descendirent des escaliers, franchirent des patios et des zaguans déserts, cela sans s'arrêter et pendant près de vingt-cinq minutes.

Enfin, le guide ouvrit une dernière porte, souleva une portière, poussa son ami en avant, et les deux hommes se trouvèrent dans une pièce meublée somptueusement et avec goût à l'européenne et éclairée par un lustre suspendu au plafond et une lampe garnie d'un abat-jour et posée sur un magnifique bureau-ministre en palissandre, littéralement encombré de papiers de toutes sortes.

Cette pièce était un cabinet de travail; de grands corps de bibliothèque en palissandre, remplis de livres magnifiquement reliés, garnissaient les murailles; quelques tableaux de maîtres de l'école française moderne pendaient çà et là dans les espaces laissées libres entre les corps de bibliothèque.

Un guéridon couvert d'un tapis était littéralement couvert d'albums, de brochures et de journaux venus d'Europe, anglais, français, espagnols et italiens.

Sur une large console en palissandre appuyée à la muraille et surmontée d'une glace montant jusqu'au plafond, il y avait une splendide garniture de cheminée, pendule, vases, etc., en bronze florentin, ciselé par Froment Meurice.

Çà et là, sur la console, il y avait des coupes en onyx, en cristal taillé, remplies de cigares, de cigarettes ou de tabac. A droite et à gauche de la console, il y avait des trophées d'armes où se trouvaient réunis des spécimens de toutes les armes du monde, depuis celles si primitives des indigènes de la Nouvelle-Hollande jusqu'aux produits les plus précieux des fabriques renommées de France et d'Angleterre.

Mais, ce qui attirait le plus l'attention dans cette pièce si artistiquement disposée, c'était un portrait en pied, de grandeur naturelle, représentant un cavalier de haute mine, âgé d'environ quarante ans, portant le costume de gaucho et monté sur un magnifique cheval des Lianos, se cabrant et écumant sous son cavalier qui le maintenait sans paraître remarquer l'impatience

DON HORACIO PACHECO.

de l'indocile animal; on voyait, au milieu d'un paysage sauvage et abrupt, une troupe nombreuse de gauchos, descendant les pentes d'un défilé; tandis qu'au loin disparaissait, dans une course effrénée, une manada de taureaux sauvages.

C'était toute une scène du désert argentin prise sur le fait.

Cet admirable tableau était signé : Paul Delaroche.

Le personnage principal semblait littéralement sortir de la toile.

L'illusion était si grande, que le jeune homme poussa, en l'apercevant, un cri de surprise et fit un pas en arrière.

— Mon père ! murmura-t-il à demi-voix, avec une émotion qui fit, malgré ses efforts pour se contenir, jaillir deux larmes sous ces cils baissés.

En effet, il y avait une ressemblance frappante entre l'inconnu et le portrait, l'âge seul et une nuance plus profonde de mélancolie répandue sur les traits, établissaient entre eux une différence à peine appréciable.

Où sommes-nous donc, ici ? murmura le jeune homme à voix basse.

— Nous sommes chez moi, mon cher Pacheco, répondit le guide en s'avançant avec un léger sourire, et, ainsi que je vous l'ai promis, nous pouvons maintenant causer tout à notre aise sans avoir à redouter les importuns ou les espions.

— Excusez-moi, cher Rodriguez, mais tout ce qui m'arrive depuis que j'ai mis le pied à Buenos-Ayres est si étrange, que je vous avoue que je crois rêver.

— Alors, réveillez-vous, Pacheco, car tout est bien réel, je vous le jure ; jetez votre manteau, asseyez-vous dans ce fauteuil, allumez un cigare, reprenez possession de vous-même et dites-moi ce que signifie cette arrivée mystérieuse et tout à fait imprévue.

— Je vous le dirai, Rodriguez. N'êtes vous pas mon plus fidèle et peut-être mon seul ami? reprit le jeune homme en lui tendant la main que don Rodriguez serra avec effusion; mais vous, ami, n'avez-vous rien à me dire?

— J'ai beaucoup de choses à vous apprendre, au contraire, des nouvelles à vous donner bonnes et mauvaises; mais il y a temps pour tout: reposez-vous et remettez-vous d'abord.

— Lui? dit-il, en désignant le portrait avec une émotion contenue.

— Grâce à Dieu, tout va bien de ce côté, votre père vous attend avec impatience, Pacheco; il sera bien heureux de vous voir et de vous serrer contre son cœur.

— Est-il ici?

— Non pas, il n'aurait garde de se montrer à Buenos-Ayres, en ce moment surtout.

— Où donc est-il?

— Comme toujours, du côté de Santa-Fé, avec la Montonera; oh! il n'a rien à redouter de personne, il est plus puissant que jamais.

— Dieu soit béni! je craignais d'apprendre de mauvaises nouvelles de ce côté; mais procédons par ordre; où suis-je ici?

— Je vous l'ai dit, cher ami, chez-moi, don Anselmo Rodriguez de Oro.

— Mais nous ne sommes pas ici dans la calle Belgrano?

— Non, mon ami. Soupçonnant votre retour assez rapproché

d'après la dernière lettre que j'ai reçue de vous en date de Bordeaux, bien que vous n'ayez fixé aucune époque, sachant d'un autre côté avec quel entêtement don Facundo Quiros s'obstine à surveiller chaque jour depuis votre départ cette maison dans laquelle vous vous êtes rencontrés pour la dernière fois, et où il suppose que vous viendrez tout droit aussitôt débarqué à Buenos-Ayres (ce qui, en effet, a eu lieu heureusement sans qu'il sans doute encore), j'ai pris mes précautions en conséquence. Je suis riche, j'ai fait acheter en dessous main un certain nombre de maisons, à travers lesquelles une communication a été établie secrètement; puis, je me suis mis chaque nuit aux aguets dans la maison de la calle Belgrano, pour être prêt à tout événement. Grâce à Dieu, mes prévisions ont été justes; vous êtes ici maintenant en sûreté, la maison où nous sommes, qui est celle que j'habite réellement, bien que tout le monde l'ignore encore, ouvre sur la calle de la Victoria, de sorte que vous êtes libre, cher don Fabricio, d'entrer ou de sortir sans avoir rien à redouter de l'espion qui se morfond comme il le fait chaque nuit là-bas devant la petite maison que vous savez.

— Merci, mon cher Rodriguez, mon bon Anselmo, ce n'est pas d'aujourd'hui que j'apprécie votre amitié intelligente et dévouée dont vous m'avez donné tant de preuves.

— *Toma!* A quoi bon parler de cela, Fabricio Pacheco? Je suis à vous comme vous êtes à moi. Les Pacheco de Guardia et les Rodriguez de Oro se sont toujours aimés et entr'aidés comme des frères, depuis que leurs pères ont, en 1560, quitté de compagnie Xérès de la Frontera, en Andalousie, et se sont embarqués à Cadix pour venir tenter la fortune dans la vice-royauté de Buenos-Ayres;

c'est une date, cela, que diable! Si nous ne sommes pas frères par le sang, nous le sommes par le cœur; *amigo*, je ne connais pas au monde de parenté qui vaille celle-là.

DON FABRICIO ET SON DOMESTIQUE.

— C'est vrai, Anselmo, tout est et doit toujours être commun entre nous; aussi, vous le voyez, vous avez eu ma première visite au retour, comme au départ vous aviez eu la dernière.

— *Ché!* cher ami, dit en riant Rodriguez, je soupçonne qu'il entre un peu d'égoïsme dans le fait de cette nuit.

Don Fabricio Pacheco détourna légèrement la tête pour cacher la rougeur qui avait subitement envahi son visage?

— *Toma!* reprit don Anselmo, il paraît que le coup a porté ; le temps s'écoule, il est bientôt minuit, expliquons-nous ; depuis quand êtes-vous à Buenos-Ayres?

— Je suis arrivé à bord de la *Ville-de-Bordeaux*.

— Je m'en doutais ; il y avait beaucoup de passagers, m'a-t-on dit, sur ce navire.

— Vingt-cinq ou trente pour Buenos-Ayres, je crois, les autres se rendent à Valparaiso.

— Très bien, vous êtes seul?

— Non, Sandoval m'accompagne.

— Je ne parle pas de lui, c'est un autre vous-même.

— C'est juste ; alors, je suis seul.

— Quelqu'un vous a-t-il reconnu à bord?

— Personne, j'en suis sûr, j'avais pris des renseignements avant de m'embarquer ; pendant la traversée, malgré toutes les avances qui m'ont été faites, je ne me suis lié avec personne. On m'avait surnommé, à bord de la *Ville-de-Bordeaux*, le Beau Ténébreux, à cause de mon mutisme et de ma sauvagerie.

— Très bien ; voilà un surnom très galant et qui va fort bien ; ensuite?

— J'ai laissé débarquer tous les passagers et je suis resté à bord jusqu'à neuf heures du soir, heure où une lancha de Baracas est venue me chercher, ainsi que cela avait été convenu entre le capitaine Largeteau et moi ; je me suis fait conduire, ou, pour être plus vrai, puisque je tenais le gouvernail, je me suis dirigé vers la calle de la Reconquista. Là, j'ai débarqué seul, Sandoval avait mes ordres, il est reparti avec la lancha, j'ai gravi la grande baranca et je me suis dirigé vers la calle Belgrano.

— Vous ne supposez pas avoir été reconnu en route par quelque connaissance?

— Non, pour deux raisons principales : la première, j'étais *embossé* jusqu'aux yeux dans mon manteau ; la seconde, je n'ai pas rencontré âme qui vive sur mon chemin.

— Ces deux raisons sont péremptoires ; comptez-vous séjourner quelque temps à Buenos-Ayres?

— Non pas; aussitôt après vous avoir quitté, je suis résolu à partir pour l'intérieur, j'ai hâte d'embrasser mon père et de revoir...

— Vous avez raison, j'allais vous conseiller ce départ, interrompit-il vivement. En quel endroit avez-vous donné rendez-vous à Sandoval?

— A Baracas : il doit m'attendre avec des chevaux derrière es *pulperia* de ño Cardoz.

— Bon ; je vois cela d'ici.

— Maintenant, cher ami, que je vous ai donné tous les renseignements que vous désiriez, dit vivement le jeune homme, à mon tour de vous interroger; je suis sur des épines, je brûle de savoir...

— Je comprends votre impatience, Fabricio, interrompit vivement don Anselmo; malheureusement, il m'est impossible de la satisfaire en ce moment.

— Eh quoi! vous refusez!...

— Non pas; j'ajourne seulement.

— Mais il faut que je vous quitte.

— Pas aussi promptement que vous le supposez.

— Que voulez-vous dire?

— Ceci, tout simplement, mon ami, que je pars avec vous.

— Je ne vous comprends pas; eh quoi! vous abandonneriez ainsi tous vos intérêts...

— Je n'abandonne rien, mon ami; mes intérêts ne sont pas à Buenos-Ayres, ils sont où vous allez.

— C'est une énigme?

— Bien facile à deviner, mon ami; avez-vous donc oublié que je suis soldat?

— Eh quoi? s'écria don Fabricio avec surprise? seriez-vous encore *sarjento-mayor* (1) du bataillon de Muypù?

— Pas tout à fait, répondit-il en souriant, je suis monté en grade; je suis actuellement coronel du bataillon d'Ayacucho, les Colorados, comme on les appelle.

— Comment? C'est vous qui commandez ce bataillon terrible! s'écria-t-il.

— En personne, depuis deux ans, répondit-il simplement; est-ce que vous avez entendu parler des Colorados?

---

(1) Ce grade correspond à celui de chef d'escadron.

— *Toma!* leur réputation est faite en Europe, querido, ils passent pour aussi intrépides que féroces; on raconte d'eux des actes d'audace inouïs et des cruautés horribles.

— On exagère beaucoup, mon ami; vous savez, en traversant la mer, les choses changent d'aspect, l'imagination les grossit singulièrement; vous les jugerez bientôt par vous-même; je compte vous escorter avec eux; vous verrez qu'au fond ce sont de bons diables et de vaillants soldats; mais hâtons-nous; le temps se passe, nous devrions être loin déjà; mais il faut modifier votre costume; vous ne pouvez partir ainsi; attendez.

Il frappa sur un gong.

Un gaucho entra; c'était un homme d'une quarantaine d'années, aux traits sombres, et rendus plus durs encore par une longue et profonde balafre qui lui traversait en biais tout le visage.

— Benito, lui dit don Anselmo, mon uniforme, tu y joindras une gorra, des polenas, une chiripa et un poncho colorado.

— Oui, señor coronel.

— Attends, tu feras un paquet d'un uniforme complet de soldat, avec sabre et carabine, tu m'entends?

— Oui, señor coronel, que ferai-je de ce paquet?

— Tu le porteras sur la croupe de ton cheval.

— Oui, señor coronel.

— Va et hâte-toi

— Oui, señor coronel.

Le gaucho salua et sortit; il revint au bout d'un instant et, sans prononcer un mot, il étala sur un meuble l'uniforme de don Anselmo et les autres objets qui lui avaient été demandés.

— Que trois bons chevaux, sans compter le tien et ceux de l'escorte, soient sellés d'ici à dix minutes; mon cheval d'abord, Negro pour un officier et un troisième pour un soldat; va et dépêche-toi.

— Oui, coronel.

Il salua et sortit.

— Voilà un gaillard, dit en riant don Fabricio, qui a bien la mine la plus patibulaire que j'aie jamais vue; mais il n'est pas bavard.

— Il n'en dit jamais plus long, répondit don Anselmo sur le même ton ; c'est un de mes agneaux, un vaillant soldat, il m'est dévoué; mais hâtez-vous, je vous prie, de changer de costume.

— Ainsi, vous m'enrôlez dans les Colorados?

— Jusqu'à nouvel ordre, oui, cher ami, avec le grade de capitaine.

— Merci; enfin, à la grâce de Dieu.

Et il se mit en mesure de modifier son costume, son ami était déjà en train de s'habiller.

Don Anselmo Rodriguez de Oro était un homme de trente ans au plus, de haute taille, très bien fait et d'apparence vigoureuse;

ses traits étaient beaux, énergiques et empreints de loyauté; sa physionomie avait une expression d'insouciante bravoure et de résolution froide qui attirait; c'était en somme une de ces admirables têtes de soldat comme on n'en rencontre guère que dans ces pays où la bataille est en permanence; ses longs cheveux noirs et bouclés tombaient sur ses larges épaules, il avait le visage rasé, sauf les moustaches, qu'il portait fort longues à la mode gauloise.

— Eh bien? demanda gaiement don Anselmo à son ami, y sommes-nous?

— Voilà qui est fait, dit don Fabricio qui achevait d'attacher à ses talons des éperons dont les rondelles étaient larges comme des soucoupes; comment me trouvez-vous, cher?

— Magnifique, sur ma foi; vous serez un des plus beaux officiers du bataillon.

Le fait est que l'éloge de don Anselmo n'avait rien d'exagéré, don Fabricio était fort bien, et portait son uniforme avec une aisance remarquable.

— Maintenant, cher ami, reprit don Anselmo, choisissez dans les trophées une rapière, des pistolets d'arçon et une carabine.

— Non pas; je prendrai seulement un ceinturon si vous me le permettez; quant aux armes, j'en apporte d'excellentes de Paris; j'ai acheté chez Lepage, l'armurier en renom, trois carabines, des rapières et des pistolets d'arçon dont vous me ferez compliment quand vous les verrez: car il y a pour vous expressément une carabine, une rapière et une paire de pistolets d'arçon, sans parler de pistolets semblables à ceux que je porte à la ceinture, regardez-les.

Et il les lui tendit.

Don Anselmo les examina avec soin.

— Ce sont des armes admirables, dit-il en les lui tendant.

— Ce sont des Menton, les pareils sont pour vous.

— Je vous remercie sincèrement, c'est un cadeau sans prix que vous me faites là.

— Je suis heureux qu'il vous plaise, mon ami.

— Mes armes sont de choix et excellentes, mais elles sont loin de valoir les vôtres, bien que je les aie payées un prix exorbitant.

— Cela se conçoit, mon ami, vous n'avez eu vos armes que de troisième ou quatrième main; au lieu que moi j'ai choisi, et bien choisi, je vous le promets..

— Prenez au moins un couteau pour la polena?

— Non pas, je n'en ai que faire; regardez celui-ci.

Et il sortit de sa polena un magnifique poignard, de fabrique orientale curieusement ciselé.

— J'ai percé trois onces d'or d'un seul coup, ajouta-t-il; mais ne vous chagrinez pas, Anselmo, j'en ai deux comme celui-là pour vous.

— Pourquoi donc? demanda-t-il curieusement.

— Parce que celui-ci se met dans la botte, il sert contre le laso et les bolas, et au besoin on peut s'en servir pour couper la viande à son repas, tandis que celui-ci ne sert que pour lutter contre un ennemi dans un combat à mort, ajouta-t-il avec une expression singulière.

— J'avoue que je ne comprends pas, mon ami; ces armes ne sont-elles pas semblables?

— A peu près; seulement, remarquez-vous cette rainure dans la lame, et ces bavures presque imperceptibles.

— En effet, mais cela ne m'explique pas?
— Attendez; le poignard de la polena a un fourreau en marocain rouge, celui de la ceinture a le sien en cuir de Russie; tous les deux ont été fabriqués à Damas, seulement la blessure du premier, si elle n'est pas trop profonde, peut se guérir, tandis qu'une simple égratignure amenant le sang à l'épiderme, faite par l'autre, est mortelle, quoi qu'on tente pour la guérir, me comprenez-vous maintenant?

— Parfaitement.
— On peut se trouver face à face avec un chien enragé ou un tigre cebado...
— C'est fort ingénieux; allons, je vois, cher ami, que vous n'avez pas perdu votre temps pendant vos voyages; et vous avez deux de ces poignards pour moi?
— Ils vous sont destinés, mon ami; les refusez-vous?
— Non pas, je les accepte, au contraire, avec reconnaissance.

Le gaucho entra.

— Tout est prêt, mon coronel.
— Très bien, Benito; as-tu fait le paquet que je t'ai commandé?
— Oui, mon coronel.
— Enlève les armes et laisse-les ici, elles sont inutiles; va, nous te suivons.

— Oui, mon coronel.

— Je donnerai mes armes à Sandoval, dit don Anselmo à son ami.

— Vous lui ferez là un magnifique cadeau, mon ami.

— Bien mesquin en comparaison de celui que vous me faites, cher Pacheco ; prenez donc quelques cigares pour la route : les nuits sont froides en diable, à Buenos-Ayres, vous savez ; fumer, cela réchauffe.

— J'ai sur moi des cigares pour moi et pour vous, soyez sans inquiétude, cher ami.

— Le diable vous emporte, Fabricio ! ne puis-je donc rien pour vous ? fit-il d'un air contrarié.

— Soyez donc raisonnable, mon ami ; que pouvez-vous faire de plus que ce que vous faites ?

— C'est bon, mauvais railleur, moquez-vous de moi, j'aurai ma revanche, allez !

— *Ché !* voilà qui est joli, par exemple ! C'est bien moi, au contraire, qui compte avoir la mienne.

Et il alluma en riant le cigare qu'il venait de choisir.

— Là, dit-il, me voici à vos ordres.

— Partons alors, nous sommes en retard.

Ils partirent alors et, après avoir traversé trois ou quatre pièces toutes éclairées, ils descendirent un escalier d'une vingtaine de marches, et se trouvèrent dans un zaguan assez large ; deux chevaux tenus en bride par des gauchos piétinaient et rongeaient leurs freins avec impatience.

Ces animaux étaient de magnifiques bêtes, à la tête petite, aux yeux brillants, aux jambes de cerfs et à la croupe rebondie.

Don Fabricio, qui était connaisseur, les admira franchement.

— Quel est le mien ? demanda-t-il.

— Le noir, répondit don Anselmo ; vous plaît-il, mon ami ?

— Je le crois bien, c'est un superbe animal ; un courrier de premier choix.

— Oui, et qui a du fond, je vous le promets ; il est à vous, Fabricio.

— Merci, Anselmo, vous me causez une joie véritable.

— Tant mieux ; en selle.

Dans la cour, on apercevait une douzaine de cavaliers immobiles et silencieux comme des statues de bronze.

Les deux jeunes gens se mirent en selle et sortirent de la maison.

Derrière eux les cavaliers s'ébranlèrent et marchèrent à leur suite dans un ordre admirable.

La petite troupe traversa au pas les rues de la ville ; les serenos saluaient silencieusement sur son passage.

On atteignit l'entrée de la ville ; don Anselmo, laissant sa troupe en arrière, s'avança seul et échangea quelques mots à voix basse avec le chef de la garde placée à la porte.

— Allez, señor coronel, le passage est libre, dit l'officier en saluant respectueusement.

Don Anselmo salua, et passa suivi de son escorte.

Derrière lui la porte se referma.

Lorsque la petite troupe eut fait quelques centaines de pas dans la campagne, elle obliqua légèrement à gauche dans la direction du fleuve, et prit le galop de chasse.

17

Bientôt on aperçut Baracas; toutes les maisons étaient sombres, pas une lumière ne brillait derrière les fenêtres.

— Voici, à cinquante pas devant nous, la pulperia de Cardoz, dit Rodriguez. C'est là, m'avez-vous dit, que Sandoval doit vous attendre.

— En effet, il doit y être; laissez-moi le rejoindre seul, il pourrait s'effrayer de nous voir si nombreux et faire quelque coup de tête, répondit don Fabricio.

— Allez, je vous attends ici.

Don Fabricio Pacheco mit pied à terre, ôta ses éperons et se dirigea à grands pas vers la pulperia.

Quand il n'en fut plus éloigné que d'une dizaine de pas, une voix rude cria :

— Qui vive ?

— Ami; c'est moi, Sandoval, répondit le jeune homme.

— Dieu soit béni! je commençais à être inquiet, mi amó; il ne vous est rien arrivé?

— Rien, que d'agréable.

— Mais quel singulier costume portez-vous donc? dans le premier moment, je ne l'avais pas remarqué.

— Un costume très commode et surtout très utile, que tu porteras bientôt toi-même. Eh bien, as-tu exécuté mes ordres?

— Autant que je l'ai pu, seigneurie; il était tard, et je craignais d'être reconnu.

— C'est-à-dire que tu n'as pas de chevaux?

— Pardonnez-moi, seigneurie, j'ai réussi à me procurer deux affreuses biques, qui se tiennent à peine sur leurs jambes, mais qui nous suffiront toujours jusqu'à ce que nous en trouvions d'autres; grâce à Dieu, il n'en manque pas dans la pampa, à moins qu'on ne les ait tous tués pendant notre absence.

Don Fabricio se mit à rire.

— Heureusement que j'y ai pensé, moi, dit-il; laisse-là tes biques, rends-leur la liberté, nous avons d'excellents chevaux.

— Bien vrai, seigneurie! en voilà une chance, par exemple! Ces choses-là n'arrivent qu'à vous, seigneurie.

— Flatteur! c'est Rodriguez qui me les a donnés.

— Don Anselmo? Oh! le digne seigneur; je le remercierai quand je le verrai.

— Cela te sera facile, il est là.

— Qui donc, seigneurie?

— Le señor Rodriguez; à deux pas avec une escorte de gauchos, ou pour mieux dire de soldats.

— C'est incroyable, ma parole d'honneur, seigneurie, comme tout vous arrive à point!

— Oui, je te conseille de crier cela tout haut, dans la situation où nous sommes, fit-il en hochant la tête.

— C'est vrai, pardonnez-moi, seigneurie; la joie me rend fou; je ne sais plus ce que je dis.

— As-tu appris quelque chose?

— Rien, et vous, seigneurie?

— Rien encore, mais bientôt je saurai; ne perdons pas le temps davantage; et, élevant la voix en se détournant à demi : Arrivez! cria-t-il.

En moins de deux minutes les cavaliers eurent rejoint les deux hommes.

— Eh bien? demanda don Anselmo.

En quelques mots don Fabricio mit son ami au fait.

Sandoval s'était approché et remerciait chaleureusement le jeune homme.

— C'est bien, c'est bien, Muhucho, lui répondait affectueusement don Anselmo ; de quoi t'étonnes-tu, ne sais-tu pas que ton maître et moi nous sommes frères? Abandonne tes biques, on a amené un cheval pour toi, hâte-toi surtout, nous sommes trop près de la ville pour être en sûreté.

— Mais les bagages, objecta Sandoval.

— Ah! diable! je n'y songeais plus, moi! dit Pacheco.

— Sont-ils nombreux? demanda don Anselmo.

— La charge de trois mules, mi amó.

— *Toma!* voilà qui est gênant, comment faire?

— Les mules sont là, toutes chargées, seigneurie.

— Et les mules sont bonnes?

— Excellentes, seigneurie; il n'y a que les chevaux qui ne valent rien.

— Que les chevaux aillent au diable; monte à cheval, Sandoval, Benito, je te confie la surveillance des mules.

— Oui, señor coronel.

— Y sommes-nous?

— Oui, répondit Sandoval.

— En route et cette fois au galop ; je voudrais déjà être à dix lieues de la *ciudad*.

— Bon, qu'avons-nous à craindre? demanda Fabricio.

— Tout! et surtout les combinaisons diaboliques du hasard, répondit nettement don Anselmo.

— Hum! vous m'inquiétez, mon ami.

— Bah! maintenant nous sommes en rase campagne, nous les verrons venir.

— Qui cela?

— Ceux qui ont intérêt à nous barrer le passage, sangre de Dios!

— Mais, au nom du diable, qui sont ceux-là?

— Vous ne les verrez que trop tôt, amigo.

— Enfin! où allons-nous ainsi?

— Rejoindre le bataillon d'Ayacucho, les Colorados.

— Sommes-nous bien éloignés encore?

— Au train dont nous allons nous arriverons dans trois heures, c'est-à-dire au lever du soleil.

— Merci. Dites-moi, Rodriguez, ne pensez-vous pas qu'il est temps de causer un peu de nos affaires, ou plutôt des miennes; ce que vous m'avez refusé jusqu'à présent.

— Soit, ami Fabricio, rien ne nous gêne, nul espion ne nous guette, écoutez-moi donc puisque vous le voulez.

— A la bonne heure ; je vais donc enfin savoir...

— Tout, le bon comme le mauvais.

Et, tout en galopant à travers la campagne faiblement éclairée par les rayons de la lune déjà presque au niveau de l'horizon, les deux amis, serrés l'un près de l'autre, commencèrent à s'entretenir à voix basse.

Déjà depuis longtemps les maisons de Buenos-Ayres avaient disparu dans le lointain, la petite troupe galopait en plein désert.

IV

LIONS ET CHACALS

Vers 1497, il existait en Andalousie, aux environs de San Lucar de Barrameda, entre Séville, deux gentilhommières, qui, à une autre époque, avaient été de puissantes forteresses, mais dont la splendeur était alors complètement passée à l'état de légende.

Ces deux gentilhommières, s'émiettant et s'effritant peu à peu sous les efforts combinés du temps, du vent, de la pluie, du soleil, et plus que tout de la rage batailleuse de leurs propriétaires, étaient fièrement campées sur le sommet de deux hautes collines, se faisant face et se regardant constamment à travers la vallée profonde qui les séparait.

La première appartenait à don Inigo Diaz de Quiros; la seconde était la propriété de don Alvar Nuñez Pacheco de Guardia.

Ces deux gentilshommes, plus nobles que le roi et plus gueux que Job, avaient la triste satisfaction de voir du haut de leurs tours démantelées, jusqu'à l'extrême limite de l'horizon, les terres qui jadis avaient formé leur patrimoine.

Mais, de toutes ces terres fertiles et dont le soleil dorait si complaisamment les riches moissons, il ne restait plus rien; tout s'était envolé: forêts, champs, guérets, et était passé dans d'autres mains, et cela à cause de la haine implacable qui, de temps immémorial, existait entre les deux familles de Quiros et de Guardia.

La cause de cette haine était oubliée depuis longtemps, mais la haine demeurait vivace comme au premier jour; les deux familles s'étaient fait une guerre sans trêve ni merci, des flots de sang avaient coulé, enfin toutes deux s'étaient ruinées à soutenir cette querelle.

Aujourd'hui les deux familles étaient réduites à la besace, la haine seule demeurait profonde comme au premier jour.

En ce moment il se faisait grand bruit en Andalousie; quelques années auparavant un navigateur génois nommé Christophe

Colomb avait, disait-on, découvert un nouveau monde par delà les mers; on faisait les récits les plus fantastiques sur ces terres

DON ET DONA INIGO DE QUIROS.

inconnues où, disait-on, l'or, l'argent, les pierreries, se trouvaient en si grande quantité que l'on n'avait littéralement que la peine de se baisser pour en ramasser sa charge; et on citait à l'appui de ces récits fantastiques les noms de nombreux individus qui, gueux et mourant de faim en Espagne, étaient partis pour les Indes occidentales, ainsi qu'on les nommait, et, un an ou deux plus tard, étaient revenus chargés d'or et possesseurs d'incalculables richesses.

Chose extraordinaire, ces récits, si exagérés qu'ils parussent, étaient encore au-dessous de la vérité; l'or du nouveau monde abondait en Espagne, en quantités incroyables; depuis quelques années des fortunes princières, faites on ne sait comment dans les pays inconnus, avaient pour ainsi dire poussé comme des champignons et bouleversaient complètement le pays.

Les expéditions partaient chaque jour de tous les ports d'Espagne, et surtout de Cadix, chargées d'aventuriers qui allaient chercher fortune dans le nouveau monde.

Le bruit de ces événements extraordinaires n'avait pas tardé à se répandre dans tout le pays et à arriver aux oreilles largement tendues des deux gentilshommes ruinés dont nous avons parlé plus haut.

S'ils n'avaient écouté que leur désir, tous deux seraient immédiatement partis pour les Indes, pour aller, comme tant d'autres, y redorer leurs blasons; mais l'orgueil les retint: partir, c'était s'avouer vaincu et renoncer à la lutte.

Cela aurait probablement fini par une catastrophe facile à prévoir, vu l'état de dénûment dans lequel ils étaient réduits tous

DON ET DONA PACHECO DE GUARDIA.

deux, si un jour le señor Pacheco de Guardia n'avait appris par hasard que la famille de son ennemi ne se composait plus que de deux vieillards, impotents l'un et l'autre, le mari et la femme, et un bambin de trois ans à peine, leur petit-fils.

Le señor Pacheco était dans la force de l'âge, il avait une jeune femme et deux enfants, un garçon et une fille, le garçon avait quinze ans, la fille treize, elle promettait déjà d'être fort belle. Après mûres réflexions, le señor Pacheco de Guardia déclara que, vu l'état où son ennemi était réduit, la guerre était terminée, et que, par conséquent, rien ne l'empêchait d'essayer de reconstituer la fortune qu'il avait perdue en luttant contre les Quiros.

En conséquence de ce raisonnement très logique, il réunit toutes les ressources qui lui restaient, emprunta de toutes mains à ses parents, qui, pour se débarrasser de lui, se hâtèrent de lui envoyer ce qu'il demandait.

Un matin, au lever du soleil, il partit de son château qu'il ne devait plus revoir, et, accompagné de sa femme, de ses enfants et de deux serviteurs dévoués qui ne l'avaient pas abandonné dans la mauvaise fortune, il s'embarqua sur le *Guadalquivir*, espèce de coche d'eau qui faisait à cette époque régulièrement les voyages de Séville à Cadix, et *vice versa*.

Arrivé dans le grand port militaire de l'Espagne, don Alvar Nuñez Pacheco de Guardia et toute sa suite montèrent à bord d'un grand vaisseau aventurier frété pour le Rio de la Plata, le nom promettait; ce fut avec la joie et l'espérance au fond du cœur que le pauvre gentilhomme perdit de vue les côtes d'Espagne, qui bientôt s'effacèrent à l'horizon.

Nous ne raconterons pas ses premières aventures en Amérique; nous nous bornerons à constater que, cinquante ou soixante ans plus tard, la famille Pacheco de Guardia, arrivée une des premières pour coloniser ces magnifiques contrées, alors presque inconnues, et parcourues seulement par des hordes d'Indiens féroces, passait pour posséder une fortune colossale ; cela était vrai ; ses propriétés avaient au moins deux lieues carrées, étaient couvertes de fermes, estancias et chacras, et renfermaient de nombreux troupeaux de bestiaux, de bœufs et moutons, errant à l'aventure dans d'immenses pâturages, et des manadas de chevaux sauvages et indomptés.

Une ville, Santa-Fé, s'était fondée sur les terres des Pacheco, ce qui, d'un seul coup, avait doublé ou même triplé leur fortune déjà si considérable.

On était en 1562, depuis soixante-cinq ans les Pacheco avaient émigré en Amérique, sans espoir de retour en Europe, l'émigration, bien que fort diminuée, continuait cependant toujours. Un matin au moment où le señor Pacheco montait à cheval pour aller jeter le coup d'œil du maître sur ses nombreux troupeaux et gardiens, un de ses peones lui remit une lettre qu'un exprès venait d'apporter à Buenos-Ayres à franc étrier.

Le señor Pacheco, sans se rendre compte de ce qu'il éprouvait, ouvrit cette lettre avec une appréhension qui lui serra le cœur ; elle était signée Justo Rodriguez de Oro.

Lorsque le premier Rodriguez avait émigré, deux serviteurs l'accompagnaient, l'un se nommait Benito Sandoval, l'autre Perico Rodriguez de Oro.

Le premier n'avait jamais voulu se séparer de son maître, malgré les offres que celui-ci lui avait faites, à plusieurs reprises, pour l'aider à s'enrichir ; le second s'était laissé tenter, il avait accepté, s'était fixé à Buenos-Ayres et, en quelques années, avait conquis, par son intelligence et son ardeur au travail, une position fort honorable, mais il s'était toujours considéré comme le client, dans l'acception romaine du mot, de son ancien maître ; ses enfants avaient fait de même ; le lien qui unissait les Pacheco aux Rodriguez avait changé de face, il n'y avait plus ni maître ni serviteurs, mais les liens d'une gratitude et d'une amitié à toute épreuve.

La lettre de don Justo Rodriguez de Oro adressée à don Luis Pacheco de Guardia était courte ; elle ne contenait que ces quelques mots :

« Hier sont débarqués à Buenos-Ayres don Cardinio de Quiros et ses deux frères, Jacine et Lopez, ainsi que deux enfants. Ils semblent assez pauvres ; mais leur haine contre le nom de Pacheco est bouillante au fond de leur cœur ; la lutte, commencée en Espagne, va se continuer en Amérique, ils ont l'intention de se fixer dans les pampas de Santa-Fé ; prenez garde, de mon côté je veille.

« Justo Rodriguez de Oro. »

Don Luis Pacheco pâlit à la lecture de cette étrange missive.

— Je croyais cette vieille haine éteinte, murmura-t-il, pour ma part, je ne sens rien dans mon cœur contre cette famille ; mais j'ai des enfants ; je veillerai ; Dieu protégera la bonne cause !

Mais où était la bonne cause ? qui avait tort ? qui avait raison ? nul ne savait ; le sujet même de cette haine était ignoré des deux partis.

Mais don Luis Pacheco avait des enfants qu'il fallait protéger ; il veilla.

Après avoir répondu au message de don Justo Rodriguez, au lieu d'aller faire sa tournée habituelle, comme il l'avait d'abord décidé, il rentra chez lui et convoqua ses principaux agents.

Dès qu'ils furent tous réunis, il leur annonça qu'il avait appris, par un message arrivé le matin même, que les Indiens Puelches, Guaranis et Pamperos, menaçaient les Européens d'une prochaine irruption ; qu'en conséquence il était important de mettre toutes les estancias et chacras, non seulement à l'abri d'un coup de main, mais encore en état de résister à un siège, et cela dans le plus bref délai possible, sans ménager l'argent.

Un mois plus tard, toutes les propriétés de don Luis Pacheco étaient de véritables forteresses.

Ce dont le gouvernement espagnol le félicita chaleureusement.

Les Indiens, effrayés sans doute des formidables précautions prises contre eux, ne parurent pas ; mais, en revanche, deux mois plus tard, une caravane de caretas ou galeras, venue de Buenos-Ayres à petites journées à travers les pampas, amena une centaine de nouveaux émigrants à Santa-Fé.

Au nombre de ces émigrants qui furent fort bien reçus dans

la ville, se trouvait la famille de Quiros annoncée deux mois auparavant à don Luis Pacheco par don Justo Rodriguez.

Les Quiros étaient les Indiens attendus par don Luis Pacheco.

Les Quiros étaient rien moins que riches; en s'obstinant à venir à Santa-Fé, ils avaient bien moins consulté leur intérêt que leur haine.

Ils s'aperçurent bientôt de la faute qu'ils avaient commise.

Les terres coûtaient fort cher; de plus elles appartenaient toutes aux Pacheco.

Don Luis ne voulait vendre à aucun prix.

Les Quiros essayèrent de prendre une ou deux chacras à loyer.

Mais, comme les terres, les chacras appartenaient à don Luis Pacheco.

Toutes les fermes, les estancias et les chacras étaient louées à long bail dans d'excellentes conditions à des familles qui remplissaient très exactement toutes les conditions qui leur étaient imposées par leur tenure; il n'y avait donc pas de raisons plausibles pour rompre les baux; d'ailleurs l'honneur défendait impérieusement à don Luis Pacheco d'expulser de leurs demeures de pauvres gens depuis longtemps à son service, et auxquels il n'avait jamais eu un reproche à adresser.

Cette dernière raison enleva tous les suffrages et chacun félicita don Luis Pacheco d'agir avec cette loyauté envers ses tenanciers.

Les Quiros furent contraints de s'avouer vaincus; leurs ressources s'épuisaient, ils se retirèrent la mort dans le cœur, leur haine s'en accrut d'autant, mais ils cédèrent, quittèrent Santa-Fé et se dirigèrent vers Cordova.

Dans la province de Cordova, encore à moitié déserte, ils n'avaient pas les mêmes raisons pour être repoussés.

Ils réussirent à prendre à bail une centaine d'arpents de terre, où ils s'installèrent et construisirent une chacra.

Leurs commencements furent durs; à plusieurs reprises, les Indiens brûlèrent leurs maisons et leurs récoltes.

Mais ils ne se découragèrent pas; la haine qui grondait au fond de leur cœur semblait redoubler leur courage; ils s'obstinaient.

Cependant, plus d'un siècle s'écoula avant qu'ils sortissent de la situation précaire dans laquelle ils se trouvaient.

Et cela par leur faute :

A plusieurs reprises, ils avaient attaqué les Pachecos; le sang avait coulé.

Attaqués, les Pachecos s'étaient défendus et avaient attaqué à leur tour; ils étaient riches, puissants, considérés, les Quiros furent obligés une fois encore de courber la tête.

Cependant, la guerre ne tarda pas à se rallumer, sous un prétexte futile, plus violente que jamais; bientôt, les choses en vinrent à un point de fureur tel, que le gouvernement se vit contraint d'intervenir.

Cela se passait quelques années seulement avant la Révolution. Des arbitres furent nommés de part et d'autre; les Pachecos montrèrent beaucoup de modération dans toute cette affaire et témoignèrent un sérieux désir d'accommodement.

Les Quiros, reconnaissant que cette fois encore, s'ils n'y prenaient garde, ils auraient le mauvais rôle, ne résistèrent que pour la forme, et après des négociations qui n'avaient pas duré moins de deux ans, la paix fut enfin conclue entre les deux familles ennemies.

Cette paix fut cimentée par plusieurs avantages faits aux Quiros et enfin par le mariage de doña Sancha de Pacheco de Guardia avec don Lucio de Quiros; il fut convenu, en outre, que quand doña Severa Diaz de Quiros atteindrait sa dix-huitième année, elle épouserait don Fabricio Pacheco de Guardia; doña Severa avait treize ans à peine et don Fabricio dix-sept.

Les deux jeunes gens furent fiancés solennellement et autorisés à se voir.

Cette facilité qu'on leur accordait éveilla l'amour dans leur cœur, et bientôt ils s'aimèrent sincèrement et profondément et aspirèrent avec une vive impatience au moment d'être unis.

Les choses en étaient là lorsque la Révolution éclata; doña Severa avait quinze ans, don Fabricio dix-neuf.

Les Diaz de Quiros et les Pachecos se trouvèrent jetés dans deux partis différents; les Quiros, peu fortunés, et espérant s'enrichir des dépouilles des rebelles, dont les biens ne manqueraient pas d'être confisqués, demeurèrent fidèles à l'Espagne, dont ils avaient tout à attendre.

Les Pachecos, au contraire, débarqués au Rio de la Plata, à l'époque où la colonie naissait à peine, et ayant les premiers défriché une grande partie du territoire de la vice-royauté, s'étaient attachés à cette terre qu'un travail incessant de plusieurs siècles avait fécondée, et dont ils avaient complètement changé l'aspect : ils étaient devenus sincèrement Argentins.

Ils adoptèrent franchement les principes nouveaux et se jetèrent franchement dans le mouvement révolutionnaire qu'ils servirent activement, de leurs bras, de leur intelligence et surtout de leur fortune.

La Révolution buenos-ayréenne fut longue et acharnée, elle couvrit le pays de ruines, le sang coula à flots, les deux partis fanatisés par la passion politique, la plus terrible de toutes, se livraient à des représailles horribles ; les Espagnols incendiaient les biens des libéraux et les massacraient sans pitié au nom du roi ; les libéraux agissaient absolument de même envers les Espagnols, au nom de la liberté.

Les Diaz de Quiros, dont la haine était loin d'être éteinte, profitèrent de l'occasion qui leur était offerte pour reprendre les hostilités contre leurs éternels ennemis.

Ils commirent des atrocités épouvantables ; toutes les propriétés des Pachecos furent saccagées et incendiées ; doña Sancha, faussement accusée d'adultère par son mari, mourut dans des tortures affreuses, après avoir vu égorger froidement ses enfants devant elle; râlant encore, on lui coupa la tête, et cette tête fut envoyée au père de la malheureuse jeune femme, qui faillit devenir fou de douleur.

Don Fabricio de Pacheco fut traîtreusement attaqué par ses ennemis, qui l'avaient fait tomber dans un piège infâme. Sans le dévouement de Benito Sandoval, son père nourricier, qui le défendit avec un héroïsme admirable, il aurait été impitoyablement massacré; lorsque les assassins furent contraints de prendre la fuite, le malheureux jeune homme, percé de coups, ne donnait plus que quelques signes de vie.

Il ne fut sauvé que par miracle; sa convalescence se prolongea pendant plusieurs mois; les médecins déclarèrent que, s'il restait en Amérique, il succomberait infailliblement. Don Horacio Pacheco, son père, se hâta d'accepter cette ordonnance des médecins, que peut-être il leur avait lui-même inspirée, et don Fabricio, très faible encore, fut précipitamment embarqué sur un corsaire français, alors en relâche devant Buenos-Ayres, et partit pour Bordeaux en compagnie de son fidèle Benito Sandoval, qui n'était pas dans un meilleur état de santé que lui.

Don Horacio Pacheco avait eu de graves motifs pour presser le départ de son fils pour la France. Il connaissait le profond amour de don Fabricio pour doña Severa; les Quiros, par leur conduite atroce, avaient rendu tout projet d'union entre les jeunes gens impossible; ils avaient circonvenu la jeune fille et avaient voulu la contraindre à épouser un de leurs partisans. La jeune fille, fidèle à son amour, avait énergiquement résisté; menaces, mauvais traitements, tout avait échoué devant l'immuable volonté de la jeune fille.

Poussés à bout, les Quiros n'avaient plus gardé de mesure, ils lui avaient fait subir les plus épouvantables tortures et l'avaient martyrisée de telle sorte qu'elle en était devenue folle, disait-on. Quelques-uns, même, se prétendant mieux instruits, affirmaient qu'elle avait succombé à ses souffrances et qu'elle était morte.

Voilà pourquoi don Horacio avait tellement pressé le départ de son fils; il avait reculé devant son désespoir.

Cependant, depuis quelque temps, les Quiros jouaient un jeu double.

Ils avaient reconnu que plus les événements se pressaient, plus l'influence espagnole diminuait dans le Rio de la Plata.

Les armées libérales s'aguerrissaient à force de combattre, elles se disciplinaient, elles étaient commandées par des chefs habiles et résolus qui ne laissaient rien au hasard, et, lorsqu'ils présentaient ou acceptaient une bataille, ne le faisaient jamais sans avoir une presque certitude du succès qui, d'ailleurs, commençait à vouloir définitivement se fixer sous leurs drapeaux.

Au commencement de la lutte, l'Espagne comptait un grand nombre d'adhérents parmi les habitants eux-mêmes de la colonie, mais ces adhérents diminuaient de jour en jour; tout devenait hostile aux défenseurs de la cause royale, et ils se trouvaient de plus en plus isolés sur ces immenses territoires où, pendant tant d'années, ils avaient exercé un pouvoir absolu et sans limites; le vide se faisait comme par enchantement autour d'eux, il leur devenait de plus en plus difficile de se ravitailler, sauf du côté de la mer; le moment approchait où ils seraient, par la force même des choses, contraints d'abandonner une partie déjà plus qu'à moitié perdue, et de quitter pour toujours cette contrée de l'Amérique qui les rejetait définitivement, comme les autres, suivant l'exemple donné par Buenos-Ayres, ne tarderaient pas à le faire elles aussi.

Les Diaz de Quiros avaient suivi attentivement les diverses phases de la lutte engagée entre la liberté d'une part et le despotisme de l'autre ; ils se tenaient avec grand soin au courant des événements, ils comprirent que le moment était venu de transiger avec leurs opinions et de se ranger du côté de ceux qui, selon toutes probabilités, resteraient définitivement les maîtres.

Mais ils étaient trop prudents pour agir brusquement et à la légère ; ils s'abouchèrent avec quelques chefs libéraux et commencèrent à leur rendre en secret certains services importants, puis, peu à peu, ils s'enhardirent, leur concours devint plus efficace, et lorsqu'ils crurent avoir conquis une bonne situation, ils démasquèrent définitivement leurs batteries, manœuvrant avec énergie, attaquèrent les monarchistes retranchés dans la province de Cordova, leur livrèrent plusieurs sanglants combats et réussirent à les refouler pour toujours hors de la province.

Le succès fut complet et important pour la cause libérale.

Malheureusement, les Diaz de Quiros étaient trop faibles pour agir seuls; si, au moment décisif, don Horacio de Guardia n'avait pas paru à la tête de sa *Moutonera* et n'avait pas, après les avoir entourés vigoureusement, chargé les Espagnols, le succès factice des Diaz de Quiros se serait inévitablement changé en défaite.

Cette fois encore, l'honneur de la victoire revint aux Pachecos, ce dont les Quiros enragèrent.

La lutte continuait toujours entre les deux familles, mais cette lutte était sourde et surtout défensive.

L'heure sonna où les Espagnols furent contraints de se rembarquer et de renoncer à vaincre leurs anciens esclaves révoltés.

L'indépendance de la République des provinces unies du Rio de la Plata fut officiellement reconnue par les puissances européennes.

Le moment était venu de récompenser ceux qui avaient concouru par leur courage, leur intelligence, à obtenir ce grand résultat tant et depuis si longtemps désiré.

C'est le malheur de toutes les révolutions, d'accepter des secours de toutes mains, et, quand elles ont réussi, d'être contraintes à récompenser des dévouements intéressés et souvent problématiques.

Cela a un nom, on l'appelle : la curée.

C'est incroyable, le nombre de citoyens dévoués à la cause triomphante qui se présentent à cette curée ; ils surgissent de toutes parts, semblent sortir de dessous les pavés : chacun d'eux a sauvé la République et assuré le triomphe de la bonne cause.

De tout temps et en tous pays, les choses se sont toujours passées ainsi, et il en sera toujours de même.

Le monde est ainsi fait, il ne changera pas; partout, l'homme est le même : vil, cupide, ambitieux et sans conscience; plus la civilisation le modifie, plus il est la même chose.

Les Diaz de Quiros n'eurent garde de s'oublier. Dans la grande curée qui s'ouvrait, ils se présentèrent des premiers; il est vrai qu'ils étaient au nombre de ceux qui avaient le moins de droits réels; aussi, étaient-ils pressés, ils ne voulaient pas laisser à la lumière le temps de se faire.

Malheureusement, ils avaient compté sans les Pachecos de Guardia; le dévouement de ceux-là était connu de longue date, ils avaient tout donné dès le premier moment à la cause libérale, leur sang et leur or, sans hésiter et sans compter; aussi ne demandaient-ils rien pour eux; ils se bornaient à réclamer une justice impartiale pour tous.

Leur influence était grande, leur loyauté hors de doute; ils furent écoutés.

Don Horacio Pacheco avait pris minutieusement note de tous les agissements de ses ennemis. Le dossier était formidable; le moment venu, il le montra. Ce dossier n'était pas à l'avantage, tant s'en faut, des Diaz de Quiros, il fut soigneusement examiné.

Le résultat de cet examen pour les Quiros fut celui-ci, que, en considération de leur repentir tardif et des quelques services que peut-être malgré eux ils avaient rendus au dernier moment à la cause libérale, aucune recherche ne fut faite sur leur conduite antérieure, et les biens qu'il possédaient et qui avaient été mis sous séquestre leur furent rendus dans l'état où ils se trouvaient, sans autres indemnités.

La récompense était maigre ; les Diaz de Quiros se trouvèrent presque ruinés.

Les Pachecos de Guardia étaient au contraire plus riches et plus puissants qu'ils ne l'avaient jamais été.

A peine devenus libres, les Argentins songèrent à aider leurs voisins à secouer, eux aussi, le joug de l'Espagne.

L'expédition glorieuse du Chili fut décidée.

Les Pachecos de Guardia, ce que nous n'avons pas dit encore, étaient cinq frères ; voici leurs noms : don Horacio, l'aîné de la famille ; don Stefano, don Lucas, don Gomez et don Sancho.

Don Stefano était vice-président de la Junta de Buenos-Ayres.

Don Lucas, colonel de cavalerie, était gouverneur militaire de Cordova.

Don Gomez, général de brigade.

Don Sancho, ministre des relations extérieures.

Quant à don Horacio, l'aîné des cinq frères et le chef de la famille, il était général, lui aussi, et, lorsque l'expédition du Chili fut décidée, il fut nommé commandant de la campagne.

Il était à la tête d'une troupe de quinze cents cavaliers et d'une moutonera de quatre cents gauchos, avec lesquels il devait maintenir l'ordre sur tout le territoire des llanos et des pampas depuis Buenos-Ayres jusqu'à Mandoza.

Ce poste important rendait don Horacio complètement libre de ses actes sous sa seule responsabilité et lui donnait un pouvoir sans limites.

L'expédition du Chili terminée par la sanglante et glorieuse bataille de Maypo qui assura définitivement l'indépendance du Chili, le gouvernement argentin adjoignit au général Horacio Pacheco le bataillon d'Ayacucho, surnommé le Colorado, à cause de la couleur rouge des ponchos portés par les soldats, et commandé par le colonel don Anselmo Rodriguez de Sandoval.

Le commandant de la campagne disposait donc de forces imposantes et faisait complètement la loi dans les pampas.

Pendant l'expédition chilienne, il avait eu maille à partir avec les Quiros, réduits alors à une position précaire ; il en avait fait exécuter cinq pour meurtres qualifiés.

Toute la famille Diaz de Quiros se composait maintenant de huit personnes, dont deux femmes et trois enfants.

Le chef de cette famille se nommait don Facundo de Quiros.

La vie qu'il menait était un mystère ; il courait les pampas de Santa Fé à la tête de cent ou cent cinquante bandits ; on le soupçonnait même de piller les caravanes ; il avait établi sa demeure dans un endroit réputé inexpugnable, mais dont on ignorait la situation exacte, et on l'accusait de s'être joint avec ses gauchos malos, à plusieurs reprises, aux Indiens Pamperos, pour piller et incendier les chacras.

En somme, c'était un gaucho malo dans toute la force du terme, un bandit sans foi ni loi et capable de commettre de sang-froid les actions les plus honteuses et les crimes les plus horribles.

Le commandant de la campagne lui faisait une chasse acharnée sans réussir à s'emparer de lui.

Quant à doña Severa, qui aurait eu alors vingt-deux ans, les bruits les plus contradictoires, les plus extraordinaires et surtout les plus incroyables couraient sur elle sans que l'on pût rien savoir de positif à son sujet.

Malgré les plus patientes et les plus minutieuses recherches, don Horacio n'avait rien découvert.

Seulement les on-dit affirmaient que doña Severa n'était pas morte, qu'elle était folle et qu'elle avait été reléguée, quelques-uns disaient vendue à une tribu d'Indiens Puelches.

Mais quelle tribu ? on l'ignorait.

On ne savait pas davantage sur quelle base reposait cette affirmation.

Les Pachecos de Guardia, qui depuis le commencement de la lutte avaient fait constamment preuve d'une grande modération, et en réalité n'avaient toujours fait que se défendre sans jamais attaquer, voyant à quel état d'abjection la haine avait fait descendre la famille Diaz de Quiros, et ne voulant pas plus longtemps demeurer exposés aux coups de bandits dont le principal argument était l'assassinat et le guet-apens, avaient résolu d'en finir coûte que coûte avec ces ennemis séculaires, et d'écraser une fois pour toutes cette couvée de chacals enragés.

Voilà quelle était la situation des deux familles en face l'une de l'autre au moment où don Fabricio Pacheco de Guardia avait débarqué à Buenos-Ayres à son retour de France.

Tout ce que nous venons d'analyser rapidement avait été raconté avec les plus grands détails par le colonel Rodriguez à son ami pendant qu'ils galopaient côte à côte dans la campagne.

Le récit du colonel finissait juste au moment où, aux premiers rayons du soleil levant, on apercevait, à quelques centaines de pas en avant, les avant-postes du bataillon des Colorados.

Cinq minutes plus tard, la petite troupe atteignait le campement des soldats, et en mettant pied à terre, douce surprise que lui avait ménagée le colonel, don Fabricio tombait dans les bras de son père, qui le serrait sur sa loyale poitrine en fondant en larmes.

V

LES ESQUINA DE LA CRUZ

La Cioja est une province argentine située au nord de San Juan, dont elle est séparée par plusieurs *travesias* ou grandes routes plusieurs fois interrompues par des vallées peuplées de gauchos pasteurs et agriculteurs, mais ces derniers en petit nombre.

Plusieurs chemins descendant des cordillères coupent la partie occidentale de cette province et suivent des lignes parallèles passant par des vallées remplies de pueblos, parmi lesquels se trouve celui de Chilecito, c'est-à-dire petit Chili, ainsi nommé à cause du grand nombre de mineurs chiliens accourus à ce pueblo, où ils s'étaient établis sur la renommée considérablement exagérée des mines de *Famatina*.

Un peu plus vers l'est s'étend une plaine sablonneuse déserte et brûlée par les rayons ardents du soleil ; à l'extrémité nord de cette plaine, presque au pied d'une montagne couverte jusqu'à son sommet de verdure et d'une vigoureuse végétation d'arbres séculaires, repose ou plutôt gît lamentablement le squelette flétri de la Rioja, cette ville autrefois puissante, peuplée et commerçante, aujourd'hui muette, solitaire, sans faubourgs, qui s'en va mourant et n'a rien conservé que des ruines informes de sa splendeur passée.

Au sud, et à une grande distance, la plaine sablonneuse dont nous parlons est bornée par les Colorados, groupe de montagnes de craie pétrifiée, de l'aspect le plus étrange et le plus saisissant. En les examinant avec une admiration muette, on se croit transporté aux pays des rêves, dans une de ces villes des Mille et une nuits où la vie s'est subitement arrêtée sous le coup de la baguette d'un puissant enchanteur.

Les coupures régulières de ces montagnes uniques au monde affectent les formes les plus pittoresques et les plus fantastiques, d'une couleur d'un blanc rougeâtre ; de loin on aperçoit de grosses tours crénelées, des châteaux féodaux en ruines, des murailles unies avec des bastions avancés, puis, par-dessus les murailles, les hauts clochers, capricieusement découpés, d'églises

invisibles, les toits de monuments inconnus, que sais-je encore?
et tout cela fini et travaillé comme par les mains habiles de ces

mystérieux architectes du moyen âge qui parcouraient le monde
en semant des merveilles sur leur passage.

Mais ville, bastions, châteaux, clochers, monuments, tout n'est
qu'une illusion, un caprice mystérieux de la nature, qu'elle a
produit comme en se jouant pour railler peut-être les efforts

impuissants de l'homme à créer des chefs-d'œuvre comparables à ses ouvrages les plus futiles.

Enfin, au sud-est, et entouré de longues routes, s'étendent les llanos, pays bouleversé, montagneux malgré son nom, mais oasis de pâturages, qui autrefois alimentaient d'innombrables troupeaux.

En somme, l'aspect du pays est en général désolé, le climat brûlant, la terre sèche et sans eau courante.

Les gauchos sont contraints à faire des *Represas*, c'est-à-dire des citernes, pour recueillir l'eau des pluies et abreuver leurs bestiaux.

Le jour où nous reprenons notre histoire, quinze jours après l'arrivée de don Fabricio à Buenos-Ayres, un curieux quelconque qui se serait trouvé, au coucher du soleil, embusqué sur une éminence, presque sur la lisière des llanos, et aurait porté ses regards vers les nombreux chemins dont la plaine est coupée, aurait aperçu une file de quinze charrettes venant du côté de la Bolivie et se dirigeant vers la *ciudad*, c'est-à-dire vers Buenos-Ayres.

Ces carretas ou galeras, car on leur donne indifféremment ces deux noms, sont d'immenses fourgons, recouverts de bâches en cuir attelées chacune de ses six bœufs; les deux de volée attachés au joug à quatre mètres environ de ceux du timon, afin de faciliter les efforts continuels qu'ils sont contraints de faire pour sortir la lourde machine des ornières dans lesquelles elle s'enfonce à chaque pas.

Les conducteurs ou bouviers chargés de diriger l'attelage sont couchés entre la bâche de cuir et les ballots superposés et se servent de longs aiguillons suspendus en équilibre au-dessus de leurs têtes.

Quelques-unes de ces carretas portent à l'avant un pierrier de cuivre ou un fauconneau.

Celles du convoi dont nous parlons en étaient toutes munies.

Un peu en arrière des carretas marchait le relai de rechange, composé d'une centaine de bœufs sous la garde d'une vingtaine de cavaliers.

Le convoi n'était plus éloigné que d'une centaine de pas d'une maison de poste, construite au milieu d'un carrefour formé par la rencontre de plusieurs routes; ces carrefours, au lieu de se nommer encrucijadas, qui est le nom véritable, sont appelés dans le pays, on ne sait pourquoi, *Esquinas*, mot qui signifie littéralement coin ou angle; déjà le carretero ou chef de la caravane avait pris les devants et ne se trouvait plus qu'à quelques pas de la maison de poste, sur le seuil de la porte deux ou trois personnes semblaient l'attendre pour lui souhaiter la bienvenue.

Sur le chemin, faisant face au convoi que nous avons décrit, s'en trouvait un autre marchant à la rencontre du premier, aussi nombreux que celui-ci, comme lui se dirigeant vers la maison de poste et n'en étant qu'à quelques pas.

Puis, si le curieux que nous supposons s'était brusquement retourné, il aurait aperçu blottis derrière les buissons épineux, assis et couchés, une troupe considérable d'hommes armés, mangeant sous la garde d'une sentinelle embusquée derrière un rocher, au-dessus duquel émergeaient à peine le sommet de sa tête et ses yeux; les chevaux de ces hommes, que la distance empêchait de reconnaître, étaient attachés à des piquets plantés dans le sable.

Si, après avoir examiné ces hommes, dont l'apparence farouche n'avait rien de bien rassurant, notre curieux avait regardé sur la gauche, il aurait aperçu très loin, et n'apparaissant que comme des points noirs sur le sable de la route, quatre cavaliers qui, eux aussi, semblaient se hâter d'atteindre la maison de poste avant le coucher du soleil.

Assez loin derrière les quatre cavaliers, on distinguait à peine une immense masse noire, confuse et mouvante, mais à laquelle il était impossible de donner un nom ; étaient-ce des hommes ? étaient-ce des animaux ? nul n'aurait pu le dire.

Tel aurait été le spectacle qui se serait offert aux regards d'un homme embusqué, le jour que nous avons dit, un peu avant le coucher du soleil, sur la lisière des llanos.

Il est bien entendu que, sauf les deux caravanes de carretas très rapprochés l'une de l'autre, les autres groupes ne se voyaient pas et ne se soupçonnaient point; cependant la maison de poste était le centre commun sur lequel venaient se fixer tous les regards en ce moment ouverts dans cette partie de la pampa.

Les deux convois atteignirent la maison de poste presque en même temps.

Ils s'arrêtèrent à droite et à gauche de la maison, les charrettes de chaque convoi se rangèrent sur une ligne en front de bandière, les bœufs dételés, les timons baissés et les jougs posés à terre à la place occupée par les animaux; aussitôt libres, ceux-ci allèrent rejoindre le troupeau de rechange, au milieu duquel ils se confondirent.

Les bâches de chaque carreta furent soulevées par derrière, et aussitôt on vit sauter sur le sol une foule d'hommes, de femmes et d'enfants de toute sorte et de tout âge, voyageurs peu fortunés qui se joignent au départ à ces caravanes, pour faire sans trop de fatigue et à bon compte les trois cents lieues qui séparent Mendoza de Buenos-Ayres.

Les deux capatazes ou patrons des convois pénétrèrent dans l'intérieur de la maison de poste, où ils furent accueillis avec tous les égards attachés à la haute position dont ils étaient investis.

Que l'on ne croie pas que nous plaisantons, un capataz est un homme important dans la pampa, il est aussi craint, aussi respecté et obéi avec autant de promptitude qu'un capitaine à bord de son navire.

N'est pas capataz qui veut: pour remplir cet emploi, il faut savoir se faire respecter de la horde de bouviers indisciplinés que l'on commande, maintenir la subordination et contraindre à l'obéissance ces natures abruptes, violentes et sauvages, être doué d'une grande fermeté, d'audace même et surtout de décision, ne pas hésiter à jouer du couteau contre les récalcitrants, s'il s'en trouve; quand tous les autres dorment, veiller sur le salut commun, éclairer la route, découvrir les gués, aller sans cesse de l'avant à l'arrière de la caravane, afin d'éviter les surprises et les périls du chemin à travers ces routes à peine tracées et dont les ornières sont de véritables casse-cou.

Les deux capatazes étaient à peu près du même âge, celui qui venait de Mendoza était un homme de taille moyenne, mais trapu, aux yeux gris et perçants et à la physionomie avenante; il avait environ quarante ans.

L'autre, le capataz arrivant de Buenos-Ayres, était peut-être un peu plus jeune. Il était de haute taille, bien fait de sa personne, avait les gestes élégants, peut-être même un peu prétentieux; ses traits étaient intelligents sans être beaux, l'expression de sa physionomie était joviale mais légèrement railleuse.

Le premier se nommait Matias Seguro, le second Domingo Pezuela.

En se rencontrant sur le seuil de la maison de poste, les deux capatazes se tendirent cordialement la main.

— Les affaires vont-elles à la ciudad? demanda Matias Seguro.

— Il n'y a pas trop à se plaindre, répondit Domingo Pezuela; cependant cela pourrait aller mieux; et du côté d'où vous venez?

— Ni bien ni mal, il y a un peu d'arrêt; la route est-elle libre de votre côté?

— Jusqu'à présent je n'ai rien découvert de suspect, et vous?

— Je n'ai rien découvert non plus, et pourtant depuis deux jours je marche la barbe sur l'épaule, je sens une piste suspecte sur mes flancs; à quelle sorte d'ennemis appartient-elle, je l'ignore, mais, d'où qu'elle vienne, je suis sous le coup d'une attaque; aussi, vous le voyez, mes précautions sont prises, ajouta-t-il en désignant du doigt plusieurs sentinelles embusquées la carabine au poing. Ces sentinelles, au nombre de quatre ou cinq, étaient postées à une certaine distance les unes des autres et placées de façon à bien voir ce qui se passait dans la campagne, tout en demeurant complètement à couvert.

— Hum! fit Domingo Pezuela en fronçant le sourcil, ce que vous me dites là n'est guère rassurant. Vous êtes un homme expérimenté, Matias Seguro, j'ai toute confiance en vous, entrez toujours dans la maison, je vous répondrai dans cinq minutes, le temps seulement de prévenir mes gens et de faire placer les sentinelles.

— Vous avez raison de prendre vos précautions, un malheur est sitôt arrivé.

— A qui le dites-vous, caraï!

— Il est convenu qu'en cas d'alerte nous nous entr'aidons, hein!

— Vive Dios! je le crois bien! s'écria-t-il vivement.

— Alors, comptez sur moi, amigo.

— Et vous sur moi; dans un instant je reviens.

Les deux hommes se serrèrent la main et se séparèrent. Matias Seguro pénétra dans la maison, tandis que Domingo Pezuela, au contraire, rétrogradait et retournait à son convoi.

Le chef de la poste se nommait Patricio Galvez, c'était un gaucho vigoureux et alerte, encore bien qu'il eût passé la cinquantaine.

Depuis dix ans qu'il était maître de poste à l'Esquina de la Cruz, ainsi se nommait sa maison, il avait eu le temps de faire connaissance avec les capatazes qui fréquentaient la route, il était lié intimement avec presque tous et avait son franc-parler avec eux.

Du reste tous les capatazes l'aimaient, parce qu'il était serviable et de bon conseil.

— Ché! vous voilà, don Matias, dit-il en serrant la main du capataz, j'attendais votre retour avec impatience.

— Merci, répondit le capataz, les voyageurs ne manqueront pas cette nuit dans votre maison, hein?

— Il n'y en aura jamais trop en ce moment; je croyais avoir aperçu don Domingo Pezuela, me serais-je trompé?

— Non pas; vous le verrez dans un instant.

— Tant mieux! c'est un brave garçon, je l'aime; en voilà un qui ne perd pas de temps et qui ne néglige pas ses affaires.

— Il a raison.

— Pas plus que vous, du reste, c'est justice à vous rendre, vous êtes constamment en route.

— J'ai de la famille, don Patricio, il faut qu'elle ne manque de rien.

— Oui, oui, vous êtes un brave et digne homme, don Matias.

— A propos, et moi qui oublie de vous demander des nouvelles de la señora et des niñas.

— Vous ne les verrez pas cette fois, don Matias ; depuis huit jours elles sont à Santa-Fé.

— Toma ! Comment ! vous avez eu le courage de vous séparer d'elles ?

Don Patricio Galvez fronça le sourcil, jeta un regard soucieux autour de lui.

— Je suis seul ici, reprit-il, seul avec mes peones, quinze gaillards qui ne craignent ni Dieu ni diable ; mais voici don Domingo Pezuela, le couvert est mis dans ma chambre à coucher, suivez-moi, señores, le puchero est servi ; en soupant, nous causerons.

Domingo Pezuela fit des compliments à don Patricio, et tous les trois se dirigèrent vers la chambre où le souper les attendait.

Don Patricio l'avait entendu.

— Il y a quelque chose, murmura don Matias tout en marchant.

— Il y a toujours quelque chose, dit-il avec un sourire d'une expression singulière, surtout aujourd'hui ; passez, caballeros, ajouta-t-il en ouvrant la porte de la chambre.

Les deux capatazes obéirent.

— Maintenant à table, señores, ne laissons pas refroidir le puchero.

Les trois hommes s'assirent autour de la table, et le souper commença.

La satisfaction des besoins matériels est une nécessité, une obligation, pour les natures habituées à la vie active des grandes plaines ou des hautes montagnes; quelles que soient leurs préoccupations morales, il faut qu'elles mangent à leur appétit et boivent à leur soif.

Les trois hommes avaient faim ; il mangèrent et burent vigoureusement, tout en causant à bâtons rompus de choses indifférentes.

Cependant lorsque la faim et la soif furent apaisées, que le maté brûlant eut été servi et que les convives commencèrent à le humer en véritables amateurs tout en fumant leur cigarette, les choses changèrent subitement de face.

— Caballeros, dit don Patricio en posant sa cigarette sur le bord d'une assiette après l'avoir aspirée deux ou trois fois et rendant la fumée par la bouche et les narines, j'ai à causer sérieusement avec vous.

— Je m'en doutais, dit don Matias entre deux bouffées de fumée.

— Êtes-vous disposés à m'écouter?

— Je ne demande pas mieux, dit Domingo.

— Parlez, ponctua don Matias.

— Le temps nous presse, je vous dirai la chose en deux mots :

En ce moment la porte s'ouvrit, un peon se pencha à l'oreille de son maître et lui parla bas pendant deux ou trois minutes.

— J'y vais, dit don Patricio en se levant vivement; señores, ajouta-t-il en s'adressant à ses convives, veuillez m'excuser, je vous prie; je suis à vous dans un instant.

— Faites, faites, dit don Matias.

Le maître de poste sortit.

— Soupçonnez-vous ce qu'il peut avoir à nous dire? demanda don Domingo à son collègue dès que la porte se fût refermée.

— Parfaitement, répondit son collègue.

— De quoi s'agit-il donc?

— La chose peut se dire en quatre mots : il craint une attaque.

— Hein? fit don Domingo en tressaillant.

— Vous n'avez pas entendu?

— Si, j'ai très bien entendu, au contraire.

— Eh bien?

— Vous croyez ne pas vous tromper?

— J'en suis sûr.

— Caraï! la position est grave.

— Elle le sera davantage probablement dans quelques heures, toute la famille de don Patricio est depuis huit jours à Santa-Fé, où il l'a envoyée.

— Mil demonios! nous voilà dans un joli guêpier.

— Bah! nous sommes prévenus, par conséquent sur nos gardes; nous en sortirons.

— Santa Virgen! moi qui ai des marchandises si précieuses.

— Toma! et moi, croyez-vous que mes carretas soient chargées de naranjas? nous sommes des hommes, n'est-ce pas? si l'on nous attaque, nous nous défendrons, caraï!

— Oui, jusqu'à la mort!

— A la bonne heure, voilà qui est parler.

— L'affaire est de prendre son parti, voilà tout.

— C'est juste; mais chut! voici notre hôte.

La porte s'ouvrit; don Patricio entra dans la chambre, quatre cavaliers le suivaient.

Ces cavaliers, déjà connus du lecteur, étaient don Fabricio Pacheco, don Anselmo Rodriguez, Sandoval en Benito, le Colorado du colonel.

— Señores, dit don Patricio, permettez-moi de vous présenter ces cavaliers; leurs noms vous importent peu, ce sont des voyageurs bien connus de moi et dont je réponds corps pour corps.

— Cela suffit ainsi, don Patricio, dit don Matias; ces caballeros sont les bienvenus.

Chacun prit place, le maté fut offert aux nouveaux venus, et les cigares furent allumés.

— Señores, dit don Patricio, quand j'ai été averti de l'arrivée de ces caballeros, j'allais vous apprendre...

— Ce que nous savons aussi bien que vous, don Patricio, interrompit vivement don Matias; ne perdons pas de temps, allons au but tout de suite ; nous sommes menacés d'une attaque ; je le sais depuis deux jours déjà, je suis suivi à la piste.

— C'est cela, reprit don Patricio ; que devons-nous faire ?

— Caraï ! nous défendre, ou que le diable me brûle ! s'écria don Matias.

— Et nous défendre jusqu'à la dernière goutte de notre sang.

— Nous vous aiderons, dit don Anselmo.

— Alors tout va bien ! dit gaiement don Matias, quatre hommes résolus ne sont pas à dédaigner.

— Le moment venu, nous serons six cents, reprit don Anselmo ; nous avons été prévenus un peu tard, les troupes sont en marche, elles ne pourront pas être ici avant minuit ; êtes-vous en mesure de vous défendre jusque-là si, ainsi que je crois le savoir, vous êtes attaqués vers onze heures ? On veut vous laisser le temps de bien vous endormir.

— Ce n'est pas mal calculé, reprit don Matias ; mais un homme prévenu en vaut deux, ils trouveront à qui parler.

— Je l'espère, reprit le colonel ; combien avez-vous d'hommes ? Je ne parle pas des voyageurs, qui ne nous seront d'aucune utilité.

— C'est exact ; j'ai quinze carretas, à six hommes par carreta, en comptant les conducteurs du ganado et des relais. Cela fait...

— Quatre-vingt-dix.

— Juste comme de l'or, caballero.

— Êtes-vous sûr d'eux ?

— Comme de moi-même, ils se feront tuer sans reculer d'une semelle.

— Très bien ; et vous, señor ? demanda-t-il à l'autre capataz.

— J'ai dix-huit carretas, à six hommes par carreta ; comptez.

— Cent-huit et quatre-vingt-dix, cent quatre-vingt-dix-huit; vous en êtes sûr?

— Ils se feront tuer résolument, répondit Domingo.

— Bien; et vous, notre hôte, avez-vous quelqu'un ici?

— J'ai quinze hommes sur lesquels je puis compter, et moi qui fais le seizième, la poudre ne me fait pas peur.

— Seize, ces deux caballeros dix-huit, nous autres quatre-vingt-deux, et cent quatre-vingt-dix-huit, deux cent vingt. Si nous faisons tous notre devoir, cela suffira.

— Nous le ferons.

— Je le désire vivement.

— J'oubliais de vous dire que sur chacune de mes carretas j'ai un fauconneau, dit Matias.

— Moi, j'en ai dix, ajouta don Domingo.

— Vous ferez démonter huit de vos fauconneaux, et vous six des vôtres, on les transportera ici avec les munitions nécessaires.

— Ce sera fait, dirent les deux hommes en s'inclinant.

— Maintenant, écoutez-moi bien; vous avez, n'est-ce pas, don Patricio, un refuge pour les voyageurs?

— Oui, seigneurie.

— Il est à peine sept heures, nous avons le temps; les voyageurs seront descendus dans le refuge avec défense d'en sortir; toutes les carretas, reliées les unes aux autres par des chaînes de fer, seront placées autour de la maison de façon à l'envelopper de tous les côtés ; les timons démontés, les jougs et les ballots renfermant les marchandises les moins précieuses serviront à boucher les interstices laissés libres entre les carretas ; prenez surtout les marchandises qui risquent le moins ; les fauconneaux seront montés sur le toit de la maison et braqués dans toutes les directions ; cela fait, les relais et le ganado seront conduits rapidement au *valle* Rubio, où ils seront en sûreté et faciles à réunir. Lorsque toutes ces mesures seront prises, nous nous partagerons les postes ; la lune se lève cette nuit à dix heures et demie, jusque-là nous n'avons rien à redouter, et nous avons le temps nécessaire pour préparer la réception que nous voulons faire à ceux qui pensent nous surprendre ; quel est votre avis, señores ?

— Le vôtre, seigneurie ; il n'y a rien autre chose à faire que ce que vous nous avez si clairement expliqué, dit don Matias ; le reste est à la grâce de Dieu et dépend du secours.

— Il arrivera à l'heure dite, je vous le promets.

— Alors, tout ira bien.

— Puisque nous sommes tous du même avis, à l'œuvre, señores.

— A l'œuvre ! répétèrent-ils tous en se levant.

Ils sortirent de la chambre et quittèrent la maison.

Bientôt tout fut en mouvement autour de la maison de poste.

Ce n'était pas un mince travail, que celui qu'il s'agissait ainsi de mener à bien dans les ténèbres, car des lumières auraient donné l'éveil à ceux qui sans doute étaient à quelque distance, embusqués dans les buissons et les halliers.

De même que beaucoup d'autres maisons de poste exposées aux

déprédations des *Indiens bravos* ou des *Gauchos malos*, la maison de l'Esquina de la Cruz possédait une immense cave, assez profonde, bien aérée, soigneusement aménagée, où, en cas d'attaque, les voyageurs et la famille du maître de poste trouvaient un refuge, à l'abri des balles, et où ils restaient en sûreté pendant tout le temps que durait l'attaque ; il est vrai que, si les bandits assaillants demeuraient maîtres du champ de bataille, les malheureux, s'ils étaient découverts, devenaient la proie de ces féroces vainqueurs et étaient impitoyablement massacrés, après avoir subi les plus horribles outrages.

C'était une chance à courir, chance bien précaire à la vérité, mais la seule qui, dans ces déserts, existât à cinquante, et quelquefois cent lieues à la ronde.

Toute fuite était du reste impossible ; dans la pampa, un homme sans armes est un homme mort.

Les voyageurs étaient nombreux ; entre hommes, femmes et enfants, ils étaient au moins deux cents.

Les capatazes les avertirent de ce qui se passait, du danger terrible suspendu sur leurs têtes, et les engagèrent à se retirer au plus vite dans le refuge.

Par un hasard qui, du reste, se présente assez souvent dans ces contrées, où l'émigration apporte chaque année un contingent considérable, il se trouva parmi les voyageurs une soixantaine de Français, Anglais, Italiens et même Allemands, tous anciens soldats ou anciens matelots, pour la plupart aventuriers résolus, ayant quitté leurs pays pour tenter la fortune par tous les moyens ; ceux-là étaient biens armés ; ils refusèrent péremptoirement de se mettre à l'abri dans le refuge qu'on leur proposait ; presque tous avaient tout ce qu'ils possédaient dans les carretas, ils étaient déterminés à défendre leur bien; ils demandèrent à prendre place parmi les combattants.

Un renfort de soixante gaillards braves et sachant se battre n'était nullement à dédaigner dans les circonstances critiques où on se trouvait; ils furent acceptés avec enthousiasme.

Les autres voyageurs descendirent sans murmurer dans la cave, que l'on referma sur eux, après avoir eu soin toutefois de leur laisser de la lumière et des rafraîchissements en abondance.

Un peu avant dix heures tout fut terminé.

On avait travaillé sans relâche, avec cette ardeur que donne l'appréhension d'un danger certain.

Les bestiaux avaient été mis en sûreté dans le valle Rubio; les fauconneaux, montés sur le toit de la maison, avaient été intelligemment distribués sur les quatre faces et solidement amarrés par des matelots anglais.

La poste de l'Esquina de la Cruz, entourée de tous les côtés par un formidable rempart de charrettes entrelacées avec des madriers et des ballots solidement assujettis, et défendue par deux cent quatre-vingts hommes résolus, était, au dire du colonel don

Anselmo de Guttierez, non seulement en état de résister à un coup de main, mais encore de soutenir un siège en règle.

— D'autant plus, ajouta-t-il nonchalamment, que nous aurons tout au plus affaire à huit ou neuf cents bandits, rouges et blancs.

Une copieuse distribution d'eau-de-vie de Catalogne fut faite entre les défenseurs de la poste, qui allèrent, après avoir bu, occuper les postes qu'on leur avait désignés.

De grands amas de bois secs imprégnés d'essences avaient été faits en plusieurs endroits afin d'être en mesure, si besoin était, d'avoir immédiatement de la lumière.

Puis, sur un geste de don Anselmo, les lampes, les chandelles et les torches furent éteintes partout, un silence complet s'établit aussitôt, et la poste, plongée dans des ténèbres épaisses, sembla endormie.

Jamais elle n'avait été si éveillée.

L'ordre avait été donné de ne pas tirer avant le commandement.

Chacun se tenait immobile et ferme à son poste, le fusil ou la carabine en main, le corps légèrement penché en avant et les regards ardemment fixés dans l'espace.

Une demi-heure s'écoula ainsi sans que le plus léger bruit troublât le silence profond qui planait sur la pampa.

La lune commençait à émerger lentement au-dessus de l'horizon et à dissiper peu à peu les ténèbres en argentant de ses rayons froids et blafards les divers accidents du paysage, qui tour à tour sortaient, et pour ainsi dire se détachaient de l'obscurité.

Tout à coup on entendit, semblable au roulement d'un

tonnerre lointain, le galop rapide d'un cheval lancé à fond de train.

Le bruit devenait de plus en plus fort; bientôt on aperçut au loin la silhouette sombre d'un cheval sur le dos duquel

apparaissait, droite et fièrement cambrée, une grande figure blanche.

Cette étrange apparition se fit presque aussitôt complètement visible.

Mais, au lieu de continuer à s'avancer droit sur la maison comme elle l'avait fait jusque-là, arrivée à une vingtaine de pas du retranchement, le cheval obliqua légèrement à droite, sans ralentir sa course, et commença à tourner autour des retranchements avec une vélocité incroyable, mais sans s'approcher davantage.

— *La hada! la hada!* — La fée! la fée! — murmurèrent les Argentins en se signant avec terreur, nous sommes perdus!

— Qu'est-ce que cela signifie ? se demandait don Anselmo à part lui, est-ce une momerie exécutée pour nous effrayer ?

Au même instant, femme, démon ou spectre, la singulière apparition, tout en continuant son galop infernal, cria à plusieurs reprises, d'une voix qui n'avait rien d'humain.

— Veillez ! veillez ! les voici, les démons des nuits, les rouges féroces et les blancs cruels qui égorgent les enfants et les femmes ! Les voici ! les voici ! ils arrivent ! veillez ! veillez !

Le cheval fit un brusque crochet, prit un nouvel élan, changea de direction, et ne tarda pas à disparaître dans les hautes herbes.

Cependant la voix continuait à se faire entendre, elle arrivait distincte aux oreilles des défenseurs de la maison de poste.

— C'est une pauvre folle, murmura don Fabricio en soupirant.

Don Anselmo, dont les regards étaient obstinément restés fixés sur la plaine, maintenant éclairée par la lune, dit tout à coup d'une voix contenue, mais qui fut parfaitement entendue de tous les défenseurs du rempart.

— Attention ! quelle que soit cette femme, elle ne nous a pas trompés, regardez, voici l'ennemi !

En effet, une masse noire et compacte s'avançait rapidement vers la maison.

La voix, comme un écho mourant, cria à deux reprises :

— Les voici ! les voici ! veillez ! veillez !

Ce fut tout.

Le silence ne fut plus troublé que par le galop rapide d'une troupe nombreuse de chevaux dont les pieds faisaient trembler la terre sous leurs pas pressés.

VI

LE COMBAT

Les Hispano-Américains prétendent, et ils sont fermement convaincus, qu'ils sont de fervents catholiques : catholiques, c'est possible, je ne trouve rien à reprendre à cela ; mais chrétiens, c'est autre chose et cela demande explication.

Premièrement, les populations de ces contrées sont d'une ignorance dont il est impossible de se faire une idée, même lointaine, en Europe.

De plus, les populations, beaucoup trop peu nombreuses pour les territoires qu'elles occupent, sont disséminées sur un immense espace, séparées entre elles par des déserts presque infranchissables, et, par conséquent, vivent isolées, sans rapports entre elles et livrées à elles-mêmes.

Le clergé, très peu nombreux et relégué dans quelques villes, car il y a beaucoup de villes de l'intérieur qui ne possèdent pas un seul prêtre régulier, est complètement insuffisant pour la sainte mission qu'il est appelé à remplir, en premier lieu parce qu'il est aussi ignorant que ceux qu'il est chargé d'instruire, et ensuite, chose pénible à dire, en général, ses mœurs ne sont nullement ce qu'elles devraient être et sont du plus fâcheux exemple.

A l'époque où j'habitais Lima, j'ai connu un moine du couvent de San-Francisco, le plus grand et le plus riche de la ville; ce moine passait pour un saint homme, en réalité c'était un excellent compagnon. Il vivait publiquement dans le couvent avec une Sambà fort jolie, qui venait chaque jour, avec une séquelle de bambins cuivrés, passer la journée au couvent et partager les repas du digne homme, père de la grouillante nichée qu'elle traînait avec elle, et ce moine n'était pas le seul à vivre ainsi dans le couvent; tout le monde trouvait cela fort naturel et personne ne s'en formalisait.

En somme, dans les anciennes colonies espagnoles, la religion est tout extérieure et faite pour frapper les yeux; c'est un paganisme déguisé, un mélange bizarre des anciennes religions indiennes, mêlées de christianisme dans les formes et rien de plus; les Indiens n'ont jamais été convertis qu'à la surface, au fond ils sont toujours demeurés païens et fermement attachés à leurs anciennes croyances. Ils aiment ce qui brille et frappe les yeux, le clinquant, l'apparat ; le catholicisme comme on l'entend en Amérique leur a donné tout cela ; pour eux chaque saint est un dieu, chaque sainte une déesse ; ils invoquent la Vierge sous mille noms différents et sont convaincus que ce sont autant de vierges différentes ; Dieu n'existe presque pas pour eux, ils ne s'adressent à lui qu'en désespoir de cause : ils ont une bien plus grande foi dans les saints, les saintes et les vierges, quels que soient les noms qu'ils leur donnent.

En réalité, comme tous les gens incapables de comprendre la religion qu'ils sont censés professer, les Hispano-Américains sont avant tout et surtout superstitieux ; ils croient à l'efficacité des amulettes, aux cierges brûlés devant tel ou tel saint, aux fées, aux fantômes, aux revenants, aux âmes du purgatoire, au mauvais œil, que sais-je encore ? Ils invoquent leur patron pour commettre un meurtre, puis, le crime accompli, ils se confessent, reçoivent l'absolution, et tout est dit ; les femmes vont sérieusement écouter la messe dite par un prêtre dissolu dont elles connaissent tous les vices, et avec lequel elles entretiennent des relations peu avouables ; elles lui demandent sa bénédiction, qu'elles reçoivent avec toute l'humilité désirable, et se confessent à lui, ce qui ne les empêche nullement de faire vie qui dure avec lui.

Dans aucun pays du monde la religion n'est plus singulière et plus étrange.

J'étais à Santiago, un arriero que je connaissais était sur le point d'entreprendre un voyage dangereux à travers les Cordillères ; il transportait des marchandises précieuses et redoutait fort d'être arrêté en route par les salteadores.

La veille de son départ il se rendit à la cathédrale, avisa un prêtre qui lisait tant bien que mal son bréviaire dans la sacristie et lui conta son affaire.

— Comment vous nommez-vous ? lui demanda le prêtre.
— Pedro Nuñoz, Votre Révérence, répondit l'arriero.

— Vous avez là un excellent patron, dit le prêtre; vous voulez vous mettre sous sa protection pendant votre voyage ?

— Oui, Votre Révérence.

— Hum! saint Pierre est très puissant, mais il est jaloux et ne donne pas ses coquilles; que voulez-vous ?

— Je voudrais faire dire des messes pour que Notre-Seigneur Dieu le Père intervînt en ma faveur près de lui.

— Je comprends, mais saint Pierre ne se laisse pas facilement attendrir, cela vous coûtera une once.

— C'est beaucoup, Votre Révérence, je ne puis payer si cher, je suis pauvre.

Un débat s'engagea alors entre le prêtre et le muletier; enfin l'affaire s'arrangea pour une demi-once, que le prêtre se fit naturellement payer d'avance.

— C'est bien peu, dit-il en la mettant dans sa poche: je crains bien que saint Pierre ne veuille rien faire; enfin, je dirai les messes.

Le muletier partit; il fut attaqué et dévalisé à dix lieues à peine de Santiago.

Il revint, la tête basse, trouver le prêtre.

— Je vous avais averti, dit sévèrement le prêtre; tant pis pour vous! Comment voulez-vous que saint Pierre se dérange pour une misérable demi-once? C'est de votre faute.

— En effet, dit le muletier convaincu, c'est de ma faute, la première fois, je ne regarderai pas à l'argent.

Ceci est textuel et s'est passé devant moi; voilà où en est la religion dans ces contrées.

Notez que Santiago est la capitale du Chili et passe avec raison pour une des villes de toute l'Amérique du Sud où la civilisation est le plus avancée.

Que penser après cela des misérables pueblos des pampas, où la superstition est en permanence et a tout remplacé?

Nous demandons pardon au lecteur de cette digression, mais nous racontons les mœurs et les coutumes de peuples encore presque ignorés, et nous croyons ne devoir rien négliger pour les faire bien connaître.

Nous reprenons maintenant notre récit.

La singulière apparition du fantôme blanc, rapportée dans notre précédent chapitre, et les paroles bizarres que, tout en galopant, il lançait dans l'espace, avaient jeté le plus complet désarroi parmi les bouviers et les charretiers.

Les pauvres diables tremblaient comme s'ils eussent eu la fièvre quartaine, se signaient à outrance à la mode espagnole et jetaient des regards effarés autour d'eux, en marmottant des prières qui, sans doute dans le principe, avaient dû être en latin, mais depuis longtemps déjà n'appartenaient plus à aucune langue connue.

Ce fut surtout dans cette circonstance que la présence des Européens fut avantageuse et profitable; ceux-ci, sceptiques comme le sont généralement les aventuriers, se mirent à rire en se frottant les mains et proclamèrent que le fantôme, quel qu'il fût, était une bonne espèce de spectre, qui devait être de leurs amis, puisqu'il avait pris la peine de les avertir de l'approche du danger et de les engager à se tenir sur leurs gardes et à se défendre.

Ainsi que cela arrive toujours, les Argentins commencèrent par se formaliser et traiter les Européens de *carcamans*, de gringos et de païens; mais bientôt ils se ravisèrent, le bruit des chevaux qui se rapprochaient de plus en plus, la vue des assaillants dont la masse compacte était déjà parfaitement visible, leur donnèrent à réfléchir; ils se rassurèrent peu à peu, et bientôt ils convinrent que la hada était un bon esprit qui, sans doute, avait besoin de messes pour sortir du purgatoire, et qui les avertissait pour en obtenir.

Une fois lancés sur cette voie, les choses allèrent toutes seules; les bouviers, tout en se promettant de faire dire les messes demandées, reprirent tout leur courage et se préparèrent à recevoir bravement le choc de l'ennemi.

— Attention! reprit don Anselmo, restez fermes et ne tirez pas sans ordres.

Les cavaliers arrivaient comme un tourbillon, couchés de côté sur leurs chevaux, suspendus par un étrier, accrochés de la main gauche à la crinière du cheval et de la main droite brandissant leurs lances longues de dix-huit pieds garnies au fer d'une touffe de plumes d'autruche.

Ces cavaliers, en apparence du moins, étaient des Indiens Pamperos, le harnachement des chevaux l'indiquait; quant aux hommes, ils étaient complètement invisibles; mais, parmi eux, il devait y avoir des gauchos, car on voyait briller aux rayons de la lune les fourreaux des sabres et les canons des carabines.

A première vue, ils devaient être au moins neuf cents, ils occupaient un espace considérable et s'étendaient à droite et à gauche, probablement dans le but d'envelopper la maison de tous les côtés à la fois.

Arrivés à six ou sept cents pas du retranchement, ils firent subitement halte, se groupèrent et semblèrent se consulter entre eux.

Le conseil, car c'en était un véritable, se prolongea pendant environ dix minutes, puis les cavaliers se séparèrent.

La troupe se sépara en détachements de vingt-cinq ou trente chevaux chacun, s'étendit en éventail, et à un signal donné tous les chevaux, en apparence sans cavaliers, bondirent à la fois en avant et s'élancèrent avec une rapidité vertigineuse contre la maison de poste, en poussant d'horribles clameurs dont rien ne saurait exprimer l'expression.

C'était quelque chose d'étrange et de saisissant à la fois que la course affolée de tous ces chevaux, en apparence sans maîtres, faisant des bons prodigieux, rasant presque la terre dans leur essor rapide et du milieu desquels s'élevaient des hurlements continus qui n'avaient rien d'humain.

— A présent! dit le colonel en levant son épée.

Les chevaux n'étaient plus qu'à cent cinquante pas à peine.

Soudain le sommet de la maison de poste, sombre jusque-là, se ceignit d'un cordon de flamme, et une effroyable décharge éclata avec un bruit terrible.

On vit au même instant les chevaux se cabrer, se jeter les uns sur les autres, faire des écarts et des bons désordonnés et rouler les uns sur les autres dans un épouvantable désordre.

Mais l'élan était donné, rien ne pouvait arrêter l'avalanche.

Les chevaux trébuchaient les uns contre les autres, quelques-uns tombaient, mais ceux qui venaient derrière passaient par-dessus et redoublaient de vitesse.

— Feu! dit froidement le colonel en déchargeant, lui aussi, sa carabine.

A leur tour les retranchements s'éclairèrent d'une lueur subite, et la fusillade éclata avec un roulement de tonnerre.

Cette décharge faite presque à bout portant eut des résultats terribles.

Toutes les balles portèrent.

Le désordre devint un véritable chaos.

Les chevaux tombèrent les uns sur les autres.

Ceux qui n'étaient pas blessés tournèrent brusquement sur eux-mêmes, se débandèrent et partirent avec une rapidité vertigineuse.

— Rechargez! Que personne ne bouge! Soyez prêts! dit la voix calme du colonel Rodriguez.

Bientôt les cavaliers eurent disparu dans la nuit.

A cent pas des retranchements, on apercevait sur le sol une masse grouillante, pêle-mêle horrible d'hommes et de chevaux, d'où s'élevaient des plaintes, des blasphèmes et des cris d'agonie.

Le premier assaut avait été donné et chaudement reçu.

Les assaillants n'avaient pu venir à portée, pas un coup de carabine n'avait été tiré de leur côté.

Trompés par l'obscurité et le silence qui enveloppaient la maison de poste, les Indiens, ou quels que fussent les assaillants, avaient cru surprendre les voyageurs et les bouviers endormis, et s'emparer ainsi d'une proie facile qui, par la sécurité dans laquelle elle était, se livrait elle-même.

Ils avaient en conséquence négligé les précautions habituelles, et, comptant sur leur nombre et la terreur qu'ils inspireraient, ils s'étaient élancés à la curée, assurés déjà de leur facile victoire.

L'événement avait complètement trompé leur attente.

Au lieu de gens gorgés de boisson et dormant du lourd sommeil de l'ivresse, ils s'étaient à l'improviste trouvés en face d'hommes résolus, bien armés, sur leurs gardes et solidement embusqués derrière des retranchements.

La déception fut terrible, les pertes sérieuses ; la mitraille et les balles avaient décimé leurs rangs et fauché leurs plus braves combattants.

Plus de deux cents hommes, sans compter les chevaux, gisaient étendus, morts ou mourants, sur le sol du llano, qui serviraient de pâture aux fauves.

Cependant, lorsque le premier effarement de la déroute eut cessé, les assaillants se rallièrent et s'arrêtèrent à environ deux portées de fusil de l'esquinace de la Cruz, qui leur avait été si fatale.

Les chefs se réunirent aussitôt pour délibérer sur les mesures à prendre.

La plus grande partie de cette bande d'oiseaux de proie se composait d'Indiens Pamperos, à la vérité; mais il y avait parmi eux environ deux cents ou deux cent cinquante gauchos malos, bandits de sac et corde, pillards émérites, dont l'incendie et le meurtre forment le fond de l'existence.

Dans le premier assaut qui avait été donné, les gauchos s'étaient tenus en arrière pour laisser à leurs alliés Peaux-Rouges l'honneur du premier combat.

Grâce à cette stipulation singulière, tout l'effort du combat avait été supporté par les Indiens, qui avaient éprouvé des pertes énormes, au lieu que les gauchos avaient à peine eu quatre ou cinq hommes tués.

Mutuellement les récriminations commencèrent, on s'emporta, et un instant les alliés faillirent en venir aux mains les uns contre les autres.

Mais le commandant supérieur des gauchos et quelques chefs indiens s'interposèrent et réussirent à ramener la concorde parmi les confédérés.

La querelle terminée, on entama la question sérieuse.

La question de pillage ne tenait plus la première place dans l'esprit des confédérés.

La vengeance primait tout.

Il fallait s'emparer coûte que coûte de la maison forte, en égorger tous les habitants, ainsi que les voyageurs des deux convois, et laver dans leur sang l'insulte qui avait été reçue.

Ensuite, car il fallait toujours en revenir là, on se partagerait la dépouille des morts.

Après de longues discussions, voici le plan auquel on s'arrêta :

Les deux troupes réunies marcheraient de concert contre la maison forte, en prenant toutes les précautions nécessaires pour ne pas être aperçues ; arrivées à portée de fusil des retranchements, on ferait halte. Les gauchos mettraient pied à terre, se glisseraient en rampant, et de façon à ne pas être dépistés, jusqu'aux charrettes ; arrivés là, ils s'arrêteraient, le cri du *tiroutero*, espèce de vanneau fort commun dans les pampas, et qui porte un petit éperon à l'aile, donnerait le signal, en se faisant entendre trois fois.

Au troisième cri du *tiroutero*, les Indiens s'élanceraient et feraient une charge à fond de toute la vitesse de leurs chevaux, en même temps que les gauchos escaladeraient les retranchements et engageraient contre les bouviers un combat corps à corps.

Ce plan était bon à cause de sa simplicité même et devait réussir à moins d'événements impossibles à prévoir.

Les confédérés oubliaient que c'est surtout ces événements impossibles dont il faut surtout se méfier.

C'est l'imprévu qui fait gagner et perdre les batailles et échouer les plans les mieux conçus.

La maison de poste avait repris son calme menaçant.

Lorsque toutes les mesures furent prises, les confédérés se

glissèrent ainsi qu'il avait été convenu à travers les buissons jusqu'à portée de fusil de la poste ; là, ils s'embusquèrent au milieu des taillis.

Les gauchos mirent alors pied à terre, et, s'étendant sur le sol, ils commencèrent à ramper silencieusement comme des serpents dans la direction des retranchements, ne s'avançant qu'avec des précautions extrêmes et s'arrêtant presque à chaque pas, pour prêter l'oreille et s'assurer qu'ils n'étaient pas dépistés.

Rien ne bougeait autour d'eux.

Ils n'étaient plus qu'à une trentaine de pas des retranchements, ils n'avaient plus qu'une quinzaine de pas à faire pour être assez rapprochés de ceux qu'ils voulaient surprendre, pour donner le signal convenu et s'élancer à l'assaut, quand tout à coup le bruit du galop d'un cheval lancé à toute course et venant d'une direction opposée à celle où leurs alliés étaient embusqués les fit tressaillir et se blottir au plus épais de l'herbe.

Leur surprise se changea presque en épouvante quand ils aperçurent une grande silhouette blanche accroupie sur le dos d'un cheval et agitant les bras avec des gestes saccadés.

Les gauchos, aussi superstitieux que les bouviers, se signèrent, et instinctivement ils se rapprochèrent les uns des autres comme s'ils se sentaient menacés d'un danger d'autant plus terrible que la portée leur échappait.

— *La hada! la hada des llanos!* murmurèrent-ils d'une voix étranglée par la peur.

Hada ou fantôme, la singulière apparition arrivait avec la rapidité de la foudre, galopant à travers les futaies, bondissant par-dessus les obstacles qui lui barraient le passage, ses longs cheveux au vent, ses vêtements blancs flottant en larges plis autour d'elle et faisant des gestes étranges.

Tout à coup elle cria d'une voix stridente et pleine de menaces :

— Veillez! veillez! Les condors et les urubus volent dans l'air, mais les serpents rampent sous l'herbe et sous les broussailles! Veillez! veillez! aux gauchos malos, veillez!

Et, en criant ainsi, elle fit deux fois, avec une rapidité incroyable, le tour des retranchements; puis elle disparut subitement sans qu'on sût comment, bien que, par intervalles, sa voix saccadée se fît encore entendre.

— Maudite sorcière! murmura le chef des gauchos entre ses dents, s'obstinera-t-elle donc toujours après nous? mais, vive Dios! cette fois elle est venue trop tard : en avant, muchachos, encore quelques pas et ces demonios de carreteros sont à nous !

Les gauchos obéirent, mais avec mollesse, en hésitant.

Leur première ardeur était passée et avait fait place à un profond découragement.

L'apparition étrange qui avait tout d'un coup surgi à leurs yeux les avait atterrés.

Ils tremblaient, ils avaient peur, leur esprit troublé leur faisait pressentir un désastre.

L'effet contraire s'était produit dans l'intérieur des retranchements.

Les bouviers et les charretiers s'étaient bien trouvés du premier avertissement donné par la fantastique cavalière, elle était maintenant une bonne fée pour eux, sa deuxième apparition leur parut d'un heureux augure; au lieu de trembler, ils sentirent, au contraire, se raffermir leur courage et leur ardeur redoubler.

Sur l'ordre de don Anselmo, ses trois compagnons avaient fait passer à voix basse un mot d'ordre aux défenseurs des retranchements.

Puis, don Fabricio Sandoval et Benito étaient venus se replacer aux postes qui leur avaient été désignés auprès des grands amas de bois secs préparés par les ordres du colonel.

— A présent! dit don Anselmo d'une voix calme.

Trois torches brillèrent dans les mains de don Fabricio et de ses deux compagnons; en un instant tous les bûchers flambèrent et répandirent une immense lueur.

Au même instant, le *tiroutero* fit à trois reprises entendre ses notes plaintives.

Une foule d'ombres sinistres se levèrent du sol où elles étaient couchées et s'élancèrent sur les retranchements en brandissant leurs armes, aux cris de :

— *A deguello? a deguello!*

Horrible cri de guerre des gauchos malos, et qui devait quelques années plus tard noyer les pampas et les villes argentines dans le sang, sur l'ordre du féroce et sanguinaire Rosas, le plus cruel de tous les gauchos.

En même temps on entendit un galop désordonné et des cris discordants. Les Indiens chargeaient.

— Attention ! dit le colonel, toujours impassible, brûlez-leur la moustache. Feu ?

La fusillade éclata ; les gauchos, qui déjà couronnaient les retranchements, furent rejetés en désordre au dehors.

Au même instant l'artillerie de la maison de poste couvrit les Indiens de mitraille.

La lutte, cette fois, était sérieusement engagée.

Les gauchos et les Indiens s'acharnaient.

Ils combattaient avec cette rage que seule peut donner le désir de la vengeance et la honte de la défaite.

Sans cesse repoussés, ils revenaient toujours.

Ils semblaient ne reculer que pour prendre un nouvel élan.

Des combats corps à corps s'engageaient çà et là.

Décimés par les balles et la mitraille, les gauchos et les Indiens serraient leurs lignes profondes et se rejetaient avec une aveugle fureur dans la mêlée, se souciant peu d'être tués, pourvu qu'ils fissent couler le sang de leurs ennemis.

Les chefs ne donnaient plus d'ordres, chacun combattait pour son compte, les bolas sifflaient dans l'air, brisaient les crânes et défonçaient les poitrines.

Par-dessus les hurlements de colère et les cris d'agonie, on entendait, par intervalles, la voix calme du colonel don Anselmo disant :

— Courage, muchachos ! songez à vos femmes et à vos enfants ! feu sur ces bandits ! feu toujours ! Tenez bon, ils sont à nous.

Et les défenseurs des retranchements redoublaient d'ardeur, faisaient des efforts prodigieux, et luttaient avec un véritable hé-

roïsme contre cette foule de bandits qui les assaillaient de toutes parts.

Les Indiens, eux aussi, avaient mis pied à terre et s'étaient joints aux gauchos; tous ensemble donnaient l'assaut aux retranchements.

Cette nouvelle manœuvre inutilisait l'artillerie, qui ne pouvait plus tirer, et redoublait le danger des carreteros, obligés à faire face de tous les côtés à la fois aux assaillants, plus de quatre fois plus nombreux qu'eux.

La situation devenait critique, on combattait corps à corps sur toute la ligne.

Les carreteros combattaient toujours avec la même valeur, mais ils commençaient à perdre l'espoir de la victoire.

Les gauchos et les Indiens sentaient renaître leur ardeur, ils redoublaient d'efforts : le nombre devait finir par l'emporter.

Ce n'était plus qu'une question de temps.

Tout à coup, on entendit une voix stridente, criant :

— Courage ! courage ! les voilà ! les voilà ! courage ! A mort les gauchos malos, à mort !

Debout comme une statue équestre sur un tertre élevé peu éloigné du champ de bataille, la blanche apparition agitait les bras, criait et poussait des éclats de rire stridents et railleurs.

Comme chaque fois qu'elle s'était montrée, la singulière apparition produisit un effet étrange et instantané ; elle rendit le courage aux défenseurs de la maison de poste, et glaça d'épouvante les Indiens et les gauchos.

Les premiers redoublèrent d'énergiques efforts, les seconds hésitèrent et reculèrent en désordre.

Pendant une ou deux minutes, un silence solennel remplaça le bruit de la bataille.

— A mort les gauchos ! à mort les assassins de femmes et d'enfants ! cria l'apparition.

Réveillés comme en sursaut par cette voix railleuse et menaçante, les gauchos et les Indiens se ruèrent tous à la fois contre les retranchements et la lutte recommença avec une nouvelle fureur.

— Tenez bon, dit le colonel, tenez bon, voici nos amis !

En effet, presque aussitôt un grand bruit se fit entendre et une nombreuse troupe de cavaliers apparut s'avançant en bon ordre, et formant autour des combattants un immense cercle qui allait toujours en se rétrécissant.

— Maldito sea Dios! s'écria avec rage le chef des gauchos, voici le Commandant de la campagne, nous sommes perdus si nous tardons un instant ; en retraite! en retraite!

Mais la retraite n'était déjà plus possible.

Les gauchos et les Indiens non seulement étaient complètement entourés par des forces considérables, mais ils avaient abandonné leurs chevaux et se trouvaient démontés et à la merci de leurs ennemis.

Les chevaux, livrés à eux-mêmes, effrayés par les bruits du combat, s'étaient enfuis dans toutes les directions et éparpillés au loin dans la pampa ; il aurait fallu plusieurs heures pour les rassembler en supposant que leurs maîtres réussissent à franchir le mur de fer qui s'était subitement dressé autour d'eux.

Les gauchos et les Indiens périssaient par l'exécution même du plan qu'ils avaient conçu.

Les cavaliers continuaient à s'avancer lentement, silencieux et calmes comme à la parade ; pas un cri, pas un mot ne s'était fait entendre dans leurs rangs depuis le moment qu'ils s'étaient montrés.

Les gauchos et les Indiens étaient sans contredit d'atroces scélérats, souillés de tous les crimes, mais ils étaient d'une bravoure incontestable ; la pensée ne leur vint pas un seul instant de se rendre.

Au lieu d'attendre l'attaque de leurs nouveaux ennemis, ils se réunirent en un seul groupe et se ruèrent résolument sur les cavaliers en poussant des cris de menace et de défi.

Ils espéraient, en se lançant à l'improviste sur leurs ennemis, les surprendre et réussir à s'ouvrir passage, ils se souciaient peu d'être tués, ils le préféraient même à la honte de s'avouer vaincus.

Malheureusement, ils avaient affaire à des ennemis qui les connaissaient de longue date, savaient ce dont ils étaient capables et se tenaient sur leurs gardes.

Au moment où ils se précipitèrent en avant, les carabines s'abaissèrent et une épouvantable décharge éclata.

Les bandits tournèrent sur eux-mêmes, à demi aveuglés, et bondirent sur les retranchements.

Les carreteros les accueillirent par une décharge à bout portant et les rejetèrent dans le llano.

— Chargez! A deguello! cria le Commandant de la campagne.

— A deguello! a deguello! — Égorgez! égorgez! — répétèrent les soldats.

Et ils chargèrent.

Alors, ce ne fut plus un combat, mais une de ces horribles boucheries, sans merci et sans pitié, comme les pampas en ont tant vues de nos jours.

Les carreteros avaient sauté par-dessus les retranchements qui, désormais, n'avaient plus besoin d'être gardés et s'étaient bravement jetés dans la mêlée.

Il est impossible de rendre et d'exprimer la furie avec laquelle ces hommes se ruaient les uns contre les autres et cherchaient à se tuer; les blessés eux-mêmes se relevaient pour combattre encore et tuer un ennemi avant de succomber eux-mêmes.

Le chef des gauchos faisait véritablement des prodiges de valeur; il renversait tous ceux qui essayaient de se mesurer avec lui, et brandissait son sabre, rouge jusqu'à la poignée, en appelant d'une voix stridente le Commandant de la campagne et le défiant avec une colère insensée.

— A moi, Pacheco! à moi! criait-il; ne sais-tu pas que je suis là? As-tu donc peur de ton ennemi? C'est moi, c'est Sébastien Diaz de Quiros, ton ennemi qui te défie, lâche!

Tout à coup, un sabre croisa le sien et lui fit une blessure au bras.

— Ah ! tu es Sébastien Diaz de Quiros ! s'écria en même temps ce nouvel adversaire ; il y a longtemps que je te cherche.

— Eh bien ! tu m'as trouvé et tu vas mourir, chien ! répondit le gaucho en ricanant.

— Non ! C'est toi qui mourras ! misérable bandit, assassin de femme, défends-toi, je suis don Fabricio Pacheco de Guardia.

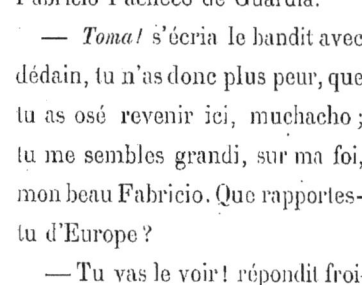

— *Toma!* s'écria le bandit avec dédain, tu n'as donc plus peur, que tu as osé revenir ici, muchacho ; tu me sembles grandi, sur ma foi, mon beau Fabricio. Que rapportes-tu d'Europe ?

— Tu vas le voir ! répondit froidement le jeune homme.

— Allons donc ! tu n'es qu'un enfant.

Tout en raillant ainsi pour tromper son adversaire, le bandit écarta son sabre et, tirant son poignard, il se jeta à corps perdu sur le jeune homme.

Mais celui-ci fit un pas en arrière, frappa du pommeau de son arme le gaucho en pleine figure, et le fit reculer en trébuchant.

— En arrière ! dit-il, lâche assassin, et combats bravement et en caballero, s'il te reste un peu de cœur au ventre.

— Ah ! maudit ! s'écria le bandit ivre de fureur ; je te tuerai comme un chien que tu es !

Et il lui tira à bout portant un coup de pistolet que le jeune homme évita.

— Tu tiens donc bien à m'assassiner, reprit don Fabricio en riant; eh bien! puisqu'il en est ainsi, tu vas mourir comme un chien enragé.

Il prit alors son poignard à la ceinture et le brandissant au-dessus de sa tête:

— Regarde, dit-il les dents serrées, voilà ce que j'ai rapporté d'Europe.

Et il le frappa; le gaucho para avec son bras où il fut légèrement blessé.

— Pauvre joujou, bon pour un enfant comme toi, dit-il avec mépris; à mon tour.

Et il fit un pas en avant, le bras levé, prêt à frapper.

— Ah! tu recules, s'écria-t-il: tu as peur!

— Non, répondit don Fabricio avec un accent glacé, en faisant un pas en arrière; cette égratignure suffit, la lutte est terminée entre nous, ainsi que je te l'ai promis, je t'ai tué comme un chien; meurs en paix si tu peux!

Et il se détourna en replaçant son poignard à sa ceinture.

— Ah! tu railles, s'écria-t-il en grinçant des dents, attends, louveteau!

Il leva son poignard et s'élança; mais, au premier pas, il trébucha et demeura comme hébété.

— Que se passe-t-il donc en moi? murmura-t-il.

Il se sentait envahi par une torpeur irrésistible : il semblait frappé d'engourdissement, le sang affluait à son cerveau en bouillonnant.

Tout à coup, un tremblement convulsif secoua tout son corps, il tourna sur lui-même et tomba comme un sac.

— Ah! démon! s'écria-t-il, tu as dit vrai!... tu m'as tué.

Il eut une convulsion et ne bougea plus.

Il était mort.

VII

LE GATO-MONTÈS

Après la mort de leur chef, les gauchos malos ne combattirent plus que pour se faire tuer. Aussi, bien peu d'entre eux réussirent-ils à s'échapper, il en fut de même des Indiens; soit pitié, soit lassitude de verser le sang, les soldats en laissèrent fuir un assez grand nombre.

Environ trois cent cinquante confédérés, parmi lesquels beaucoup de gauchos, succombèrent, les autres s'enfuirent sans qu'on daignât les poursuivre; beaucoup de ces malheureux moururent malheureusement dans la pampa des suites de leurs blessures ou de faim.

Parmi les carreteros et les voyageurs, les pertes furent presque nulles : entre morts et blessés, elles ne s'élevèrent pas à vingt.

Le combat terminé, on dépouilla les morts; on leur coupa la tête, puis ils furent pendus par les pieds pour servir de pâture aux oiseaux de proie et d'épouvantail aux autres bandits.

Don Horacio avait appris la mort de Sébastien Diaz de Quiros; il ordonna que son corps fût recherché, on le retrouva non loin des retranchements; une femme, vêtue en blanc, les cheveux en désordre, les yeux égarés, le visage couvert d'une pâleur mortelle, mais admirablement belle et paraissant à peine âgée de vingt ans, était assise près du cadavre, dont elle avait soulevé la tête qu'elle avait placée sur ses genoux. Elle versait d'abondantes larmes et lui parlait comme s'il eût encore été vivant; près d'elle, un magnifique cheval était arrêté, et, la tête fixe, passée par-dessus l'épaule de la jeune femme, il regardait le mort d'un air effaré.

Les hommes qui, les premiers, aperçurent ce groupe étrange, s'arrêtèrent à le considérer avec une crainte superstitieuse.

Dans la femme qui pleurait, la tête du bandit sur ses genoux, ils avaient reconnu la mystérieuse apparition qui, trois fois pendant cette nuit sinistre, leur était apparue d'une façon si étrange et leur avait donné les avis qui, sans doute, les avaient sauvés.

— C'est la hada! se disaient-ils les uns aux autres en se signant.

— Il faut prévenir le général, dit un vieux Colorado.

— Ce soin me regarde, dit Benito, qui s'était approché; ne bougez pas de là jusqu'à mon retour.

— C'est vrai; le général seul doit décider de ce qu'il faut faire.

Benito se dirigea à grands pas vers la maison de poste maintenant complètement illuminée.

Il était environ trois heures du matin; après avoir chaleureusement remercié le colonel et le général du secours que tous deux leur avaient donné, les capatazes s'occupaient activement à remettre de l'ordre dans leurs convois, à replacer les pierriers et les fauconneaux sur les carretas, à recharger les ballots dont quelques-uns avaient été légèrement avariés, et à faire revenir les relais et le ganado du valle Rubio, où ils avaient été cachés.

Au dedans de la maison, il régnait au moins autant d'activité qu'au dehors; les voyageurs avaient quitté le refuge, et, maintenant que le danger était passé, ils brûlaient de connaître les détails du combat. Aussi, les interrogations allaient bon train, tout le monde parlait à la fois, c'était un vacarme et un brouhaha infernal, un tohu-bohu indescriptible.

Le général don Horacio, son fils, le colonel et Sandoval, s'étaient retirés dans la chambre à coucher du maître de poste, pour y échapper autant que possible; ils causaient entre eux avec une certaine animation.

Après avoir rejoint son père ainsi que nous l'avons rapporté dans un de nos précédents chapitres, don Fabricio était resté près de lui, et s'était livré aux plus minutieuses investigations, pour obtenir des renseignements sur doña Severa Diaz de Quiros, et tâcher de savoir si elle était vivante ou morte et au cas où elle vécût encore, ce qu'elle était devenue.

Mais toutes ses recherches furent infructueuses; ce fut en vain qu'il interrogea, il ne put rien apprendre que ce qui se disait, c'est-à-dire des faits contradictoires, mal reliés les uns aux autres et ne présentant aucune authenticité.

Le général don Horacio avait échoué déjà dans de semblables recherches.

Voyant son fils désespéré de son insuccès, le général résolut de tenter un moyen extrême, mais bien précaire et d'une réussite plus que problématique.

Dans la pensée du général, il ne s'agissait de rien moins que d'opérer une concentration de toutes les forces disséminées dans la campagne, d'en former un corps d'armée, et d'entrer sur le territoire indien où l'on procéderait sommairement et de la même façon que procèdent les Indiens dans leurs courses contre les populations blanches des pampas ; peut-être ces renseignements que l'on cherchait vainement dans les villes, les villages et les estancias, les trouverait-on enfin au milieu des tribus indiennes, puisque l'on assurait que doña Severa avait été reléguée par son père dans une tribu indienne.

Don Fabricio apprit avec la joie la plus vive le projet de son père ; il le félicita chaleureusement et le pressa de le mettre le plus promptement à exécution.

Le général ne demandait pas mieux ; mais ce n'était pas chose facile que d'opérer la concentration des troupes.

Les moyens de communication, sauf à cheval, manquent complètement ; les routes, ou du moins les quelques routes qui sillonnent ces immenses déserts sont à l'état rudimentaire et presque impraticables, les distances fort longues, les campements très éloignés les uns des autres; cependant, le général, loin de se décourager, se mit brièvement à l'œuvre; il adorait son fils et l'état de prostration dans lequel il le voyait tombé le désespérait.

Depuis quelque temps déjà, cette concentration s'opérait avec succès, plus rapidement même qu'on ne l'avait espéré d'abord, lorsqu'un matin, un des batteurs d'estrade envoyé en reconnaissance et qui s'était avancé plus que les autres vint annoncer au général que l'Esquina de la Cruz, située à une vingtaine de lieues de l'endroit où campaient les troupes, devait être attaquée la nuit même par des gauchos malos, commandés par don Sébastien Diaz de Quiros, réunis à une *partida* très nombreuse d'Indiens Pamperos.

Les gauchos avaient appris on ne sait comment que, vers le coucher du soleil, deux riches convois venant, l'un de Buenos-Ayres, l'autre de Mendoza, devaient s'arrêter pour la nuit à l'Esquina de la Cruz.

Le général tressaillit en entendant le nom de don Sébastien Diaz de Quiros; il résolut aussitôt de secourir les convois, ce qui lui fournirait probablement l'occasion de se débarrasser d'une façon ou d'une autre de l'un de ses implacables ennemis.

Il prit ses précautions en conséquence; tandis que le gros des troupes continuerait sa route vers le rendez-vous général qu'il avait assigné aux différents corps, lui, avec un détachement nombreux, se dirigerait directement sur l'Esquina de la Cruz.

Mais, comme il était important que le maître de poste et les capatazes des deux convois fussent prévenus à temps du danger qui les menaçait, le général expédia en avant le colonel Rodriguez et don Fabricio Pacheco, en compagnie de deux serviteurs dévoués, Sandoval et Benito le Colorado.

Les quatre cavaliers, munis de leurs instructions, montèrent à cheval et partirent en avant, en faisant la plus grande diligence possible.

Le lecteur sait qu'ils arrivèrent à temps, et quels événements suivirent.

Benito le Colorado eut grand'peine à se frayer un passage dans

la grande salle, encombrée de voyageurs; enfin il aperçut don Patricio pérorant au milieu d'un groupe; il s'approcha de lui et lui demanda où était le général Pacheco.

Don Patricio, sans interrompre l'intéressant récit qu'il faisait pour la quatrième ou cinquième fois, indiqua sa chambre du doigt à Benito.

Cette indication laconique suffit au Colorado, qui se mit à jouer vigoureusement des coudes et arriva assez facilement à la porte de la chambre, qu'il ouvrit...

— Ah! c'est toi, dit le général en se retournant au bruit.

— Oui, mon général, répondit le Colorado.

Mais, cela dit, il s'arrêta net.

Nous savons que la parole n'était pas le côté le plus fort du digne soldat, l'éloquence lui faisait complètement défaut.

Heureusement don Rodriguez, son colonel, savait comment le prendre.

Il réussit à en obtenir, tant bien que mal, mais d'une façon diffuse et d'une obscurité désespérante, les renseignements qu'il désirait.

Ces renseignements, si obscurs qu'ils fussent, étaient cependant assez clairs pour frapper vivement l'esprit de don Fabricio ; il tressaillit, et se tournant vers son père :

— Que pensez-vous de cela, mon père ? lui demanda-t-il.

Le général hocha légèrement la tête et, comme répondant à sa propre pensée plutôt qu'à la question de son fils :

— On peut toujours voir, dit-il.

— Si c'était elle, murmura le jeune homme avec anxiété.

— Fou ! reprit le général, quelle apparence ? Tu crois la voir partout ; crois-moi, enfant, ne te mets pas ainsi de telles pensées en tête, la déception serait trop grande.

— C'est vrai. Je suis fou ! mumura-t-il avec découragement ; mais, ajouta-t-il après un instant, vous-même l'avez dit, mon père, on peut toujours voir.

— D'ailleurs, c'est une femme ; peut-être une pauvre créature privée de raison, dit le colonel Rodriguez, nous lui devons assistance et protection.

— C'est juste, dit le général ; allons.

— Allons, répétèrent les autres.

Ils se levèrent et quittèrent la chambre.

Sandoval et Benito s'étaient mis à l'avant-garde, afin de frayer le passage à leurs maîtres, ce qu'ils réussirent à faire à force de bourrades et de coups de coude.

Le groupe était toujours le même, entouré par les soldats, qui écoutaient, sans les comprendre, les paroles que la jeune femme proférait à voix basse d'un accent désespéré.

Lorsque le général parut dans le groupe, suivi de son fils et de son ami, la pauvre femme parlait; les soldats s'écartèrent respectueusement pour lui faire place, mais il leur ordonna d'un geste de ne pas bouger, et il prêta l'oreille aux lamentations de la malheureuse créature.

— Qu'elle est belle! murmura don Fabricio en la regardant avec anxiété, cherchant à découvrir sur son visage les traits de celle qu'il avait quittée lorsqu'elle avait quinze ans à peine, mais dont la beauté déjà promettait d'être remarquable.

Elle avait la voix d'une extrême douceur, d'une tonalité mélodieuse et sympathique comme un chant d'oiseau.

Le général tressaillit légèrement en l'écoutant; lui aussi essayait de se souvenir.

— A quoi vous a servi d'avoir fait tout cela? murmurait-elle avec une navrante mélancolie. Pourquoi avoir accumulé tant de crimes? Ah! don Sebastian, où êtes-vous à présent? Vous voilà étendu mort sur la terre nue, les oiseaux de proie se repaîtront de votre cadavre, et votre âme, en quel état comparaîtra-t-elle devant son Créateur? Vous êtes mort la haine dans le cœur, le blasphème à la bouche, le sang de vos victimes crie contre vous au pied du trône de ce Dieu que vous avez offensé! Don Sebastian Diaz de

Quiros, vous voilà seul, abandonné de tous, et c'est moi, la plus infortunée et la plus innocente de vos victimes, qui vous ferme les yeux et qui prie pour vous le Seigneur! Ah! don Sebastian, votre longue existence ne fut qu'un ténébreux tissu de crimes et d'horreurs, et pourtant, vous n'êtes pas le plus coupable, mais les

autres auront leur tour bientôt; ils vous suivront de près dans la tombe! La justice de Dieu est lente à frapper, mais ses coups sont terribles! Tous mourront d'une mort affreuse, vous le savez maintenant; là où vous êtes, il n'y a plus de secrets! oh! don Sebastian, à quoi vous a servi d'avoir fait tout cela?

En prononçant ces dernières paroles, elle s'affaissa sur elle-même, laissa échapper de ses mains tremblantes la tête du cadavre que jusque-là elle avait tenue sur ses genoux, et qui retomba à terre, et, avec un soupir navrant, elle se renversa en arrière, ferma les yeux et perdit connaissance.

Le général fit un mouvement pour se baisser, mais don Fabricio le prévint et, enlevant la jeune femme dans ses bras, il l'emporta dans la maison de poste.

— Oh! je savais bien que c'était elle, murmura-t-il avec une joie douloureuse; je l'ai reconnue: Severa, ma chérie, mon amour.

Le général et le colonel le suivirent après avoir ordonné à Sandoval de faire prendre le plus grand soin du cheval, qui, lorsqu'il avait vu enlever sa maîtresse, s'était mis à la suivre en poussant des gémissements plaintifs.

La jeune femme, transportée dans la chambre du maître de poste, fut confiée à deux voyageurs qui s'empressèrent de la mettre au lit et de lui prodiguer tous les soins que son état exigeait.

Des sentinelles furent placées devant la porte et devant les fenêtres de la chambre, où on l'avait transportée pour l'empêcher de sortir, au cas où elle voudrait se sauver.

— Eh bien, mon père, demanda don Fabricio au général, en sanglotant comme un enfant, avais-je tort de croire que c'était elle? Mon cœur me l'avait dit.

— C'est elle, en effet, mon fils, répondit le général avec une émotion généreuse; les voies de la Providence sont insondables; c'est lorsque nous désespérions presque de la retrouver jamais qu'elle-même vient se mettre entre nos mains!

— Chaque fois qu'elle nous est apparue cette nuit, reprit don Fabricio avec âme, j'ai senti mon cœur bondir dans ma poitrine, et je me disais, comme dans un rêve, sans avoir moi-même conscience de mes paroles : C'est elle! c'est elle!

— Tout cela est extraordinaire, reprit le général d'un air pensif, et défie toutes les combinaisons de l'esprit de l'homme; pourquoi était-elle là?

— Pour nous avertir, cela ne fait pas de doute, dit le colonel.

— Je l'admets, mais alors elle ne serait pas folle? elle n'est pas folle? reprit le général.

— Non, non, mon père, s'écria don Fabricio avec force, elle n'est pas folle.

— Je partage l'opinion de Fabricio, dit le colonel, les mauvais traitements auxquels depuis si longtemps elle est en butte auront probablement surexcité son système nerveux dans des conditions voisines de la folie qui la font parfois délirer; mais son esprit a résisté, son intelligence s'est à peine affaiblie, elle en possède encore toute la lucidité.

— Dieu veuille qu'il en soit ainsi! reprit le général avec doute, ce serait un immense bonheur pour nous tous.

— Elle n'est pas folle, mon père, j'en suis sûr, dit le jeune homme avec exaltation; je le sens là, ajouta-t-il en posant la main sur son cœur.

— Dieu soit loué, s'il en est ainsi, mon fils, mais il est une chose que je ne m'explique pas.

— Laquelle? demanda le colonel.

— Je me demande comment elle a eu connaissance de cette attaque, et comment elle a réussi à se rendre ici, malgré les gens qui sans doute la surveillaient.

— A ceci la réponse est facile et découle des faits eux-mêmes qui se sont passés sous nos yeux, joints aux quelques renseignements que nous possédons, mon général, répondit don Anselmo.

— Vous me rendrez un véritable service, mon cher Anselmo, en m'expliquant cela; j'avoue que, depuis une demi-heure, je me creuse vainement la tête.

— Mon cher général, n'assure-t-on pas que don Facundo a relégué sa fille dans une tribu indienne?

— En effet, la preuve, c'est qu'en ce moment même nous préparons une expédition pour nous éclairer de ce fait.

— Or, ceci admis, le reste n'est plus rien ; la jeune fille est dans

la tribu, mêlée avec les femmes des chefs ; on la surveille probablement, mais on ne se méfie pas d'elle, en ce sens que l'on parle sans se gêner en sa présence ; son père et ses oncles, en relations continuelles d'intérêts avec les Indiens de cette tribu, préparent une expédition, on la discute devant elle, elle entend et retient tout ; l'expédition se met en route, la jeune femme trompe la surveillance de ses gardiens, s'échappe, suit la piste des Indiens et des gauchos, et tout naturellement elle arrive avec eux ; seulement, tandis qu'ils s'embusquent pour préparer leur attaque, elle les devance, les guette, et vient nous prévenir de leurs mouvements.

— Je me rends, mon cher colonel, dit le général en lui serrant la main ; je suis émerveillé de vos déductions, tout ce que vous avez dit est d'une logique incontestable ; les choses se sont évidemment passées ainsi que vous le rapportez. Malheureusement il y a une chose importante que j'aurais voulu savoir et qui m'échappe.

— Laquelle, mon général ? peut-être réussirai-je...

— A me l'apprendre ! interrompit-il vivement d'un ton de bonne humeur. Caraï ! je le crois presque, tant vous me semblez sorcier, mon cher Anselmo.

— Heureusement que nous ne sommes plus sous le régime paternel de l'Inquisition, mon général, sans cela vous me feriez brûler bel et bien, répondit-il en souriant.

— Toma ! vous sentez le fagot, mon cher. Bref, je voudrais savoir à quelle tribu appartiennent les Indiens que nous avons si bien battus, vous comprenez, n'est-ce pas, l'importance que j'attache à ce renseignement ?

— Je comprends si bien cette importance, mon général, que, tandis que Fabricio transportait ici doña Severa, j'ai donné l'ordre à Sandoval de monter à cheval avec quelques-uns de mes agneaux, de se mettre à la poursuite des Indiens, et de tâcher d'en capturer un ou deux ; tous ceux qui sont restés ici sont morts.

— Oui, et, comme ils se déguisent ordinairement quand ils

sont en expédition, afin que l'on ne sache pas à quelle tribu ils appartiennent, les cadavres restés en notre pouvoir nous deviennent inutiles.

— C'est cela même, mon général.

— *Ché!* Anselmo, mon ami, vous pensez à tout, je vous en remercie; le fait est que, dans le premier moment, je n'avais pas beaucoup la tête à moi; ce malheureux enfant me désespère, voyez-le.

Don Fabricio s'était assis sur un équipal, près de la porte de la chambre où était la jeune fille, et, les coudes posés sur les genoux, il cachait sa tête dans ses mains.

— Que cela ne vous inquiète pas, général, dit le jeune homme; Fabricio ne souffre pas en ce moment, il attend des nouvelles de sa fiancée, il espère.

En ce moment, la porte de la chambre s'entr'ouvrit doucement, et, dans l'entre-bâillement, parut aussitôt une charmante tête de femme.

Don Fabricio se redressa par un mouvement prompt comme la pensée, et fixa ardemment les yeux sur elle.

La jeune femme salua respectueusement le général.

— Eh bien? demanda celui-ci.

— La Señora a repris connaissance, répondit-elle avec un doux sourire, elle est calme; maintenant elle dort d'un sommeil d'enfant.

— Soyez bénie, señora, pour les bonnes nouvelles que vous nous donnez, répondit don Fabricio avec émotion.

— Je vous remercie du fond du cœur, dit le général.

— Dieu soit loué, Severa est sauvée, elle nous est enfin rendue, dit le jeune homme, les yeux brillants de larmes. Oh! je saurai la défendre, nul ne me la ravira qu'avec la vie maintenant!

Quelques heures s'écoulèrent sans amener de nouveaux incidents.

Le tumulte s'était peu à peu apaisé, chacun s'était livré au sommeil.

Don Horacio Pacheco et don Anselmo Rodriguez s'étaient assis sur un banc et s'étaient endormis le dos appuyé à la muraille.

Seul, don Fabricio était demeuré éveillé, debout près de la porte, veillant ainsi sur le sommeil de sa fiancée.

Vers six heures du matin, le colonel sentit qu'on le touchait légèrement à l'épaule.

Il ouvrit les yeux aussitôt.

Sandoval était debout devant lui.

— Ah! c'est vous, Sandoval, dit-il avec cette lucidité des vieux soldats, qui, dès qu'ils ouvrent les yeux, reprennent immédiatement toute leur présence d'esprit. Eh bien, qu'avez-vous fait?

— Ce que vous m'avez ordonné, mon colonel.

— Vous avez capturé un Indien?

— Deux, mon colonel.

— A la bonne heure! abondance de biens ne nuit pas; où sont ces bribones?

— Là, au dehors, mon colonel.

— Bon ; il est inutile de réveiller le général pour cela ; je vous suis ; l'air me fera du bien.

Il se leva et sortit suivi de Sandoval.

Le soleil se levait, le ciel était d'un bleu profond, la fraîche brise du matin courbait les hautes herbes, et leur imprimait un mouvement d'oscillation continu ; les oiseaux s'éveillaient sous la feuillée, pépiaient, et quelques-uns commençaient leurs joyeux concerts ; de longues bandes de perroquets passaient en poussant leurs cris rauques et discordants, tout promettait une journée magnifique.

Sauf les nombreux cadavres pendus par les pieds, en guirlandes, aux branches des arbres, assez loin de l'Esquina, afin que l'on ne fût pas incommodé par la mauvaise odeur, toutes traces du combat de la nuit avaient disparu.

Les capataces s'occupaient activement à mettre leurs convois en ordre et à préparer les attelages ; tous les environs de la maison de poste avaient cette animation singulière qui précède un départ.

Don Patricio servait le coup du matin aux bouviers et aux carreteros, en causant et riant avec eux.

A une dizaine de pas, un peu à l'écart de tout ce mouvement, une troupe de Colorados, immobiles comme des statues équestres, étaient arrêtés près d'un bouquet de caroubiers ; au milieu d'eux, les mains attachées derrière le dos, se tenaient deux Indiens aux traits sombres et farouches, dont les yeux noirs toujours en mouvement se fixaient avec une curiosité inquiète sur tout ce qui les entourait.

Le colonel s'approcha d'eux et les examina pendant un instant, avec la plus sérieuse attention.

— Qui êtes-vous? demanda-t-il enfin à l'un d'eux, en langue quichua.

L'Indien secoua la tête sans répondre, et sans même regarder son interlocuteur.

— Le guerrier rouge est-il sourd, ou est-il muet, qu'il ne me répond pas? reprit le colonel.

L'Indien ne fit pas un mouvement, et n'eut pas l'air d'avoir entendu; un rocher n'aurait pas été plus indifférent.

En ce moment, par hasard, don Patricio s'approcha du groupe, une énorme cruche d'une main et un gobelet de l'autre, dans l'intention d'offrir le coup du matin aux Colorados du petit détachement.

— Me permettez-vous de verser à boire à ces braves gens, mon colonel? demanda-t-il à don Anselmo Rodriguez.

— A votre aise, mon maître, répondit le colonel.

— Tiens, fit le maître de poste, dont le regard tomba accidentellement sur les deux prisonniers, vous avez capturé ces deux païens; belle paire! mon colonel.

— Vous les connaissez? demanda vivement le jeune homme.

— Si je les connais, fit-il en haussant la tête, je le crois bien, un surtout, et depuis longtemps, pour mon malheur.

— Lequel des deux ?

— Celui-ci, mon colonel, fit-il, en désignant l'Indien auquel don Anselmo avait parlé deux fois sans obtenir de réponse ; c'est un rusé démon, il est le principal chef de l'une des premières et des plus importantes tribus du désert ; il est lié avec tous les gauchos malos, c'est le plus fieffé pillard de la pampa, j'ai eu jadis souvent maille à partir avec lui quand j'étais gaucho.

L'Indien se redressa subitement, et, lançant un regard courroucé au maître de poste :

— Quand un blanc n'a-t-il pas eu une langue menteuse dans la bouche ? dit-il avec mépris.

— Toma ! dit en riant l'ancien gaucho, croyez-vous, parce que vous avez pris le costume et les peintures des Puelchès du Chaco, que je ne vous ai pas reconnu, Gato-Montès — chat-tigre. Bah ! vous en tromperez peut-être d'autres ; mais, quant à moi, nous sommes de trop vieilles connaissances, je vous en avertis.

— Eh quoi, cet homme est le Gato-Montès ? s'écria le colonel avec un tressaillement nerveux.

— Oui, mon colonel, le Gato-Montès, le chef de la puissante tribu des Huitliches des llanos de Tucaman, un des plus fidèles alliés des gauchos malos, tués si fort heureusement cette nuit par le señor don Fabricio Pacheco de Guardia.

— Ah ! je comprends tout maintenant, murmura le colonel ; et s'adressant à l'Indien : Gato-Montès, lui dit-il, il faut mourir.

— Je suis prêt, dit-il, les plus vaillants guerriers de ma tribu sont morts, pourquoi vivrais-je après eux ?

— Le chef est brave, la mort n'est rien pour lui ; mais son corps pendu à un arbre deviendra la proie des oiseaux du ciel ;

quand son âme se présentera pour entrer dans l'Eskennane, sous quelle forme paraîtra-t-elle devant Guatechù le maître de la vie, puisque son corps n'aura pas été enseveli selon le rite de sa nation, et qu'il n'en restera plus rien, que ses armes elles-mêmes lui auront été enlevées ? Guatechù ne le reconnaîtra pas, il le chassera comme un poltron et un menteur.

L'Indien laissa tomber la tête sur sa poitrine en étouffant un soupir.

— Retirez-vous et emmenez cet homme, dit le colonel en s'adressant aux Colorados, et, désignant le second Indien :

— Arrêtez, dit vivement le chef, celui-ci est le fils du Gato-Montès, son dernier né, ne le séparez pas de son père ; le fils et le père doivent et veulent mourir ensemble.

— Soit, dit le colonel, il restera.

Il fit un geste, les Colorados s'éloignèrent, suivis par le maître de poste.

Don Anselmo et Sandoval demeurèrent seuls en face des deux Indiens.

— Merci, dit le Gato-Montès.

Il y eut un court silence.

— Si mon frère veut, il ne mourra pas, et son fils sera sauvé, reprit le colonel.

Le chef releva la tête et, fixant son regard perçant sur le colonel :

— Que faut-il faire pour cela ? dit-il.

— Les oreilles de mon frère sont-elles ouvertes ?

— Elles sont ouvertes.

— Mon frère a accordé l'hospitalité dans sa tribu à une

famille de visages pâles, ennemie du grand chef blanc de la pampa.

L'Indien ne sourcilla pas, son visage demeura de marbre.

— Ces hommes auxquels le Gato-Montès a accordé l'hospitalité, qu'il a traités comme des frères et des hommes de sa couleur, l'ont indignement trahi ; ils ne l'ont entraîné dans l'expédition de cette nuit que pour les livrer aux sabres et aux carabines des blancs.

— J'entends bavarder un perroquet, dit l'Indien avec mépris, les visages pâles reçus sous mon toldo sont mes frères.

Don Anselmo rougit à cette insulte, mais il ne se déconcerta pas.

— Le chef veut-il des preuves ? dit-il.

— Des preuves ?

— Certaines ; mon frère est aveugle, ces preuves lui ont crevé les yeux, et il ne les a pas vues.

— Je ne comprends pas le guerrier blanc, dit-il avec une feinte indifférence.

— Une jeune fille a été amenée dans sa tribu ; cette jeune fille, aimée et bien traitée par les femmes de la nation du chef, avait reçu secrètement les instructions de son père ; elle a suivi secrètement la *partida* aidée par les autres blancs demeurés à la tolderia qui l'ont fait échapper ; elle est venue prévenir les blancs de l'attaque préparée contre eux ; mon frère l'a vue cette nuit galoper dans le llano et crier aux blancs de se défendre contre les Indiens.

— C'est vrai, murmura-t-il, je l'ai vue et je l'ai reconnue ;

les blancs sont des lâches et des traîtres, le Gato-Montès les avait accueillis comme des frères ; ils ont rempli ses oreilles de mensonges ; c'est eux qui ont fait massacrer ses guerriers ; le Gato-Montès se vengera ; que le chef blanc parle, un chef écoute.

— C'est bien, le chef comprend maintenant.

— Le Gato-Montès veut se venger, dit-il d'un air farouche.

— Sa vengeance est entre ses mains ; elle dépend de lui.

— Que faut-il faire ?

— Le chef laissera en otage son fils, le jeune guerrier, entre les mains du Commandant de la campagne.

— Le chef le fera.

— Bon. Le chef promettra, sur l'arbre de Guatechù, sur la lance, le cou et la croupe de son cheval, d'être fidèle à l'engagement qu'il prend envers moi.

— Le Gato-Montès le fera ; que veut le chef blanc ?

— Je veux que le Gato-Montès me conduise avec mes guerriers à son village, et qu'il me livre les hommes blancs qui l'ont trahi.

— Le Gato-Montès n'enseignera pas aux blancs les sentes qui conduisent à son village, dit-il résolument.

— Que le chef réfléchisse, la jeune femme les connaît, elle me servira de guide.

— Peut-être, mais le Gato-Montès ne le fera pas, il préfère la mort.

— Alors, il renonce à sa vengeance ? il refuse de me livrer les traîtres qui sont autant mes ennemis que les siens.

— Le chef ne renonce à rien.
— Cependant ?
— Que le chef blanc écoute à son tour.

— Soit, parlez, chef.
— Le fils du Gato-Montès restera en otage près du chef blanc, le Gato-Montès retournera dans sa tolderia, les visages

pâles attendront ici son retour; si, dans douze jours, le Gato-Montès n'est pas revenu, amenant avec lui tous les blancs réfugiés dans sa tolderia, le guerrier blanc fera mourir le fils du chef.

Le colonel réfléchit un instant.

— C'est bien, dit-il enfin; j'accepte la proposition du chef, donne-t-il sa parole ?

— Sur l'arbre de Guatechù, sur ma lance, le cou et la croupe de mon cheval, je la donne ! dit-il en étendant la main droite en avant, les quatre doigts ouverts et le pouce replié ; voici mon pouce.

— Voici le mien, répondit le colonel ; votre fils sera traité avec égards ; vous avez, non pas douze jours, mais quinze, pour accomplir votre voyage ; je vous attendrai ici avec mes guerriers, vous avez ma parole comme j'ai la vôtre ; voici mon pouce.

— Voici le mien ! et se tournant vers son fils : Le jeune guerrier sera digne de son père, il n'oubliera pas le serment.

— Le fils du Gato-Montès sera digne de son père, répondit le jeune homme en s'inclinant, le Puma est un guerrier, il connaît la valeur d'un serment : il n'oubliera rien.

— C'est bien, répondit le chef.

Nous avons oublié de dire qu'en faisant éloigner les soldats, le colonel avait fait trancher par Sandoval les liens qui attachaient les bras du chef : procédé qui avait vivement touché celui-ci et qui n'avait pas laissé que d'avoir une certaine influence sur la suite de l'entretien.

— Le Gato-Montès peut-il partir ? dit le chef.

— Encore un instant, répondit le colonel, un si grand guerrier ne doit pas rentrer dans sa tolderia comme un Indien vagabond et sans tribu; et, se tournant vers Sandoval : Exécutez mes ordres, dit-il.

Sandoval s'éloigna.

Le colonel défit les cordes qui attachaient les bras du jeune guerrier et, lui présenta la main, la paume en avant et les doigts réunis.

Le jeune guerrier s'inclina.

— Je serai le frère du chef blanc, dit-il.

— Bien, dit le Gato-Montès.

En ce moment, plusieurs soldats s'approchèrent, conduits par Sandoval; l'un des soldats tenait en bride un superbe cheval magnifiquement harnaché à la mode indienne.

Le colonel, prenant alors différents objets des mains des soldats, les présenta au chef en disant :

— Voici des bolas, voici un laso, une carabine, un sabre, un sac à balles, une poire à poudre, une lance, un couteau et un fouet; tout cela est pour mon frère; j'y joins ces alforjos gonflés de nourriture et ce cheval qui le portera sans fatigue dans sa tolderia.

Malgré cette impassibilité que les Indiens affectent en toutes circonstances, une certaine émotion parut, à ce dernier présent, sur le visage du chef et convulsa ses traits rigides.

— Bien ! dit-il, le chef blanc a la main ouverte, il est généreux, il donne plus qu'il ne promet ; le Gato-Montès se souviendra ; au revoir, dans quinze soleils, le chef pâle reverra le Gato-Montès.

Il se mit en selle d'un bond, salua avec une suprême majesté, et, après avoir jeté un dernier regard à son fils, il siffla d'une certaine façon et partit ventre à terre.

En moins de cinq minutes, il eut disparu dans les méandres sans nombre du llano.

Le colonel confia provisoirement le jeune guerrier à Sandoval en lui recommandant de le bien traiter et se dirigea vers la maison de poste.

Le général l'attendait sur le seuil.

— Que diable faisiez-vous donc avec ces Indiens, mon cher Alselme ? lui demanda-t-il.

— J'ai fait, mon général, que, dans quinze jours, toute la famille Quiros sera entre vos mains.

— Puissiez-vous dire vrai, mon ami ! Comment obtiendrons-nous donc cet heureux résultat ?

— C'est ce que je vais vous expliquer si vous le désirez, mon général.

— Je le crois bien, que je le désire.

— Alors, entrons et vous saurez tout.

— Sera-ce long?

— Quelques mots seulement.

— A la bonne heure. Ah! j'oubliais : doña Severa est éveillée; elle est beaucoup mieux, quoiqu'elle ne puisse encore recevoir personne; mais, d'ici à deux jours, elle sera tout à fait bien.

— Fabricio doit être bien heureux?

— Lui! Allons donc! Il est désespéré d'être contraint d'attendre quelques jours.

— Que voulez-vous, il aime.

— Je le sais bien; voilà pourquoi, au lieu de le gronder, je le console. Savez-vous ce qu'il fait, en ce moment?

— Ma foi! non.

— Il achète aux deux catapaces toutes les étoffes, tout le linge qu'il peut trouver dans leurs marchandises, ainsi que des robes, des châles, des bijoux... Que sais-je encore? Enfin, il fait des folies.

— Tant mieux, général, cela l'occupe.

— C'est ce que je me suis dit. Aussi, pour ne pas être en reste avec lui, j'ai arrêté pour une somme folle les deux charmantes fillettes qui soignent notre intéressante malade; elles restent à son service.

— Vous êtes un homme excellent, mon général.

— Eh non! j'aime mon fils, voilà tout; mais revenons à nos

moutons. Voyons, racontez-moi donc ce que vous avez fait, mon ami

Le colonel ne se fit pas prier davantage et se hâta de se rendre aux désirs du général.

VIII

LA DERNIÈRE LUTTE

Les catapaces, après avoir chaleureusement remercié le Commandant de la campagne de les avoir sauvés, avaient pris congé, s'étaient remis à la tête de leurs convois et avaient repris leur route, l'un vers Buenos-Ayres, l'autre vers Mendoza.

Les troupes, sur l'ordre du général, avaient établi leur bivouac autour de la maison de poste.

Plusieurs estafettes avaient été expédiées dans différentes directions, afin d'arrêter les divers détachements en marche pour le rendez-vous général précédemment fixé et les diriger sur l'Esquina de la Cruz, où le général avait établi son quartier général.

Depuis le matin, don Patricio, le maître de poste, et don Fabricio Pacheco étaient en grande conférence. Vers dix heures, tous deux montèrent à cheval, suivis seulement, don Patricio d'un peon de confiance et don Fabricio de son fidèle Sandoval, et sans faire connaître à personne le but de leur excursion, ils quittèrent l'Esquina de la Cruz.

Le général, bien qu'il fût assez intrigué de la conduite de son fils, à laquelle il ne comprenait rien, n'avait pas voulu l'interroger, persuadé qu'il connaîtrait bientôt la cause de son absence.

La journée tout entière s'écoula sans que don Fabricio ni don Patricio reparussent; les peones de la poste, interrogés, répondirent que leur maître ne leur avait rien dit, qu'il en agissait toujours ainsi avec eux, mais que probablement il ne tarderait pas à revenir.

La journée du lendemain était fort avancée lorsqu'on aperçut une nombreuse cavalcade qui s'approchait de la maison de poste ; un détachement de Colorados alla reconnaître cette cavalcade.

Elle était composée de plusieurs cavaliers et de cinq ou six mules chargées de bagages.

Don Patricio galopait à quelques pas en avant.

Le digne maître de poste, voyant tout danger passé et voulant prouver sa reconnaissance au général de Guardia, s'était rendu à Santa-Fé, d'où il ramenait sa famille, dans la persuasion que la présence de plusieurs femmes auprès de doña Severa, en augmentant sa tranquillité et sa confiance, contribuerait beaucoup à accélérer sa guérison, en rendant à son esprit le calme qui lui était indispensable, après les émotions qu'elle avait éprouvées et les épreuves terribles auxquelles, sans doute, elle avait été soumise pendant son long séjour parmi les Indiens Pamperos.

Le général fut sensible à cette attention délicate et touchante du digne maître de poste, il en témoigna toute sa satisfaction et l'assura de sa protection.

La famille de don Patricio se composait de sa femme, simple et douce créature, jeune encore, et de deux jeunes filles fort jolies dont l'âge se rapprochait de celui de doña Severa.

La première, nommée Conception, avait vingt-quatre ans; elle était depuis cinq ans mariée à un brave garçon, catapaz de son état, assez riche déjà et qui faisait les voyages de Mendoza à Buenos-Ayres et vice versa; doña Conception avait trois enfants, deux garçons et une fille, chérubins joufflus qui étaient la joie et la gaieté de la maison de poste.

La seconde fille de don Patricio avait un peu plus de vingt ans, elle était fort belle, un peu sérieuse de caractère, mais douce et aimante; elle était fiancée à un gaucho fort renommé pour son intelligence, sa bravoure et surtout son honorabilité, qui était presque proverbiale dans la pampa ; cette seconde fille se nommait Dolorès.

L'arrivée de ces trois dames changea complètement l'aspect de la maison de poste, qui sembla prendre une nouvelle vie.

Doña Severa se trouvait donc maintenant entourée d'amies fidèles, attentives et surtout affectueuses.

Cependant le général n'avait pas aperçu son fils parmi les arrivants.

— Soyez sans inquiétude, mon général, lui avait dit en souriant don Patricio ; votre fils et son serviteur se sont séparés de nous à l'embranchement de la route de Rosario ; bien qu'il ne m'ait rien dit, tout cependant me porte à supposer que vous ne tarderez pas à le revoir ; il semblait avoir une grande hâte de revenir ici, où, disait-il, il a laissé son cœur.

Le général sourit et n'insista pas ; don Anselmo, du reste, l'avait assuré que don Fabricio ne pouvait s'être éloigné que dans l'intérêt de doña Severa et que, par conséquent, son absence ne saurait longtemps se prolonger ; d'ailleurs, il n'y avait aucune crainte à avoir sur son compte ; don Fabricio était un homme brave, très au fait de la pampa ; il était accompagné d'un homme d'une fidélité à toute épreuve, tous deux étaient bien armés ; s'il n'était pas revenu encore, c'était tout simplement parce que, quelle que fût la cause de son voyage, il avait sans doute été retenu plus longtemps qu'il ne le pensait, et que, plus que personne, il comptait les minutes et aspirait au retour.

Toutes ces raisons étaient bonnes, bien que peut-être un peu spécieuses ; mais, comme don Anselmo n'en avait pas de meilleures à lui donner et que le général lui-même n'en trouvait pas d'autres, il fut contraint de s'en contenter; tout en rongeant son frein pour dissimuler son impatience, il hocha la tête à plusieurs reprises, et, pour tuer le temps, il s'occupa à visiter le bivouac de ses soldats, où il fit opérer certains changements afin de le rendre à la fois plus commode et plus sûr.

Un peu après le coucher du soleil, au moment où le général et don Anselmo allaient se mettre à table avec don Patricio et sa famille pour le repas du soir, un bruit de chevaux se fit entendre au dehors; la porte de la grande salle publique s'ouvrit et don Fabricio Pacheco entra.

Il n'était pas seul, un homme vêtu à l'européenne, enveloppé dans les larges plis d'un grand manteau, portant des bottes molles montant jusqu'aux genoux et garnies de microscopiques éperons en argent, l'accompagnait.

Cet homme, qui tout d'abord attira l'attention générale, était de haute taille et paraissait âgé de quarante-cinq à quarante-huit ans, son visage était complètement rasé; ses traits étaient beaux, mais sévères, l'expression de sa physionomie était douce, ferme et pensive; de fines lunettes d'or cachaient son regard profond et scrutateur, et lui donnait un cachet d'étrangeté dans ce pays presque sauvage où tout ce qui est lunettes, lorgnon et binocle, est presque complètement inconnu; ses manières étaient nobles et sans hauteur; il avait les mains étroitement gantées et tenait une cravache à pomme d'argent curieusement ciselée.

En somme, son apparence était essentiellement sympathique et il paraissait appartenir au meilleur monde.

— Mon père, dit don Fabricio en saluant l'inconnu, j'ai l'honneur de vous présenter le docteur Claudius Ledru, médecin français très distingué, que j'ai eu l'avantage de connaître à Paris, et qui, sur mes pressantes instances, est venu se fixer depuis deux ans parmi nous, où déjà sa réputation a dû arriver jusqu'à vous; mon cher docteur, j'ai l'honneur de vous présenter mon père, le général don Horacio Pacheco de Guardia; quant au colonel don Anselmo Rodriguez de Oro, si je ne me trompe, vous êtes déjà de vieux amis.

— Et je m'en félicite du fond du cœur, mon cher docteur, dit don Anselmo, en serrant la main du docteur français.

— Monsieur, dit le général, j'ai en effet beaucoup entendu parler de vous, non seulement comme homme de talent et de science, mais encore comme de cœur et véritable philantrope; j'avais un vif désir de vous connaître personnellement, je remercie mon fils de m'avoir procuré cette occasion que je cherchais depuis longtemps de me trouver avec vous et de vous exprimer toute l'estime que m'inspire votre beau caractère.

— Je suis réellement confus de tant d'éloges, messieurs, répondit le médecin avec un charmant sourire, tous mes efforts tendront à ne pas trop démériter dans votre estime.

— Nous allons nous mettre à table, reprit le général, en dînant nous causerons.

— Nous galopons depuis neuf heures du matin, mon père, dit don Fabricio d'un ton de bonne humeur, c'est vous avertir que nous ferons honneur à votre dîner.

— Allons, à table! à table! vous sentez-vous appétit, docteur.

— Un appétit de voyageur, général; du reste, je ne suis pas fâché de causer un peu avec vous ainsi qu'avec ces dames, avant de voir mon intéressante malade.

— Ah! puissiez-vous la sauver, docteur!

— Je l'essayerai du moins, et j'y emploierai toute ma science.

— C'est Dieu qui a inspiré à mon fils la pensée de se rendre près de vous.

Tout en causant ainsi un peu à bâtons rompus, le général et les autres convives étaient entrés dans la chambre à coucher du maître de poste où celui-ci assis avec sa femme et ses filles autour de la table abondamment servie, attendait le retour de ses hôtes.

Le repas commença.

— Je vois, mon cher Fabricio, dit en souriant don Anselmo à son ami, que vous avez bonne mémoire, vous n'avez rien oublié de ce que je vous ai rapporté à propos du docteur don Claudius Ledru.

— Mon cher Anselmo, j'ai pour le docteur Ledru une sincère amitié, répondit don Fabricio ; lorsqu'il s'est décidé sur mes instances réitérées à passer à Buenos-Ayres, c'est à vous que je l'ai adressé. Quand je vous ai demandé de ses nouvelles, j'étais certes bien loin de supposer que j'aurais aussi promptement besoin de faire appel à son amitié et d'avoir recours à sa science ; quand j'ai vu l'état douloureux où doña Severa était réduite par la barbarie de sa famille, mon cœur s'est brisé ; je me suis mis l'esprit à la torture pour chercher un moyen de lui rendre ce que son amour pour moi lui a fait perdre, sa santé et peut-être sa raison ; c'est alors que je me suis souvenu de vos dernières paroles : Le docteur Ledru a conquis en quelques mois une grande et légitime réputation à Buenos-Ayres, où il est entouré de la sympathie générale, quand même vous resteriez à Buenos-Ayres, en ce moment il vous serait impossible de le voir ; depuis bientôt un mois il a quitté la *ciudad* pour se rendre à Rosario, où don Marcos Quérada l'a mandé pour soigner son fils unique que tous les médecins ont déclaré atteint d'une maladie mortelle.

— Ce sont mes paroles textuelles, mon ami.

— Elles ne m'avaient pas frappé sur le premier moment ; contraint de quitter immédiatement Buenos-Ayres, cette absence momentanée de mon ami me touchait peu, j'étais certain de le voir à mon retour ; mais, la nuit passée, quand elles me revinrent à l'esprit, je réfléchis que nous n'étions éloignés que de quelques lieues de Rosario, et, sans plus délibérer avec moi-même, je me mis en route craignant d'arriver trop tard et que mon ami ne fût reparti pour Buenos-Ayres; bien me prit de m'être hâté, il devait ce matin même retourner à la ciudad, son malade étant maintenant en pleine convalescence.

— C'est un véritable coup du ciel, dit le docteur, d'un ton de bonne humeur : depuis quinze jours je suis assailli de lettres qui me réclament à cor et à cri, et, mon malade n'ayant plus besoin de moi, j'avais en effet arrêté mon départ de Rosario pour ce matin même; tous mes préparatifs étaient faits; don Fabricio m'a littéralement enlevé, j'ai pris congé de mes amis de Rosario où je ne retournerai pas, et je partirai tout droit d'ici pour Buenos-Ayres, où l'on m'attend avec une vive impatience.

— Nous vous accompagnerons tous, docteur, dit en riant le général, vous ferez dans la ville une véritable entrée triomphale.

— Ce diable de Fabricio a été le plus intelligent de nous tous, dit le colonel, d'un air goguenard, parlez-moi des amoureux pour avoir l'esprit alerte; pauvre chère enfant, ajouta-t-il avec tristesse, pourvu que vous nous la rendiez, docteur.

— Hélas! messieurs, vous le savez, la science est limitée, mais tout ce qu'il est humainement possible de faire, je le tenterai, soyez-en certains, répondit le médecin avec âme.

— Je ne sais d'où me vient ce pressentiment, dit le jeune homme d'une voix tremblante; mais, moi qui devrais avoir la mort dans le cœur, je me sens presque rassuré, je suis convaincu que vous réussirez, Claudius; j'en ai la ferme certitude.

— J'aime vous entendre parler ainsi, Fabricio, mon ami, cela double ma confiance. Voyons quels sont les symptômes de l'affection de notre chère malade; pouvez-vous, mesdames, me renseigner à ce sujet?

— Depuis mon arrivée ici, arrivée qui date déjà de plusieurs heures, dit la maîtresse de poste, je n'ai pas quitté le chevet de doña Severa.

— Alors veuillez parler, madame, je vous prie; je vous écoute.

— La malade est surtout abattue, somnolente; elle semble en proie à une profonde terreur, elle a des intermittences de force pendant lesquelles elle se dresse et parle avec volubilité de choses qui se rattachent ardemment à une époque reculée de sa vie; tout ce qu'elle dit alors m'a paru sensé et avoir beaucoup de suite; puis tout à coup ses yeux s'égarent, sa voix devient rauque, elle pousse des cris de terreur, semble implorer la pitié de personnages imaginaires qu'elle se figure voir et qu'elle repousse, et elle retombe haletante, brisée, et se cache sous ses couvertures avec des gestes d'enfant effrayé.

Tout le monde écoutait avec une vive anxiété, le docteur semblait pensif, il avait les sourcils froncés, et tenait le haut de son corps légèrement penché en avant.

— Est-ce tout ce que vous avez remarqué, madame? demand le médecin au milieu du silence général, il est de la plus haute importance que je sache tout.

— J'ai observé ceci encore, monsieur, reprit la maîtresse de poste: la malade ne veut rien accepter avant qu'on ne l'ait d'abord goûté devant elle; de plus, sa somnolence n'est qu'apparente, ce n'est en réalité que de l'accablement, elle ne dort pas; le bruit le plus léger suffit pour la faire tressaillir et parfois trembler; ce que j'ai surtout trouvé grave, c'est qu'elle sanglote, que ses traits se convulsent comme si elle pleurait et que cependant ses yeux restent secs et qu'elle ne verse pas une larme.

— Lui avez-vous parlé?

— Souvent, monsieur.

— Ses réponses, quelles sont-elles?

— Quand elle est calme relativement, c'est-à-dire après ses crises violentes, ses réponses sont presque toujours sensées, bien que faites à voix basse et avec hésitation, comme si elle craignait d'être épiée.

— Je vous remercie, madame; je désirerais faire ma première visite à la malade sans être aperçu d'elle, si cela est possible : après les renseignements si exacts que vous m'avez donnés, il me suffira d'examiner attentivement son visage.

— La pauvre chère enfant est couchée dans la chambre qui suit celle-ci, monsieur, et dont elle n'est séparée que par un cabinet de toilette dont la porte est vitrée et garnie de rideaux en taffetas vert.

— Voulez-vous être assez bonne, madame, pour mettre le comble à vos bontés, en faisant percer avec une grosse épingle une infinité de trous dans ce taffetas, dans un rond de la largeur d'une piastre à peu près?

— Je vous comprends, monsieur, je vais faire ce que vous désirez.

La maîtresse de poste se leva de table, ouvrit la porte du cabinet et disparut.

Le repas était presque terminé, on en était au postre ou dessert.

Quelques minutes s'écoulèrent, personne ne parlait.

La maîtresse de poste rentra.

— C'est fait, dit-elle, vous serez très commodément et aussi bien que si vous étiez dans la chambre, monsieur, la tête du lit fait précisément face au cabinet.

— Je vous remercie, madame, lorsque vous m'aurez placé dans le cabinet, vous entrerez dans la chambre, vous causerez avec la malade, et vous l'occuperez de façon à ce que je puisse bien examiner son visage.

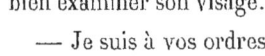

— Je suis à vos ordres, monsieur.

— Un instant encore, s'il vous plaît.

Le docteur prit dans sa poche un mignon flacon de cristal, l'ouvrit et en versa quelques gouttes dans un verre à liqueur de vin de Malaga.

— Voici le plus difficile, dit-il, en présentant le verre à la maîtresse de poste, il s'agit de faire boire ce verre rempli de malaga à la malade, vous feindrez de le goûter; du reste je m'en rapporte parfaitement à vous pour réussir, ce qu'il faut surtout à la malade, c'est dormir.

— Soyez tranquille, docteur, je réussirai, dit-elle en souriant.

— Maintenant, je vous suis, madame.

— Je vais vous placer dans le cabinet, puis j'entrerai dans la chambre par une autre porte que nous prenons toujours pour nous rendre près d'elle.

— De mieux en mieux, dit le médecin en se levant.

Il suivit en étouffant le bruit de ses pas la maîtresse de poste dans le cabinet, puis celle-ci repoussa la porte derrière elle en rentrant, prit le verre de malaga et sortit par une autre porte.

Ces divers mouvements, si simples en apparence, mais exécutés dans ces circonstances si éminemment graves, causèrent une telle impression aux convives, qu'ils demeurèrent immobiles et silencieux.

Vingt minutes, vingt siècles, s'écoulèrent, puis, en même temps que le docteur parlait du cabinet, la maîtresse de poste rentra dans la chambre, le verre vide à la main.

— C'est fait, dit-elle, elle a bu.

— Je l'ai vu, répondit le médecin en refermant la porte du cabinet, elle dort, et, ajouta-t-il en consultant sa montre, elle ne s'éveillera pas avant huit heures du matin.

Il se remit à sa place, son visage était gai, bien qu'un peu pâle.

Un verre de xérès, s'il vous plaît, dit-il à don Anselmo en lui tendant son verre.

Le colonel versa.

Le médecin but à petites gorgées, en véritable dégustateur.

— C'est du xérès de la Frontera, une vieille connaissance, il est exquis, dit-il en reposant son verre.

— Mon cher Claudius, je suis sur des charbons ardents, lui dit don Fabricio.

— Diantre! fit-il en riant, je ne veux pas faire de vous un saint Laurent ou un Guaytimotzin, mon cher; je n'ai rien voulu préjuger; maintenant j'ai entendu et j'ai vu.

— Eh bien? s'écria-t-il vivement.

— Eh bien, cher ami, je réponds de la malade.
— Bien vrai.
— Oh! Fabricio!
— Pardonnez, mon ami, la joie me fait délirer; et sa raison?
— Elle est aussi saine que la mienne ou que la vôtre, mon ami, elle est sous le coup d'une terreur horrible, voilà tout; il s'agit tout simplement de la calmer.
— Et le traitement sera long?
— Très long, deux jours, trois au plus, beaucoup moins, je l'espère.
— Oh! s'écria-t-il en lui saisissant les mains qu'il pressa fiévreusement, Claudius, vous me sauvez la vie.
— Tant mieux, mon ami, est-ce que nous ne fumons pas un cigare, en prenant le maté, hein?

Tout le monde se mit à rire en entendant cette boutade, la joie était revenue.

— Je ne vous cacherai pas pourtant, reprit le docteur, que cette charmante enfant est arrivée sur la limite extrême de la folie; c'est un miracle qu'elle ne soit pas franchie, mais maintenant elle est sauvée et sa raison sortira de cette épreuve terrible plus brillante et plus solide qu'elle n'a jamais été.

— Quelle bonne inspiration j'ai eue d'aller vous chercher!
— J'en suis heureux, puisque cela m'a offert l'occasion de vous rendre ce léger service.
— Léger pour vous, mais immense pour moi, mon ami; c'est, je vous le répète, la vie que vous me sauvez, je serais mort si j'avais perdu Severa.

Le docteur lui pressa affectueusement la main.

— A propos, reprit-il, doña Severa parle-t-elle d'autres langues que l'espagnol?

— Elle parle l'anglais couramment et le français comme vous et moi.

— Tant mieux, je lui parlerai français; quel dommage, mon ami, que vous n'ayez pas de vêtements européens !

— Moi, j'en ai deux malles pleines.

— Bah !

— Mais oui.

— A Buenos-Ayres, sans doute.

— Mais non, ici même; je ne me suis arrêté que deux heures à peine à la ciudad, et je n'avais pas mes bagages avec moi.

— De mieux en mieux; je suis certain du succès; le principal est de dépayser notre malade; doña Severa ne doit jusqu'à nouvel ordre voir que des Français; l'espagnol ne doit pas frapper son oreille; demain je tenterai une grande expérience.

— J'ai de quoi habiller dix personnes, s'écria joyeusement don Fabricio.

— Il suffit que votre père et votre ami s'habillent, ainsi que vous, à l'européenne, souvenez-vous surtout que nous sommes à Buenos-Ayres; chez le général.

— Ah ! diable, fit don Anselmo, il nous faudrait un domestique parlant français pour que la comédie soit complète comme je la comprends.

— N'ai-je pas là Sandoval? s'écria don Fabricio.

— Alors nous sommes sauvés; demain matin je vous expliquerai mon plan; pour ce soir je crois que nous ferons bien de nous coucher de bonne heure, la nuit porte conseil.

Cette dernière proposition obtint l'assentiment général.

Cinq minutes plus tard, tout le monde dormait dans la maison de poste.

Le lendemain, au lever du soleil, la maison de poste de l'Esquina de la Cruz avait un aspect des plus singuliers.

Le général, le colonel, don Fabricio, sans compter le médecin, ressemblaient à s'y méprendre à des habitués du boulevard des Italiens.

Quant à Sandoval, il se prélassait dans une livrée de fantaisie qui avait, ma foi, fort bon air.

Pendant la nuit on avait modifié du mieux que l'on avait pu le mobilier de la chambre habitée par doña Severa et on avait réussi à lui donner une apparence réellement confortable, qui la faisait ressembler à n'importe quelle pièce d'un appartement riche de Buenos-Ayres.

La comédie imaginée par le docteur Claudius allait être jouée.

Et, selon l'expression un peu vulgaire du médecin, le succès de la cure qu'il entreprenait dépendait essentiellement de la façon dont cette comédie serait enlevée.

Aussi chacun s'y préparait-il en conséquence ; jamais comédien avant une première représentation ne s'était senti pris d'une aussi grande frayeur ni d'une si sérieuse appréhension.

Il était neuf heures du matin, doña Severa ne s'était pas encore éveillée, elle dormait depuis la veille d'un sommeil calme et réparateur, une légère teinte rosée apparaissait sur les pommettes de ses joues.

La maîtresse de poste et ses deux filles entouraient son lit et, penchées vers elle, attendaient avec anxiété le moment où elle ouvrirait les yeux.

Les deux jeunes servantes achevaient leur tâche matinale de remettre tout en ordre dans la chambre ; un rayon de soleil passant à travers les vitres des fenêtres illuminait et égayait la pièce, au dehors, régnaient un silence et un calme complet.

Doña Severa fit un léger mouvement, un soupir de bien-être souleva sa poitrine, elle entr'ouvrit les yeux et promena autour d'elle ce regard d'abord presque inconscient qui suit immédiatement le sommeil, mais bientôt sa physionomie s'éclaira d'un rayon d'intelligence, elle sourit et, s'adressant à doña Carmen, la maîtresse de poste :

— Vous êtes bonne, señora, lui dit-elle, votre doux visage penché vers moi avec une touchante sollicitude m'est un gage de l'intérêt que vous me portez sans doute ; il me semble vous avoir vue déjà près de moi, ainsi que vos deux charmantes compagnes.

— Toutes trois, señorita, nous veillons sur vous, non seulement parce que nous vous aimons, mais surtout pour être agréable au maître de cette demeure.

— Où suis-je donc ici et comment y ai-je été transportée ?

— Vous êtes, señorita, l'hôte du général Pacheco de Guardia ; il y a quelques jours vous avez été transportée ici dans une litière, privée de connaissance.

— J'ai donc été malade ? fit-elle en pâlissant.

— Très malade, señorita ; mais maintenant, grâce à Dieu, d'après ce qu'affirme le médecin vous entrez en convalescence.

— Vous me connaissez ?

— Nous savons, mes filles et moi, señorita, que vous êtes la señorita doña Severa Diaz de Quiros, rien de plus.

— Et le général Pacheco me donne l'hospitalité !

— Il vous traite comme si vous étiez sa fille, señorita.

— Sa fille ! murmura-t-elle tandis que ses yeux se remplissaient de larmes, je devais l'être, mais maintenant...

Elle soupira et se tut.

— Un navire français est, dit-on, en vue depuis le lever du soleil, reprit doucement doña Carmen : qui sait s'il n'apporte pas de bonnes nouvelles de l'absent que vous attendez ?

La jeune fille secoua tristement la tête.

— Je n'espère plus recevoir de bonnes nouvelles, répondit-elle ; il m'a oubliée lui aussi, et elle ajouta après un instant : Savez-vous à la suite de quels événements j'ai été amenée ici ?

— Je l'ignore, señorita, mais voici l'heure à laquelle le docteur vous fait chaque jour sa première visite ; le général l'accompagne presque toujours et souvent dans la journée il vient s'asseoir là, près de vous à votre chevet.

— Eh quoi! tant de soins et de bontés pour une étrangère! fit-elle avec une certaine émotion.

— Il vous appelle sa fille, señorita, et il vous traite comme si vous l'étiez réellement.

En ce moment deux coups légers furent frappés à la porte.

— Le voilà, dit doña Carmen.

Elle fit un signe à l'une des servantes qui s'empressa d'ouvrir.

Le général et le médecin entrèrent, tous deux étaient vêtus à l'européenne.

— Eh bien, doña Carmen, comment va notre chère malade ce matin? demanda le général d'un ton de bonne humeur, il y avait du mieux hier.

— Le mieux s'est accru, señor, répondit la maîtresse de poste, doña Severa se sent tout à fait bien.

— Ma foi, docteur! s'écria le général en français, c'est affaire à vous de faire de ces cures miraculeuses, c'est vous qui nous la rendez.

— Bon, allez-vous me faire passer pour sorcier, général? répondit gaiement le médecin; la maladie de cette charmante demoiselle était surtout morale, la souffrance de l'esprit l'avait terrassée; je l'ai soignée de mon mieux, Dieu l'a guérie.

— Je vous remercie de vos bons soins, monsieur, dit alors doña Severa en français avec un charmant sourire; si j'en crois le doux pressentiment qui fait battre mon cœur, après le général Pacheco c'est à vous que je dois la vie.

— Eh! eh! il y a plus de vrai que vous ne le supposez peut-être dans ce que vous dites, señorita, quant à ce qui se rapporte au général Pacheco, fit le médecin avec un bon rire.

— Comment cela, s'il vous plaît, docteur? demanda doña Severa.

— Docteur! docteur! songez que la pauvre enfant est bien faible encore! fit le général en essayant d'imposer silence au médecin.

— Allons donc, général, vous plaisantez, reprit-il vivement; commandez vos soldats, rien de mieux, mais laissez-moi soigner mes malades à ma guise. Ne voyez-vous pas que cette charmante enfant brûle de savoir ce qu'elle vous doit, et que l'incertitude dans laquelle elle se trouve l'agite et la tourmente? Elle est forte aujourd'hui, elle doit tout savoir.

— Je vous en prie, dit-elle d'une voix caressante et légèrement émue.

— Vous le voyez, reprit le médecin. Soyez satisfaite, señorita ; voici en deux mots ce que vous désirez tant savoir ; vous savez ou vous ne savez pas que le général Pacheco est le Commandant de la campagne ; lors de sa dernière expédition contre les Indiens Pamperos, il surprit pendant la nuit un de leurs villages ; le combat fut rude, à ce qu'il paraît et les Indiens se défendirent comme des démons ; contraints enfin d'abandonner leur village ils se retirèrent en bon ordre, en compagnie d'une troupe de gauchos qu'on suppose leurs alliés, car on ne put faire aucuns prisonniers excepté vous, señorita, que le colonel Rodriguez trouva couchée dans un toldo, en proie à une fièvre cérébrale intense. Le village brûlait, on n'eut que le temps de vous enlever ; le général en vous apercevant oublia les Indiens, fit cesser la poursuite des fugitifs qui tous échappèrent, et vous fit transporter ici où il vous accompagna ; je fus appelé à vous donner des soins, ce que j'ai fait, et, grâce à Dieu, ils n'ont pas été inutiles, puisque vous voilà aujourd'hui fraîche, reposée et en pleine convalescence.

Tout cela fut dit par le médecin d'une haleine, avec un entrain, une bonhomie et un laisser-aller qui convainquirent la jeune fille qui l'écoutait haletante et anxieuse, les yeux obstinément fixés sur lui.

— Voilà tout? demanda-t-elle avec une hésitation secrète.

— Ma foi, oui, répondit-il rondement.

— Et l'on n'a pas fait de prisonniers.

— C'est vous qui en êtes cause, dit en riant le médecin ; vous avez fait tout oublier au général.

La jeune fille tressaillit, ses yeux se remplirent de larmes et, jetant avec abandon ses bras autour du cou du général, elle éclata en sanglots et cacha sa tête charmante sur sa poitrine en murmurant d'une voix tremblante :

— Vous m'aimez donc encore ?

— N'êtes-vous pas mon enfant de prédilection, ma fille chérie, la fiancée de Fabricio ?

— Oh ! oui, oui, votre fille ! je veux être votre fille ! dit-elle en redoublant ses caresses.

Elle était sauvée.

— A mon tour, dit le médecin, j'ai mon ordonnance à faire.

— Que m'ordonnez-vous, mon bon docteur ? lui demanda-t-elle en souriant à travers ses larmes.

— J'ordonne que vous vous calmiez d'abord.

— Oh ! c'est que je suis si heureuse ! fit-elle avec âme.

— Je comprends cela, la joie ne fait jamais mal ; vous allez vous lever et nous offrir à déjeuner dans votre chambre ; je vous défends d'être malade.

— Oh ! je vous obéirai avec joie, docteur.

— A la bonne heure, j'aime cette docilité chez mes malades, nous nous retirons.

— Déjà ! fit-elle avec regret.

— Oh ! pas pour longtemps, une heure à peine, le temps de vous lever et de faire mettre le couvert.

— C'est vrai ; je suis si heureuse, que je perds la tête.

— Tant mieux ; nous vous amènerons un convive, dit le général.

— Qui donc ? demanda-t-elle curieusement.

— Don Anselmo.

— L'ami de Fabricio ! oh ! il sera le bienvenu ! s'écria-t-elle joyeusement.

Une heure plus tard doña Severa, un peu pâle mais souriante, faisait avec une grâce parfaite les honneurs de la table.

Les convives étaient tous d'une humeur charmante, la conversation était des plus gaies, on prenait le maté, lorsqu'un peon introduisit Sandoval vêtu d'une livrée de fantaisie en disant :

— Une lettre pressée pour le général.

— Ne pouvait-on pas me laisser tranquille quelques instants encore ? dit don Horacio avec brusquerie ; mais, apercevant Sandoval : Eh ! s'écria-t-il, qui avons-nous là ? d'où sors-tu Sandoval ?

— Sandoval ! s'écria doña Severa d'une voix tremblante, n'est-ce pas le serviteur dévoué de don Fabricio ?

— En effet, dit le général, aussi je ne comprends pas...

— Mais, s'écria la jeune fille en battant joyeusement des mains, je comprends, moi ! il est là ! il est arrivé !

— De qui parlez-vous mon enfant ? Je n'y suis plus du tout, moi.

— Lisez la lettre que vous tend ce brave garçon ; vous verrez que je ne me trompe pas, s'écria-t-elle vivement ! Oh ! je le sens là, ajouta-t-elle en posant la main sur son cœur, Fabricio est arrivé, il est là près de moi.

— Calmez-vous, madame, dit le médecin avec inquiétude.

— On me l'a dit ce matin, reprit-elle toute joyeuse, un navire français est arrivé ; Fabricio ! mon Fabricio ! vous ne dites rien, mon père.

— C'est que je ne sais, je crains... murmura le général en regardant le docteur.

— Vous me faites mourir ! s'écria-t-elle en se levant d'un bond ; Fabricio ! Fabricio ! mon fiancé, mon époux !

La porte s'ouvrit avec fracas, don Fabricio parut.

— Me voilà ! s'écria-t-il.

Les deux jeunes gens étaient dans les bras l'un de l'autre.

L'émotion de la jeune fille fut tellement vive, qu'elle pâlit et tomba à demi pâmée dans les bras de son fiancé.

Mais la réaction fut prompte ; quoi qu'on en dise, la joie ne tue pas.

Nous renonçons à décrire la scène qui suivit.

Les deux amants fondirent en larmes dans les bras l'un de l'autre ; ces larmes de bonheur calmèrent leur premier transport et les rendirent à eux-mêmes.

Assis l'un près de l'autre, la main dans la main, les yeux

dans les yeux, ils eurent une longue et délicieuse causerie pendant laquelle ils oublièrent tout avec cet égoïsme de l'amour heureux pour ne songer qu'à eux-mêmes et former des plans de bonheur.

Il fut convenu que deux jours plus tard, quand elle serait complètement remise de toutes ces secousses, doña Severa quitterait la *quinta* du général (elle se croyait dans une maison de campagne, à vingt ou trente lieues de Buenos-Ayres), et que sous l'escorte du général don Horacio Pacheco, elle se rendrait à petites journées à Buenos-Ayres, où elle résiderait jusqu'au jour fixé pour son mariage dans la maison de don Stefano Pacheco de Guardia, président de la Junta et frère du général, bien entendu que don Fabricio et le docteur Claudius Ledru l'accompagneraient.

En effet, deux jours plus tard, doña Severa, fraîche et rose, tant le bonheur avait hâté sa guérison, sortait de la maison au lever du soleil et, après l'avoir affectueusement caressé, se mettait joyeusement en selle sur son cheval favori, que don Fabricio avait lui-même harnaché; ses deux servantes la suivaient, puis venaient le docteur, plus gai que jamais, le général, don Fabricio et une escorte de deux cent cinquante cavaliers choisis avec soin; Sandoval surveillait les peones et les mules de charge qui formaient l'arrière-garde.

Dix minutes plus tard, les derniers traînards de l'escorte avaient disparu dans les méandres de la route et la maison de poste reprenait sa physionomie habituelle.

Le colonel don Anselmo de Oro demeurait seul chargé du commandement des troupes campées à l'Esquina de la Cruz et dont le nombre s'était considérablement augmenté depuis quelques jours.

Dix jours après le départ des voyageurs, c'est-à-dire l'avant-veille du jour où le Gato-Montès avait promis de revenir, vers deux heures de l'après-dîner, le colonel causait avec le Puma que, sur l'ordre exprès du colonel, les soldats traitaient avec les plus grands égards, lorsque les sentinelles signalèrent l'approche d'une nombreuse troupe de cavaliers.

Le colonel les envoya reconnaître; bientôt on sut à quoi s'en tenir, et la joie fut générale à la maison de poste, où les arrivants furent salués par de grands cris de bienvenue.

C'étaient don Horacio et don Fabricio Pacheco qui revenaient de Buenos-Ayres.

Le voyage s'était fait dans d'excellentes conditions; doña Severa avait complètement oublié les malheurs passés pour ne plus songer qu'au bonheur prochain qui lui était maintenant assuré.

La jeune fille était établie dans la famille de don Facundo Pacheco, où chacun s'ingéniait à qui mieux mieux à prévenir ses moindres caprices.

Le retour avait été rapide, il s'était exécuté en moins de quatre jours.

Le général avait hâte d'en finir avec la famille Quiros : il se préparait à Buenos-Ayres, par les soins de ses frères, de graves événements sur lesquels il ne s'expliqua pas, mais où il devait avoir une grande part.

Don Anselmo sourit, lui pressa affectueusement la main, mais il n'insista pas, il avait deviné ce dont il s'agissait.

Quant à don Fabricio, il rayonnait; sa joie malgré lui, éclatait sur son visage.

Il portait l'uniforme de sarjento mayor, c'est-à-dire de chef d'escadron; son père l'avait choisi pour aide de camp; Sandoval se prélassait dans un magnifique uniforme de teniente ou lieutenant.

Ces deux grades avaient été gracieusement donnés aux deux nouveaux officiers par don Sancho Pacheco de Guardia, ministre de la guerre et oncle de don Fabricio, sans doute comme récompense de leurs services à venir.

Cela arrive ainsi dans beaucoup d'autres pays que Buenos-Ayres, le népotisme est de tous les pays.

En somme, tout le monde était content, chose rare.

Deux jours plus tard, un peu après le lever du soleil, deux troupes nombreuses de cavaliers furent aperçues, venant de deux points diamétralement opposés.

La première arrivait du côté de Buenos-Ayres, la seconde de la partie la plus sauvage de la pampa.

Toutes deux atteignirent presque en même temps l'Esquina de la Cruz où toutes les troupes avaient été mises sous les armes.

La première troupe, composée de cent cinquante cavaliers réguliers, commandés par un colonel et en tête de laquelle venaient trois membres de la Junta suprême, vint se placer à la droite des troupes du général.

Les trois membres de la Junta mirent pied à terre et entrèrent dans la maison de poste, où ils furent reçus avec tous les honneurs usités par le général, le colonel Rodriguez et les principaux officiers de l'armée, car c'était une véritable armée qui maintenant campait à l'Esquina de la Cruz.

Au moment où les membres de la Junta goûtaient les rafraîchissements préparés en toute hâte pour eux, Benito vint avertir le général que le Gato-Montès, suivi de trois cents guerriers, arrivait en faisant des signaux de paix.

Le général se hâta de sortir.

Des membres de la Junta le suivirent et se placèrent sous le portillo de la maison de poste.

Fidèle à sa parole, le Gato-Montès arrivait à l'heure convenue, amenant avec lui les prisonniers qu'il s'était engagé à rendre.

Le Gato-Montès était, dans toute l'acception du mot, un guerrier barbare; il avait tous les défauts et toutes les qualités de la race à laquelle il appartenait.

Il avait juré de livrer la famille tout entière de Quiros, à laquelle depuis si longtemps il avait accordé une généreuse et loyale hospitalité; il est vrai que cette hospitalité n'était pas pour lui sans avantages précieux, à cause du concours que lui apportaient les nombreux gauchos malos à la solde des Quiros; bien souvent il leur avait dû le succès de ses audacieuses entreprises contre les fermes et les propriétés des blancs disséminées dans la pampa.

Il appréciait les Quiros à leur véritable valeur, il avait pénétré toute la scélératesse de leur caractère, leur perfidie et leur politique tortueuse dans toutes les négociations entamées avec eux soit pour préparer une expédition, soit après la victoire pour partager les bénéfices; il les considérait comme des alliés utiles, mais méprisables, et dans lesquels il ne fallait mettre aucune confiance ; surtout il les redoutait fort ; cette fois il se croyait véritablement trahi par eux, il résolut donc de tenir son serment au colonel Rodriguez.

Il atteignit vers le soir sa tolderia ; déjà le bruit de sa mort s'était répandu dans la tribu par quelques Indiens échappés au massacre et arrivés avant lui ; la joie fut vive parmi les siens quand on le vit arriver sans blessures, monté sur un magnifique coursier et brandissant orgueilleusement ses armes.

Sans vouloir entrer dans aucuns détails sur les péripéties de l'expédition, le chef se retira dans son toldo et fit appeler les chefs les plus braves et les plus renommés de la nation, avec lesquels il s'entretint secrètement pendant une grande partie de la nuit, puis il les renvoya et demeura seul.

Une heure avant le lever du soleil, les chefs revinrent les uns après les autres dans le toldo.

Chacun d'eux, en prenant place au feu du conseil, ne dit que ces deux mots :

— C'est fait.

Auxquels chaque fois le Gato-Montès répondit tout aussi laconiquement :

— C'est bien.

Deux heures plus tard, il y eut une assemblée générale de la nation sous l'arbre sacré de Guatechù ; là, devant tous les membres, hommes, femmes et enfants, de la famille Quiros, étroitement garrottés et bâillonnés, il reprocha à ses ex-alliés leur perfidie, et leur trahison horrible qui avait causé la mort de plus de cent guerriers des plus braves de la nation, et leur annonça qu'en représailles de leur manque de foi, ils seraient livrés à leurs ennemis.

Les prisonniers ne se défendirent pas, d'abord parce qu'ils étaient bâillonnés et que, quand même ils ne l'auraient pas été, ils n'auraient pas essayé de le faire, sachant trop bien qu'il est impossible de faire revenir un Indien sur une résolution prise, surtout quand il est convaincu que la raison est de son côté.

Les Quiros avaient été surpris la nuit précédente pendant leur sommeil, garrottés et bâillonnés.

Le Gato-Montès demeura encore pendant quatre jours dans sa tolderia, réunissant ses guerriers et écoutant les rapports de ceux qui, après le combat, affolés par la terreur, s'étaient enfuis dans toutes les directions, mais qui, la première panique calmée, revenaient maintenant les uns après les autres à la tolderia.

Le cinquième jour le Gato-Montès, fit attacher les neufs prisonniers en croupe derrière autant de cavaliers, et il donna le signal du départ, sans paraître entendre les cris douloureux des femmes et des enfants qu'il traitait avec une barbarie sans égale.

Ainsi que nous l'avons dit, le chef arriva à l'Esquina de la Cruz au jour dit et à l'heure convenue.

— Me voici, dit-il, prêt à racheter ma parole.

— Je rachèterai également la mienne, répondit le colonel Rodriguez à qui s'adressaient ces paroles que le chef me suive auprès du grand blanc, chef de la pampa.

— Allons, répondit laconiquement l'Indien.

Un regard lui avait suffi pour s'assurer que son fils, le Puma, était libre dans le camp. Conduit en présence du général, il le salua gravement, mais sans prononcer un mot.

— Où sont les prisonniers ? demanda le général.

— Que mon père regarde, répondit le Gato-Montès.

Il fit un geste.

Neuf guerriers s'approchèrent après avoir planté leurs longues lances en terre et, faisant volter leurs chevaux en même temps qu'ils détachaient les courroies qui retenaient les prisonniers, ils firent rouler ceux-ci sur le sol, puis ils regagnèrent leur première place sans même retourner la tête.

— C'est bien, dit le général en réprimant un mouvement de dégoût ; mon frère a tenu sa parole, à moi de tenir la mienne.

Un magnifique coursier magnifiquement harnaché fut amené au Puma, auquel on rendit ses armes et qui se mit en selle d'un bond ; puis deux mules chargées chacune de deux barils d'eau-de-vie furent remises aux guerriers de la suite du chef.

— Ai-je tenu ma parole ? dit le général ; mon fils est-il satisfait ?

— Le Gato-Montès est satisfait, répondit le chef ; le grand guerrier des visages pâles est généreux, son fils se souviendra, adieu !

Il salua courtoisement, fit exécuter quelques courbettes à son cheval, se remit à la tête de sa troupe, poussa un cri rauque, et tous les cavaliers indiens, s'élançant à toute bride, s'éloignèrent comme un tourbillon.

Le général s'était empressé de faire donner des secours aux malheureux prisonniers si brutalement jetés sur le sol, et il les avait fait transporter dans la grande salle de la maison de poste, où il entra après eux, en les rassurant qu'il n'avait aucune mauvaise intention contre eux, que bientôt il leur ferait connaître sa résolution, et qu'ils devaient se considérer comme ses hôtes et non comme ses ennemis.

Ces paroles ne rassurèrent que médiocrement les prisonniers, si rassurantes qu'elles fussent; jugeant le général d'après eux-mêmes, ils s'attendaient à tout de sa part, mais ils eurent la prudence de ne pas laisser voir leurs sentiments.

Un d'entre eux surtout, don Facundo Diaz de Quiros, était en proie à une rage indicible; craignant de se trahir, il prit le parti de s'asseoir dans l'angle le plus éloigné et le plus sombre de la salle, où il feignit de s'endormir.

— Maintenant, señores, dit le général en s'adressant aux trois membres de la Junta suprême, que désirez-vous de moi?

— Général, répondit le plus âgé des trois, nous sommes porteurs d'un décret de la Junta suprême.

— Parlez, je vous écoute.

— Nous désirons que tous les officiers soient présents, nous avons des ordres formels : excusez-nous, général.

Don Horacio fit signe à don Anselmo qui sortit aussitôt, et rentra quelques instants après suivi d'une foule d'officiers, qui remplirent presque complètement la salle.

Tous les officiers se groupèrent autour du général.

— Au nom de la République, dit alors le magistrat en se découvrant, geste que tous les assistants imitèrent aussitôt.

Le magistrat salua, déplia un papier que lui remit un de ses collègues et continua :

— La nation argentine, fatiguée des exactions et des sévices tyranniques de don X. de X., président de la République, l'a déposé et exilé en Europe, par décret du 9 du mois de... 18... Après élections loyalement et librement faites dans toutes les villes de l'État, à la presque unanimité des suffrages, le général don Horacio Pacheco de Guardia a été élu président de la République Argentine; en conséquence, la Junta suprême, réunie en séance publique, a décrété...

— A bas le tyran! mort au tyran! s'écria tout à coup une voix stridente.

Et un homme, bondissant comme une panthère au milieu de la foule, écartant et renversant tout sur son passage, se rua le poignard à la main sur le général

Don Fabricio se jeta devant son père et reçut dans le bras le coup qui lui était destiné.

Le colonel Rodriguez s'élança vivement sur l'assassin, le désarma et lui porta un coup du poignard qu'il avait à la ceinture, qui l'atteignit à l'épaule.

La blessure était légère; pourtant, à la grande surprise de tous les assistants, à peine l'assassin, qui n'était autre que don Facundo Quiros, eut-il reçu le coup, qu'il tourna sur lui-même et tomba mort la face contre terre.

Tout cela s'était passé si rapidement qu'un éclair en aurait vu le commencement et la fin.

Les assistants étaient atterrés.

Seul, le général avait conservé son sang-froid ; après s'être assuré que son fils n'avait reçu qu'une égratignure, il fit enlever le cadavre et, se tournant vers le membre de la Junta :

— Veuillez continuer, lui dit-il froidement.

Mais le digne magistrat n'était nullement taillé sur un moule héroïque ; il balbutia, bredouilla, bref, on n'entendit plus rien de ce qui lui restait à lire.

J'accepte provisoirement l'honneur que la nation a daigné me faire ; dans une heure, caballeros, dit il, je partirai avec vous pour Buenos-Ayres.

Ce qu'il exécuta en effet ; mais auparavant, il confia au colonel Rodriguez la mission fort peu agréable de conduire à Montevideo tous les membres existant encore de la famille de Quiros, où il devait les faire embarquer pour l'Europe avec injonction de ne jamais revenir sous peine de mort en Amérique et surtout sur le territoire de la République Argentine.

Les Quiros acceptèrent cette condition avec d'autant plus de plaisir qu'ils étaient complètement ruinés et que le général Pacheco fit partager entre eux par les soins du colonel Rodriguez une somme ronde de cent mille piastres.

Ainsi finit enfin cette interminable haine.

En arrivant à Buenos-Ayres, le colonel se sépara du général et continua sa route vers Montevideo, en compagnie des Quiros et sous l'escorte de cinquante Colorados.

Le général Pacheco ne se souciait que médiocrement d'être président de la République, si honorable que fût ce poste ; il était puissamment riche, il tenait à sa liberté et préférait de beaucoup rester Commandant de la campagne.

Il exposa ses raisons à la Junta, qui les comprit tout en admirant fort son désintéressement et porta son choix sur un autre moins patriote peut-être mais certainement plus ambitieux et qui, trois ans plus tard, fut renversé pour faire place à un autre.

Le général, rendu à sa liberté, se hâta de marier son fils avec doña Severa.

La jeune fille ignora toujours le sort de son père ; elle crut qu'il avait émigré en Europe avec les autres membres de sa famille.

Les Quiros se sont définitivement fixés en Espagne, de retour ainsi après deux siècles dans leur ancienne patrie que peut-être ils auraient mieux fait de ne jamais quitter.

Telle est l'histoire que don Pedro de Ojeda nous raconta un certain soir de tertulia, à Buenos-Ayres, chez le licencié don Pablo Vanegas. Puisse le lecteur trouver autant de plaisir à la lire que j'en ai eu, moi, à l'entendre conter.

TABLE DES MATIÈRES

LE ROI DES PLACÈRES D'OR

I.	— L'hospitalité au désert	1
II.	— Un charmant spécimen de ville américaine	21
III.	— La clef d'or	39
IV.	— Entre femmes	49
V.	— Une mégère	61
VI.	— Où il est prouvé que la timidité n'est pas le plus bel apanage de la femme.	75
VII.	— Où l'Oiseau-Jaune court deux lièvres à la fois	85
VIII.	— Où l'amour prend le pas sur la vengeance.	105
IX.	— A bas le masque ! et guerre ouverte !	117
X.	— Où le roi des placères rappelle ses sujets à la raison.	123
XI.	— La dernière amazone	135
XII.	— Un voyage aérien ; ou encore, ce que maître Pierre appelait : Faire une reconnaissance	151
XIII.	— Où l'Oiseau-Jaune délie ce ou ceux que maître Pierre avait liés .	163
XIV.	— Où le hasard est un tacticien plus habile que le docteur Francis de Verdières	177
XV.	— Où toutes les pistes se rencontrent.	187

LE COMMANDANT DE LA CAMPAGNE

I.	— Le licencié don Pablo Vanegas	205
II.	— Le voyageur mystérieux	223
III.	— Deux amis d'enfance	241

IV.	— Lions et chacals	263
V.	— La Esquina de la Cruz	285
VI.	— Le combat	309
VII.	— Le Gato-Montès	333
VIII.	— La dernière lutte	362

Paris. — Imprimerie PAUL DUPONT, 4, rue du Bouloi (Cl.) 52.11.88

Contraste insuffisant
NF Z 43-120-14